U0781604

抖音思维

秋叶◎著

台海出版社

图书在版编目（CIP）数据

抖音思维 / 秋叶著 . -- 北京：台海出版社，
2022.1（2023.1 重印）
　　ISBN 978-7-5168-3177-9

　　Ⅰ . ①抖… Ⅱ . ①秋… Ⅲ . ①电子商务—运营管理
Ⅳ . ① F713.365.1

中国版本图书馆 CIP 数据核字（2021）第 257317 号

抖音思维

著　　者：秋　叶

出 版 人：蔡　旭　　　　　　　　　　封面设计：FAJUN
责任编辑：赵旭雯　魏　敏　高惠娟

出版发行：台海出版社
地　　址：北京市东城区景山东街 20 号　　邮政编码：100009
电　　话：010-64041652（发行，邮购）
传　　真：010-84045799（总编室）
网　　址：www.taimeng.org.cn/thcbs/default.htm
E-ma i l：thcbs@126.com

经　　销：全国各地新华书店
印　　刷：三河市嘉科万达彩色印刷有限公司
本书如有破损、缺页、装订错误，请与本社联系调换

开　　本：710 毫米 ×1000 毫米　　1/16
字　　数：290 千字　　　　　　　　印　　张：23.5
版　　次：2022 年 1 月第 1 版　　　印　　次：2023 年 1 月第 5 次印刷
书　　号：ISBN 978-7-5168-3177-9

定　　价：69.80 元

抖音思维：互联网时代的制胜之道

"啊，也太快了！200件一上架就空了！宝宝们不要着急哦，没抢到的扣1，我们的客服小哥哥紧急为大家安排补货。"

一边是直播间里紧锣密鼓、紧张有序的直播，一边是屏幕上不断跳出的字符，一边是屏幕前热切关注的眼神——北京字节跳动网络技术有限公司旗下坐拥7亿日活跃用户的抖音App开启了一个新的时代——兴趣电商。

理肤泉品牌总监Mary He说："在碎片化的时代，消费者的习惯是不可逆的——一旦消费者习惯看短视频、直播，就不太可能回去看图文了。这是一个不可逆的趋势。"短视频创作的低门槛激发了全民的创作欲望。人们的自主创作又催生了大量群众喜闻乐见的短视频内容，于是两者相辅相成、互相成就。

如今，可能还有人没用过抖音，但少有人没听说过抖音。字节跳动敲响了时代的鼓点，让全民一同跳动。

我们越来越多地沉浸在高清竖屏视频带来的沉浸式体验的同时，以公众号等为代表的图文平台的内容阅读时间逐渐被挤占。2021年12月，

短视频用户达到 9.34 亿，比 2020 年 12 月增长了 6 080 万。[①]《2020 中国网络视听发展研究报告》显示，除娱乐外，短视频在用户生活中承担着越来越多的角色，成为用户了解新闻、生活技巧、教育、学习、旅游、科技等的重要入口。抖音不仅给用户带来了愉悦和放松，还能帮用户开阔眼界、获取新知，感受不同生活。

与此同时，网络电商直播蓬勃发展。截至 2021 年 12 月，我国网民规模达到 10.32 亿，网购用户规模达 8.42 亿，比 2020 年 12 月增长了 5 969 万。[②]目前，网购群体仍在扩大。

凭借"算法推荐＋直播消费"模式，抖音吸引了大量企业入驻，将电商直播作为拉动营收的战略重点。而抖音借助自己的算法优势，顺利打通了公域流量的广泛触达和私域流量的精准投放闭环，领跑短视频平台。

在瞬息万变的互联网时代中，任何一个连接点都可能成为新的经济增长点，未来充满无限可能。我们无法直接窥见未来新的机遇点在哪儿，却能够通过对过去历史的梳理和对当前状况的研究推导出未来可能的发展方向与路径。

思维决定行为，行为导致结果。笔者团队在 2018 年抓住抖音短视频内容爆款红利，在 2019 年抓住抖音短视频带货红利，在 2020 年抓住抖音 IP 直播红利，在 2021 年抓住抖音电商直播机遇，快速转型，成为抖音教育培训类赛道的佼佼者，打造了秋叶矩阵品牌直播间，形成了稳定的收入现金流。

在本书中，笔者结合自己对新媒体的观察与实践，总结出 10 大抖音思维，它们涵盖从用户服务、内容生产、内容传播、赛道选择到数据利用、资源整合、社群运营到品牌活动等全方位的内容，形成了一个完整的体系，既包含对抖音运营模式的深度思考，又囊括具体可行的抖音

① 数据来自中国互联网络信息中心第 49 次《中国互联网络发展状况统计报告》。
② 数据来自中国互联网络信息中心第 49 次《中国互联网络发展状况统计报告》。

创收制胜之法。

无论你是有转型升级困惑的企业或商家,还是不甘平庸、渴望借助抖音平台施展才华的有志青年,又或者你拥有一项专长而想打造个人品牌,甚至你是在家带娃、想通过副业创收的全职妈妈,均可逐章细读本书,有针对性地寻求突破。

风云变幻处,新的机遇还在发酵。抖音的舞台红利,等你一起来拿!

秋叶

2021 年 11 月

目 录

第 *2* 章

场景思维：谁能创造消费场景，谁能吸引用户下单

第 *3* 章

垂类思维：越细分，越精准，越有效率

第 **4** 章

数据思维：用数据评估你的账号潜力

第 *5* 章
算法思维：让人找货，变成货找人

第 *6* 章

游戏思维：用娱乐的方式做营销

第 **7** 章

跨界思维：找到新价值生长点

第 **8** 章

社群思维：从用户停留到用户留存

第 **9** 章

品牌思维：让你的品牌更强大

第 *10* 章
迭代思维：天下武功，唯快不破

第 1 章

用户思维

从关注货的销量到关注人的留存

○ 传统经济时代，商家通常将购买自己产品的人称为"客户"；互联网经济时代，情况发生了明显的变化，网友即使不直接购买商家或品牌的产品，他们与商家或品牌的交流、互动，仍时刻关系着商家或品牌的人气。

○ 周鸿祎说："（用户）就是那些你能长期提供一种服务，能长期让他感知你的存在，能长期跟你保持一种联系的人。"笔者要提醒大家注意这里的重点——"长期让他感知你的存在""长期保持联系""长期提供服务"。

○ 纵观抖音，当很多商家把眼光聚焦在成交额的时候，真正的行家却透过数字表面，懂得用户留存才是关乎其商业命运的根本。

为什么？

因为兴趣电商环境下，用户的选择实在太多太多了。这一秒"逛"到你直播间的观众，下一秒可能就通过"传送门"去了另一个直播间，而商家甚至没来得及"为用户做好服务"，更来不及促成转化。

1.1 重点不是多少人来直播间，而是直播间能留住多少人

以前，我们总以为那些有着高人气的明星或主持人来直播间带货，绝对是"降维打击"，因为他们粉丝多，有话题，也有观众，还用得着愁销路吗？结果几百万人围观之下，有的明星还真的 1 单都没卖出去。

以前，我们觉得只有十几二十人的直播间没什么意思，认为这样的直播间最多就是不赔不赚，结果实际情况是，这样的直播间月度 GMV[①]照样达到了几百万。

其实，观众能"逛"到一个直播间，中间的原因有很多，有的是冲着明星来的，有的是误点了广告进来的，有的是无意中刷到的。

然而，有多少人来到直播间只能说明直播间流量大不大，不意味着成交额的高或低。商家或运营者要留意的重点不是有多少人来到直播间，而是有多少人留在了直播间。

让用户停留，才是抖音带货的王道。

1. 人多不一定有价值，人少不一定回报少

明星或大咖的直播确实能吸引不少观众，聚光灯之下也确实更容易推出爆款商品。但明星或大咖的直播间里围观者众、下单者少的事也并不少见。

① GMV（Gross Merchandise Volume）：即成交总额（一段时间内）。

2020 年，某明星直播间吸引了 90 万观众同时在线收看，但直播间最终的销售额不到 2 000 元。

同年，某著名作家的直播带货首秀，观看人次达到 830 万，结果这场直播只卖出了 15 罐奶粉。

……

相似的例子还有不少，这说明什么？

人多，不一定能带来等同的价值。

人虽然多，但直播间里的产品和用户的需求不匹配，这些人来直播间只是为了看热闹，看看就走了，真正留得住的人却寥寥无几，产品销售自然无从谈起。

我们再说说人少的情况。

给大家举个例子。相信很多人对"樊登读书"都不陌生，"樊登读书 APP"抖音账号的粉丝有 960 多万，大家不妨猜一猜他们的抖音直播间的日常在线人数是多少？

有的人可能会猜 3 000 人以上，有的人可能会猜 200 人以上，但读者朋友进入直播间看看就会发现，"樊登读书 APP"直播间日常在线人数其实只有二三十人。

大家再猜猜成交额？

说起成交额，读者朋友可能更会感到惊讶了。

直播间日常在线二十几人的情况下，有的读者可能觉得月成交额能达到 3 万就不错了。不，人家的月成交额是 200 万 ~ 300 万！

这大概就是许多迟迟没有入局直播电商的商家最容易感到困惑的地方，也是很多人左思右想之后仍然举棋不定的原因所在——看不清哪种情况该坚持，哪种情况该改变策略。结果，有的商家花大笔资金购买的流量"打了水漂"，有的商家在有小部分观众观看的情况下选择了放弃。

下面，笔者便来帮大家分析一下，"樊登读书APP"看似不起眼的在线人数背后却拥有百万元成交额的原因。

一方面，"樊登读书APP"直播间中大部分产品的价格相对比较低，但其图书、读书年卡、课程卡等产品在很多场景下都适用（比如购买者自己买来阅读学习，或者买来送朋友、长辈、晚辈等）（如图1-1所示）。这样，对于用户来说，购买其产品就是一种经济投入不多，但实际用途广泛，并且精神获得感比较强的事情。

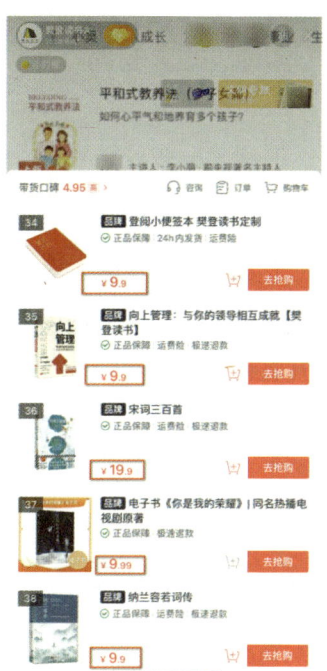

图1-1 "樊登读书APP"直播间部分产品价格

另一方面，"樊登读书APP"直播间同时在线的二十几个人中，多数人都是有意向购买图书的潜在用户，而不是看热闹的"吃瓜群众"。

当有需求的观众遇上好的讲解员时，这些观众自然愿意留下来认真

看直播、听产品介绍了，于是最终的出单自然也很顺利。

这就是许多直播间在线人数并不惊艳，成交额却很抢眼的原因。

上面说的内容，归结为一点就是：人多不一定有价值，人少不一定回报少。

如果人多，但人人都只是"逛"一下就走，那就只是看热闹。相反，很多情况下，直播间里虽然人少，但用户愿意留下来听，就证明他们有购买的可能性。

我们要做的就是留住用户，把用户的停留转化为商品的成交。

2. 能留住人的直播间，成交数据才能越来越好看

很多人在刷抖音时，遇到了一些这样的直播间：主播不讲解商品，而是全程表演唱歌或跳舞等，但直播间页面下挂出了商品链接，链接中一般都是日用品。还有的直播间，主播不唱歌也不跳舞，直接在直播间里播放电影，然后在线上与观众一起观看，主播偶尔会聊一下电影，就跟朋友聊天似的。打开其直播间的商品链接，发现里面多数是零食。这样的直播间，人多的时候，在线人数能达到 10 万。

这些直播间有销量吗？

别说，还真有，而且有的直播间销量还不少。

观众看着表演或者电影，被内容吸引住了就不会立刻离开。一个歌舞节目短则几分钟，长则几十分钟，观众停留在直播间，在放松的心情下，总有人会戳开商品链接看一看，这一看可能就会买了。也有一些观众看了主播的表演，出于感谢，会买点价格不高、平时又用得着的商品作为回报。直播放电影，那就更能吸引观众停留了。一部电影少说也得 1 个小时，用户的停留时间更长，也就更容易消费了。一边看电影，一边买

零食，简直不能更搭。

这就是高度沉浸式的内容带来的高停留和高转化。

在图 1-2 中，展示了某播放电影的直播间内零食的销量数据。其中，恰恰牌单价为 9.9 元的瓜子，成交额就有 4.7 万，单品牛肉面也达到了 1.2 万的销售额。

商品名称	商品来源	商品价格(元)↓	佣金比例↓	销量(件)↓	销售额↓
ChaCheer/恰恰香瓜子 26g*10包	湖南特色美食	9.90	10%	1,931	1.9w
【恰恰】经典红袋香瓜子26g*10袋超值福…	恰恰食品旗舰店	9.90	1%	1,549	1.5w
恰恰香瓜子26g*10包	安源味道食品专营店	9.90	10%	1,315	1.3w
【买6送6】质凡 正宗私房牛肉面6桶+6包…	质凡旗舰店	19.15	20%	582	1.2w

图 1-2 某播放电影直播间的零食销售数据

所以，我们想带货，想促成更多成交额，真的不能只是光喊着"卖卖卖"。

直播复盘时，面对 100 多项数据，商家最关心的可能是 GMV，但你知道行家最关注什么吗？他们最关注的是"用户平均停留时长"。商家或达人在带货的初级阶段，尤其要关注这项数据。

"用户平均停留时长"指的是直播间内所有用户的平均停留时间，一般以秒或分来计。这是衡量直播间水平、带货潜力的重要指标。

上面提到的不推销商品只表演才艺和在线上直播与观众一起看电影的直播间，观众也会从链接中购买商品，主播都成功地通过延长用户停留时长，顺利带动了成交量。

实际上，抖音直播之战，打的就是用户注意力之战。只不过，光吸引来用户的注意力还不行，还得让用户的注意力保持一会儿。

那么，用户的停留时长保持多久才能撑得起成交量呢？10 秒够不够？

根据某行业的用户注意力分析报告，1～3秒是用户决定去留的时间；9秒以后，用户的互动概率才开始提升；16秒以后，用户对产品或账号主体的兴趣开始逐渐增强。

商家或达人要想带货，用户平均停留时长要尽量延长到30秒。带货时，理想的用户平均停留时长为30～60秒。

如果用户平均停留时长比30秒短，那么用户就不足以了解产品，这种情况下成交量不太稳定，流量的流失会比较严重。

而后台会根据用户的停留时长，决定接下来对直播间的推流情况。用户停留时长短的直播间，平台会默认为其直播内容不够吸引人，对直播间自然流量的推送也就相应较少，直播间投放流量的成本就会增加。

以某直播间2021年8月上旬和9月上旬的用户平均停留时长为例，8月上旬，该直播间的用户平均停留时长在22～32秒之间，停留时长曲线呈波动上升走势，中位值在28秒左右，这是比较接近理想状态的。9月上旬，该直播间的用户平均停留时长在10～30秒之间，停留时长曲线呈波动下降走势，中位值在20秒左右，平均停留时长较上月滑落了8秒左右。（如图1-3所示）

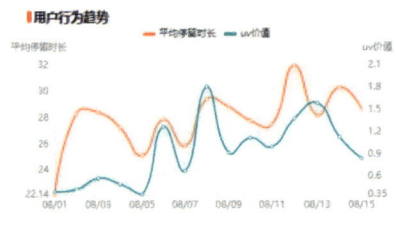
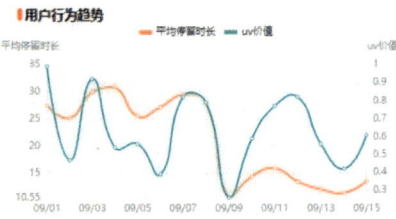

8月上旬，某直播间用户平均停留时长　　9月上旬，某直播间用户平均停留时长

图1-3　某直播间2021年8月上旬与9月上旬用户平均停留时长 [①]

8秒的平均用户停留时长，能带来多大的数据变化呢？

---

① 截图来自蝉妈妈。

笔者从第三方数据平台蝉妈妈上查到的该直播间的成交情况如图 1-4 所示。

📅 2021-08-01 至 2021-08-15		📅 2021-09-01 至 2021-09-15	
4,352 总销量(件)	**141.5w** 总销售额	**3,326** 总销量(件)	**84.2w** 总销售额
1.16 场均uv价值	**290** 日均销量(件)	**0.75** 场均uv价值	**221** 日均销量(件)

图 1-4 某直播间 2021 年 8 月上旬与 9 月上旬的销售数据

8 月上旬,该直播间的成交额为 141 万,9 月上旬,成交额滑落到 84 万,成交额的数据与用户停留时长呈密切的正相关关系。

所以,大家看明白了吗?

用户停留时间越长,成交额往往越高。此外,用户的停留时长能有效增加直播间的权重,为直播间带来更多自然流量,这是一个良性循环。

切记:直播间能留住人,成交数据才能越来越好看。

3. 谁更舍得,谁才能留住人

说到吸引用户停留,很多人的第一反应是送福袋、抽红包。

当每个直播间都在送福袋、抽红包的时候,我们怎么才能做得比其他人更好呢?

技巧在两点:一是送贵重礼物,二是多多送礼物。

一个错不了的理是:重赏之下,必引来关注。

先说一个久远的例子。1995 年,《咬文嚼字》杂志创刊时,全国征

订量只有 500 多份。当时很多人都不看好它，认为该杂志可能连三期都办不下去。创始人郝铭鉴挖空心思想出了一个大招，让杂志一炮而红。这一招是：举办新闻发布会，邀请读者在创刊号上给杂志挑错，读者如果找出了正文中的错误，发现一处奖励 100 元；标题上的错误，发现一处奖励 1 000 元。

现在或许有人觉得 1 000 元钱的奖励不算多。但你要知道，那是 1995 年，当时很多人的月收入只有两三百元，1 000 元有可能就是一个普通人半年的收入，这在当时是不折不扣的"重赏"。

那么，其效果如何呢？消息一出，刊还没发，就已经全国闻名。而即使在新媒体强势霸屏的今天，《咬文嚼字》依然保持着强大的影响力。

就直播间来说，一方面，贵重的礼物本身就是一个噱头，能吸引不少观众；另一方面，越贵重的礼物越能吊住用户胃口，引发用户的持续停留。

很多头部主播在直播间送戴森吹风机、华为和苹果公司的旗舰手机，还有主播送国际大牌的女包等。抖音某头部主播在 2021 年 9 月 14 日的中秋主题直播中，用 6 个小时创造了 1 亿元的成交额，当日直播的最终成交额达到 1.56 亿元。而这场直播最大的噱头莫过于背景墙上所送的五菱宏光 mini 汽车。20 台汽车点燃了观众的热情，用户的平均停留时长达到 3 分 39 秒，对于一场单场观看量超过千万的直播间来说，这样的停留时长是很惊人的了。[1] 不仅如此，这场直播的汽车抽奖活动还吸引了 1 300 多万人观看，甚至将观众的好奇心延续到了直播结束后。数日后，还有大批抖音用户在平台上讨论中奖的事。这是因为，汽车福袋起到了巨大的作用。

当然，一台汽车的价格是以万计算的。显然，多数直播间都做不到自己掏钱"送 20 台汽车"这么"豪气"的事。

---

① 数据来自蝉妈妈。一般来说，单场观看量越高，用户平均停留时长越短。

笔者的看法是，要想送贵重的礼物，不妨做品牌联合活动。

直播间可以把品牌产品作为福利送给观众，而对品牌方来说，这也是一次品牌植入和产品强曝光的机会。

送礼的第二个技巧是"多"。比如抖币等，虽然 1 枚抖币的价值没有那么大，但是频繁、多次的送礼会让观众觉得自己有很大的获奖机会，往往乐意为此更久地停留在直播间。

红包、福袋的发放技巧是，不要一两次就发完，也不要一个接一个地发，而要少量多次地投放。具体有以下这些技巧：

• 可以提前和观众约定，直播间满多少人、满多少赞，或者到某个时间点就发一次福利，以此为直播间聚敛人气。

• 福袋有两种，分别是粉丝团福袋和全民福袋（如图 1-5 所示）。粉丝团福袋只有粉丝团成员可以领取，全民福袋则是平台的所有用户都可以领取。为了有效黏粉、增加直播间权重，建议大家投放粉丝团福袋。

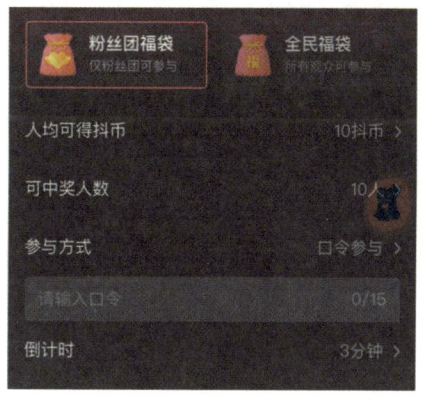

图 1-5 抖音福袋

• 在设置红包领取的时间条件时，尽量延长时间，比如观看直播满10 分钟才可以领取等。

找准用户画像，你不需要吸引所有的人

　　秋叶品牌的职场类抖音账号中，"秋叶 Excel"的粉丝数超过 700 万。相比之下，"秋叶 PPT"的粉丝数就少了很多，为 300 多万。可实际上，秋叶品牌最早能溯源到的就是"秋叶 PPT"，笔者正是通过教授 PPT 教程赢得了广大网友的关注，从而为秋叶品牌积累了用户和口碑。

　　为什么在同样的运营方式下，"秋叶 PPT"的粉丝数比"秋叶 Excel"少了大约一半呢？

　　实际上，这是由细分用户的规模决定的。

　　PPT 一般用于汇报或展示之用，使用范围要小一点，使用频率也低一点。而职场人使用 Excel 表格的时间却多了不少，很多人是每天都会用到的。这就决定了 Excel 的用户规模比 PPT 的用户规模大。而我们的抖音垂类账号，主要也是吸引相应的用户群体，所以就出现了上面说到的情况：同样的运营方式，不同垂类账号的粉丝量却拉开了差距。

　　跟同类账号比较，更能印证这个结论：抖音平台上，超过 300 万粉丝的 Excel 类账号有 7 个，而超过 300 万粉丝的 PPT 类账号只有秋叶一家，其他粉丝量较多的 PPT 类账号只有 100 多万乃至几十万粉丝。

　　实际上，你本来也不用吸引所有人，真正能带来转化的终究只是你的精准用户。

　　那么，怎么找到精准用户？

　　前提是先找出自己的用户画像，并且通过精细化的内容制作和运营来不断优化画像，从而实现"精准打击"，这样做的效率远高于到处撒网。

1. 如何做用户画像？

什么是用户画像？用户画像就是根据用户的基本属性、浏览偏好等为用户贴上一些标签，从而对用户进行抽象的建模。根据建立的模型，运营者便可以把符合相应标签的内容投放给对应的用户，从而实现内容、广告的精准投放。

在做用户画像之前，运营者首先要改变思维，先判断抖音平台上哪些群体可能成为自己的目标用户，哪些群体对产品或服务有需求。

有人可能会反问，这还需要判断吗？就拿秋叶的职场办公软件培训课来说，多数人会认为，我们的抖音用户肯定是以职场白领为主。但实际上，令我们也感到意外的是，我们的职场办公软件培训课在抖音上最大的用户群不是都市白领，不是刚毕业的大学生，而是都市蓝领。

都市白领和大学生对办公软件相对熟悉，而都市蓝领不熟悉这些软件，却渴望通过学习掌握基本办公本领，提高自己的能力，获得更多职场晋升机会。

认为"用户肯定是职场白领"，其实是一种典型的存量思维，主要是依靠过去的运营经验。运营者要想突破旧的用户圈层，扩大用户群，必须具备增量思维。也就是说，要考虑新的环境、新的平台下，自己的产品或服务有哪些新的增长点。

各个行业和细分领域，在抖音上的用户群体都可能有新的特点，所以广大运营者需要采集大量数据，进行判断。

经过一段时间的运营后，运营者会通过抖音掌握一定用户数据。通过这些数据，运营者可以先设置基础的用户标签，比如性别、年龄、地域等比较普遍的标签。

接着，运营者需要一步筛选标签，提炼出更加精细化的标签，这些

标签可以分成社会标签、行为标签和喜好标签等。

社会标签就是用户的社会地位和社会关系等，比如用户所在什么行业，关注什么领域，收入情况怎么样，等等。行为标签关注的是用户浏览产品的时长、频次和付费金额等。喜好标签主要是看用户关注什么话题、什么品牌、什么产品等。

根据精细标签，建立一个包含多维度信息的模型，此时的用户画像就比较准确了。后续再进行针对性运营和营销，并根据转化和数据沉淀不断调整运营和营销策略，这样用户触达就会越来越准确。

2. 用户喜欢看什么样的短视频？

一般来说，用户喜欢的短视频内容可以归纳为这 4 大类：好看的、实用的、有趣的和能引发共鸣的。

• 好看的，比如高颜值的主播、展现身体韵律的舞蹈或者美丽的自然景色等，能够让观众觉得赏心悦目。

• 实用的，比如各种日常生活小技巧、知识科普和产品测评等，重点是让观众学到知识。

• 有趣的，比如各种剧情短剧，有笑点、有反转、有泪点，一下子就让观众获得了丰富的情绪体验。

• 能引发共鸣的，比如情感故事、暖心语录等，能够让观众释放压力和情绪，获得一定的精神慰藉。

一般情况下，我们的短视频从这几个维度寻找灵感，会比较容易做出让观众喜欢的内容。

可是，大家有没有想过这个问题：当同类产品遭遇不同的用户群体时，其引发用户兴趣点的地方可能是不同的。基于此，品牌方需要做出一些让步或差异化运营策略。

下面，我们对比一下抖音某品牌女装和某精品女装的短视频内容，大家就能发现其在定位和目标用户群体上的差异。

▶ 短视频主题对比

品牌女装的主题丰富多样。有结合季节推出的配色、品类搭配干货，如"秋冬穿搭配色干货""复古秋日格调"等；有结合一些趣味营销点推出的个性化穿搭推荐，如"时髦博物馆""海的女儿""在逃公主"等；还有结合年轻女性消费群体个人喜好推出的各类"拍照指南"。

精品女装的主题是统一的，就是整套服装的展示。模特（主播）通过各种动作，如自拍、走台、转圈等展示衣服的上身效果。

▶ 短视频形式对比

品牌女装的短视频形式较多，包括穿搭、变装、探店、拍照指南、旅行攻略等；精品女装的短视频形式就是动态的服装展示。

▶ 短视频拍摄场地对比

品牌女装短视频的拍摄场地既有室内的，又有室外的。室内的背景基本都是不一样的，并且搭配了一些装饰，整体上比较有时尚感；室外场地包括街道、地铁站、草坪等。例如，在一条主题为"毛毛敦煌之行"的视频中，记录的是达人游敦煌的过程。

精品女装使用的是室内的固定场地，白色背景墙上贴着简约的壁纸，模特身旁是一个杂志架。整体上很简约，主要突出模特的穿搭。

▶ 短视频封面、文案对比

品牌女装的多数短视频采用海报式封面，有固定的版式，画面清新爽目。其短视频文案非常简短，多用开放式句型引发观众的好奇心或互动，例如"七夕战衣准备好了吗""穿上西装谁还不是个拽姐了""暗黑少女的撒手锏"等。

精品女装没有专门设置短视频封面，所以展示的就是模特的穿搭，形式简单，但整体看上去十分统一。其文案偏向于"鸡汤型"长句，如"生活奇奇怪怪，你要可可爱爱，心里藏着小星星，生活才会亮晶晶，凡事看得开，生活自然嗨"等。

▶ 短视频配乐对比

配乐上，品牌女装主要根据内容来选择配乐，形式较为多样，短视频有配音；精品女装配乐为流行歌曲，没有配音，部分视频中模特会对嘴型唱歌。

▶ 短视频拍摄、剪辑方式对比

品牌女装的短视频是经过相机拍摄后剪辑而成的，有镜头的推移和场景转换，很少有一镜到底的情况，其部分国风主题的短视频还模仿了武侠电影的效果。

精品女装的短视频采用手机拍摄，画面清晰，镜头一般是固定的，没有经过剪辑，形式比较接地气。

▶ 带货类型对比

品牌女装展示的服装基本包括品牌旗下的所有服装类型，且风格各异，既有时尚感较强的日常女装，又有特色鲜明的 JK 服装、国风潮服、汉服等，能够有效渗透年轻消费群体。

精品女装展示的多是小香风、淑女风穿搭，凸显女性温柔与时尚兼具的气质。

对比之后，我们发现：案例中的品牌女装和精品女装的短视频运营策略很不一样，这其实与其观众群体有很大的关系。

该品牌女装主要面向一二线城市的年轻消费群体，用户来自北京、宁波、上海、武汉等城市，18 ~ 30 岁用户占比将近 64%（如图 1-6 所示）。这些用户热爱潮流也追求个性，因此该品牌女装用丰富多彩的形式去吸引她们。

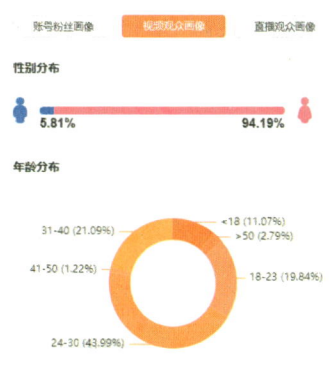

图 1-6 某品牌女装视频观众画像 ①

而该精品女装主要面向下沉市场的中年女性（如图 1-7 所示），这一用户群体讲求性价比和实用性，对探店等花样形式并不怎么感兴趣，但"鸡汤风"文案却很容易吸引她们。此外，小香风风格的女性着装符合她们对都市白领女性的想象和憧憬，统一、协调的女装展示便于她们直观地看到商品效果，从而更愿意下单购买。

---

① 截图来自蝉妈妈。

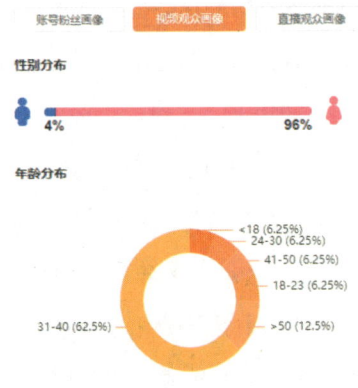

图 1-7 某精品女装视频观众画像 ①

　　所以，有的时候并不是形式越多样或者形式越统一就越好，不同的内容吸引的是不同的观众和买家。

　　上面的例子中，品牌女装的短视频显然是经过团队精心设计制作的，其在短视频制作上的经费投入也一定更高，这在吸引更多一二线城市年轻女性的同时，也是在提升品牌形象和品牌渗透率。

　　对于精品女装来说，与其花大笔资金投入短视频内容的策划、制作等，不如用接地气、低成本的形式展示产品，接地气的形式本身就是在告诉用户——我很亲民。与此同时，这可以降低运营成本，为其争取到更多的利润空间，也能让平价再"平价"一点，开辟更广阔的下沉市场。

　　所以，运营者需要根据用户的不同，采取不同的短视频运营推广策略。

　　在策划短视频内容时，不妨按照这样的步骤来做：

　　• 分析用户画像，除性别、年龄、地域等基础信息外，也了解其兴趣爱好、消费水平等。

　　• 根据用户画像，圈定短视频的主题、形式、场地、封面、文案、配乐、拍摄方式等，永远不要脱离用户的生活做内容。

－－－－－－－－－－

① 截图来自蝉妈妈。

3. 怎样抓住用户心理，用短视频成功带货？

用短视频成功带货的技巧有哪些？

有些品牌和明星进行合作的方式，就是明星在自己的社交账号上公开说"我也在用这款产品"（现在微博上也有很多这样的例子），但现在多数用户已经不会再为这种简单到有些"粗暴"的"种草"方式买单了。另外，抖音上有些短视频详细介绍了某产品的各种优势，但点开视频的人并不多，看完视频的人更少，这是为什么呢？

问题的实质是，大部分人忽略了 3 个重要的带货变现的关键因素：

• 一是没唤醒需求，不懂得如何将产品与用户建立起联系，让用户觉得自己需要该产品。

• 二是没激发兴趣，不懂得如何介绍产品亮点，打消用户对产品的疑虑，激发其购买兴趣。

• 三是没引发欲望，不懂得用户消费心理，不善于抓取用户痛点，刺激用户下单。

如果运营者再仔细看看，会发现很多明星的"种草"视频已经迭代了。笔者打开了某女星的"种草"视频，发现她先是和观众闲聊了一番："终于到晚上的护肤时间啦，现在是我的自由时间（挥舞手势，表示开心）。今天一整天又是上英语课，又是健身，又是要看展览。很多很多的事情，现在终于到我洗完澡可以认真护肤的时间了，所以我要用一个我最新的面膜（拿出面膜，推到镜头前）。你们已经很熟悉了对不对……"接下来，该女星对着镜头进行敷面膜实测，测试过程中不停对观众"种草"，讲解面膜的优点。最后，该女星展示了敷完面膜后，自己的皮肤状态。

这个短视频是怎么抓住用户心理，成功带货的呢？

▶ 还原场景，引发观众代入感

该女星选择的是自己忙碌了一天后，即将休息的场景来拍摄视频。很多"熬夜党""加班党"也可能是在类似的场景下才想起自己有保养皮肤的需求。这样的场景能立刻唤醒用户的需求，把产品的特点和用户的需求进行有效的结合。

通常情况下，需求产生的公式是：需求 = 缺乏感 + 目标感 + 能力。

"缺乏感"怎么来？熬夜了，皮肤状态不好，却又不知道使用什么产品可以有效改变现状，于是"缺乏感"就产生了。"目标感"就是，女星向观众展示面膜，并且亲自试用给观众看，让观众觉得自己用完面膜后也能达到女星的皮肤状态。"能力"体现在，一盒平价面膜，谁都买得起。

▶ 具体实践 + 效果或感受，引发观众兴趣

该女星在敷面膜的过程中详细讲解了面膜的优点，并且面对镜头展示敷完面膜后自己素颜的皮肤状态，大大方方、十分自然，但又十分有力地用自己的实践展示了产品的使用效果。

这对观众来说相当于一针强心剂，观众会在心理上觉得自己敷完面膜后也能达到这样的效果，其在心理层面上就已经为购买面膜进行了合理的自我说服，购买兴趣就这样被激发了。

▶ 现身说法，以痛点刺激观众的购买欲望

产品要想卖得好，必须得用卖点找用户痛点。

该女星在视频中，前面先交代了自己日常有多忙，其实已经为后面引出产品卖点埋下了伏笔。视频的后半段，该女星坦白地表示，自己明白熬夜的危害在哪里，并列举皮肤变得暗黄、暗沉、粗糙及冒痘痘等"熬夜后遗症"的表现。她这么说的时候，观众其实已经在对号入座了，这

些正是观众害怕的东西，即痛点。接着，该女星以朋友般的语气说出自己了解熬夜的危害，才为大家推荐这款面膜，看似不着痕迹，其实"种草"已经水到渠成了。

敷完面膜的该女星代表理想状态，熬夜后的观众则代表现实状态，二者之间的落差被渲染得越大，观众的购买欲望就会越强烈。

总结起来就是：强化理想状态，贬损现实状态，以想象的落差调动观众的购买欲望。

除"种草"技巧外，我还为大家提炼了一套带货短视频的经典模板（见表 1-1），读者们可以根据自己的实际情况对这些开头、中间和结尾进行组合，做出自己的爆款带货视频。

表 1-1

组成部分	类型	示例
开头（简短有力，吸引用户）	制造冲突，让人觉得出人意料但又合乎常理	千万别给孩子买这本书，因为孩子看了一定会着迷
	引发好奇，揭示答案	据说，年轻的"95 后"小花 ××× 也在用防脱发产品。是什么防脱发产品能让她也心动呢？原来是这款 ×××
	直击痛点	还在用手指抠地毯里的碎纸屑？有了这款扫地机器人……
	抛出利益点、卖点，吸引用户	一杯奶茶钱，就能提升职场软实力啦！

表 1-1　续表

组成部分	类型	示例
中间（多样呈现利益点）	展示卖点，权威背书①/行业资历＋使用感受	这本书由著名科普作家×××撰写，曾获得×××大奖。我拿到书后一口气就读完了，书里的世界太有意思了！作者以动物的视角讲述了一个个妙趣横生的故事，非常有意思，很适合6～8岁充满好奇心的孩子阅读
	解决痛点	想提升自己又担心难以坚持？在这里，和优秀的人一起努力。助教和一群优秀学员陪你一起打卡，让学习更有动力！
	数字、场景诱惑	几秒钟就能清洗干净，足够你用20年，价格也就9元钱！
结尾（提示转化）	很优惠/赠品丰富/抽奖免单	来我的直播间，六折给到你
	限时/限量/限价	五折！五折！欢迎来"薅羊毛"，就在今晚，明天可就没这个优惠了哟！
	很多朋友/明星/达人/专业人士在用	我身边的很多家长朋友都买了，我自己也掏钱买给很多朋友了，反响非常好！

1.3　打造抖音人设，只需做好这3步

　　带货不能光卖货，最理想的带货状态是主播或达人可以像朋友间分享好物一样，让用户信任甚至依赖。

---
① 背书：即为某人做担保。就是通过第三方的知名度、美誉度或权威，为产品做支持和证明。

抖音上就有女主播通过打造自己独立自主女强人的人设，围绕女性如何独立、如何发挥正能量展开话题，拉近与女性观众的距离，从而带动其女装的销售。

号称"口红一哥"的某男主播经常会在直播间展示他买过的化妆品，还会普及化妆与护肤的专业知识，塑造一个既像专家又像朋友的人设，让用户在信任他的选择的同时还认可他的专业性，这就非常厉害了。

那主播们要怎么打造好自己的抖音人设呢？只需要做好这 3 步。

1. 打造人设，强化形象

▶ 进行人设定位

达人或主播要分析自己的特色和精彩履历，找出自身闪光点，思考通过这些自己能为粉丝提供什么。然后将这些内容梳理出来，从中提取出有辨识度的标签。比如，"口红一哥"以前做过很多年的化妆品专柜柜员，他做美妆带货主播，就非常具有专业性，有说服力。再比如，账号为"坤哥玩花卉"的主播改行做新媒体之前是《中国花卉报》的记者，他做抖音园艺博主，也非常有优势。

为了向读者直观展现人设定位的思考方向，笔者用表格形式把这个过程梳理了出来，具体内容见表 1-2。

表 1-2

定位维度	说明
我是谁	我的身份是爱好者、资深专家、创始人，还是热心公益的志愿者？为了使自己后续的行为与人设形象始终保持一致，必须一开始就明确自己的身份

表 1-2　续表

定位维度	说明
我的目标观众是谁	我的目标用户是下沉市场的普通消费者，还是一二线城市的白领？是偏爱个性和潮流的"95后""00后"，还是看重品质的中年消费群体？是某个行业的从业者，还是普通的职场人群？总之，要理清目标观众的年龄、性格、地域、领域、受教育水平、收入水平和消费水平等
什么时间	是以业余爱好者的方式投入进来，还是全天候投入、高频率输出内容？是抓住上班族的下班时间，还是抓住自由职业者白天的零散时间？
在什么地方	是专注线上，还是线上与线下联动？是在车间、仓库，还是在线下门店？
提供什么	如果有大量的阅读积累，可以做阅读分享；如果有大量的社会阅历，可以分享自己的百味人生；如果去过很多地方，可以分享旅行攻略和一路的见闻；如果受过专业的心理咨询培训，可以为用户提供情感疏导
解决用户问题	一定得是用户的痛点，而我刚好能帮助用户解决这个痛点，正如"怕上火，喝王老吉"

▶ 通过主页等呈现人设

　　人设设立之后，就不能轻易改变，其他的一切也要围绕人设定位进行，无论是昵称、简介、头像、短视频内容还是直播风格等，都必须符合人设定位。

　　下面以"坤哥玩花卉"的主页为例（如图1-8所示），看看他的主页中，是怎么呈现自己的人设的。

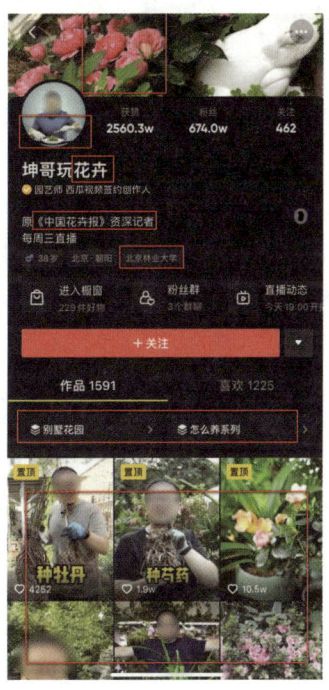

图 1-8　"坤哥玩花卉"抖音主页

- 背景图展示达人养的花，花开得很好，表明达人养花得法。

- 头像展示的是达人戴着手套养护植物，展示其园艺师的身份。

- 昵称中出现了"花卉"，便于观众对达人类型一目了然。

- 简介中点明了达人是《中国花卉报》的资深记者，表明其在行业内有沉淀。

- 个人信息中显示达人毕业于北京林业大学，表明达人是科班出身。

- 作品集名称围绕园艺展开，内容丰富。

- 短视频都是园艺的相关内容，封面要么是达人在侍弄花草，要么是植物的展示。

"坤哥玩花卉"的主页展示的是达人爱花草、养花经验丰富的园艺师人设，养花背景、头像、昵称、简介、个人信息、作品集名称、短视

频内容等均围绕园艺师的人设展开，没有其他多余的信息，这样的人设呈现就非常集中。

● 通过持续的产出和行为强化人设

持续性、重复性行为可以增强观众的印象和黏性，更深地引发观众的共鸣。强化人设可以从下面这几个方面来着手。

➤ 内容方向和基调固定

比如，如果要做像"老爸评测"这样的评测科普博主，那么保持像他那样一贯的机智、严谨和专业的水平是必要的，内容也要持续围绕评测和科普进行。

➤ 发布视频或开播时间固定

固定发布视频或开播的时间，一是为了吸引观众的注意力；二是为了让观众对达人的新内容或直播保持期待，增强观众黏性。内容更新和直播时间可以明确标在简介中，让观众一目了然。

➤ 口头禅和专属昵称

达人的言行举止要符合人设，最好还能形成风格化的话术和动作，比如涂磊犀利冷静的语言，蜜雪冰城 IP "雪王"舔嘴巴的动作等。

达人可以有一两句经常说的话，比如开场的问候语、语气词，或者评点和推销的"金句"等。观众会在潜移默化中受到感染，习惯达人的话，把达人当作一位老朋友，重复、重复再重复之后，可能就演变为了观众的习惯。

昵称也是一样的，固定对观众或粉丝的称呼，可以与他们建立亲密感。

● 多方式、多渠道渲染人设

"广东夫妇"因为"收租"视频火起来后，后来又通过直播间"免房租"等福利，呼应当初的趣味"房东"形象，这就是一种人设的强化。

由于不同平台的用户群体可能是不同的，运营团队还要考虑在不同渠道进行人设的渲染，比如"老爸评测"在微信、B 站、抖音、小红书等都有自己的运营账号，后来还建立了自己的商城，有独立的 App。即便如此，他也没有放下各平台的账号、放慢各平台的更新频率，而是积极活跃在各大平台上，不断向新的群体渗透，并且用自己一以贯之的形象感染观众等。

也有不少达人或主播善于通过跨界来强化自己的形象，比如某女主播从图书带货领域发展到全品类带货领域，某美妆类男主播参加热播综艺，一些抖音音乐达人签约唱片公司变身歌手等。品牌跨界也常常能形成热点新闻，比如太平鸟的音乐节、大白兔推出的文创、六神推出的奶茶等，这些不仅不会削弱品牌在原领域的影响力，而且可以进一步强化其"人设"，扩大其影响力。

2. 讲对故事，让用户自我代入

《人民日报》抖音官方账号运营负责人小 D 说："抖音上的短视频内容更注重讲故事，通过画面、同期声、背景音乐结合起来，渲染一种情绪，让受众能够沉浸在故事营造的氛围当中，激发用户的情感……"

讲好故事，激发观众的情感后，观众的感性脑就会活跃起来。

要知道，感性脑掌握的是人的情感、兴趣、欲望等，而主导消费者进行购物等简单决策的，正是感性脑。

所以有句话说的是：三流的销售谈价格，二流的销售卖价值，一流的销售讲故事。

秋叶品牌的抖音新媒体矩阵做出阶段性的成绩后，笔者团队迅速在社群传播战绩。因为，让学员看到团队的成绩，了解团队的故事，会促成学员在心理上去努力复制团队的成功。这往往比刻意做出的硬广告的效果好上好几倍。

用故事打动一个人，比推销了 100 次产品却没有留下任何记忆点要

有用得多。

一个对的故事有哪些特点呢？

▶ 接地气

如今那么多人知道董明珠，不仅仅是因为她是格力电器的董事长，更因为她带着格力一路向前冲的故事，有着坚韧不拔的普通人的缩影。

▶ 不复杂

奥巴马初任总统时，在某地演讲完，正准备离开的时候，看到一个小小的孩子瑟缩在一旁。他抱起孩子，和孩子友好地交谈，然后便离开了。这一瞬间被记者拍摄下来，作为故事流传，一个亲民的总统形象就树立起来了。

▶ 传播正能量

正能量的故事可以激起大家对积极、正面、有价值事物的天然追求，从而得到广泛传播。1985 年，当厂长张瑞敏抡起锤子，下狠心砸掉 76 台不合格的冰箱以后，很多人便知道了那个叫"海尔"的品牌，也明白了这个品牌对产品质量有着严格的把关。

▶ 有特色，强反差

一位普通农妇，在田地里穿着靴子跳民族舞的视频得到了抖音网友的广泛关注，那些视频不但具有喜感，还充满了对生活的热爱。跳舞的妇女随之在抖音上走红。跳舞并不少见，但是当民族舞碰上劳作的农妇，巨大的反差带来了良好的传播效果。

▶ 契合产品

笔者的一位朋友最开始做短视频的时候，定位十分不清晰，一会儿讲述职场励志故事，一会儿分享自己的业余生活，一会儿又分享阅读心得……走了不少弯路，也流失了不少粉丝。后来，她找准职场励志故事的定位持续输出内容，粉丝又重新增长起来，就这样，她后来做个人职场提升课也就顺理成章了。

故事和产品契合，才更有说服力。

讲好故事并不难，笔者归纳了几种可行的办法，能够帮助有困惑的运营者把自己的故事变得更有意思、更有传播度。方法分别是制造话题、情感代入和文化导入。

➤ 制造话题

互联网永远不缺的就是"吃瓜群众"。哪里有话题，哪里就有他们的身影。笔者的个人公众号上，就时不时有粉丝留言说"为40多岁还奋战在'吃瓜'一线的大叔鼓掌"。

话题，将本来松散的网友聚集起来。在参与话题讨论的过程中，网友发表意见、看法，也会从中获得认同感。

抖音上某女装达人时不时就会制造"助手粗心大意，上货上错价格"的话题，吸引爱看热闹的观众在一旁乐滋滋地一边看戏一边捡便宜下单。还有达人通过连麦"互掐"，其中一位扮"白脸"，帮助观众砍价，另一位扮"红脸"，假装不情愿地让利等，让观众又有戏看，又有"瓜"吃，还有便宜可以"捡"。

➤ 情感代入

相信很多人都听过这样一个故事。正值隆冬的法国街头，一位失明的老妇人在乞讨。她身边的木牌上写着"我什么也看不见"，可是谁也没有为她停留，更没有人向她施舍。这时，一位诗人路过，在木牌上加上了几个字，变成"春天到了，我什么也看不见"。结果路过的人，无不停下脚步，对她解囊相助。

因为"春天到了"唤起了路人的情感，让路人觉得"春天这么美好，

可是她看不到"，从而对老人产生怜悯之情。

前阵子，一款茶在抖音上走红。其实，茶本身并没有什么特别的，店家只是在每一杯茶上附上了一句表白的话，从而可以"在每一个难以启齿的时刻，献给每一个不善表达的你"。

那些话赋予了一杯茶以情感，就这么简单，一款产品就红了。其走红背后彰显的，是人性的暖。

➤ **文化导入**

某汽车品牌对一款主要面向年轻群体的汽车进行短视频营销时，没有用常见的广告形式展现汽车的优良性能，而是一反常态，选择用 MV 的形式讲述一位女歌手的另一个身份——女车手。

通过这样的故事，品牌方传递出这样一种价值观：每个人都可以有不同于平常，但无比精彩的另一面。这种价值观符合年轻一代的价值追求，并且与产品调性高度融合，最终，该品牌在抖音获得 5.3 亿以上的曝光量，吸粉 10 万以上。

这就是文化的力量。

文化具有一种相对深层的力量，看起来温文尔雅，实际上进可攻、退可守，是一名"全能选手"。运用这种力量，运营者需要对企业、对产品进行高度的综合把握，找到故事与品牌或产品之间的连接点。正如"钻石恒久远，一颗永流传"，将钻石的物理性特点与人对爱情天长地久的追求连接起来产生的效应一样。

3. 找记忆点，让用户一眼认出

互联网瞬息万变，网友的记忆时间也变得越来越短。

有了人设，有了故事，如果还能加上一些记忆点，那么用户不仅一眼就能认出达人，而且会很难忘记达人。

如果这个记忆点很有趣，观众很可能还会愿意主动地将其分享到朋友圈中，帮达人进行宣传推广。

▶ 特色装扮或道具

特色道具与常规道具不同，它的作用不是弥补信息差或突出卖点，而是为了引起用户注意，进而让用户记住。

比如，抖音上有个女主播，她装扮很酷，手里经常拿着一个大喇叭。一场直播之后，也许用户会忘记她讲的内容，但是会对她的装扮和大喇叭印象深刻。这就是她的特色。还有某主持人喜欢在肩膀上放一只装饰鸟，这也成为其特色。

再举一个例子，某精品课的授课老师在一次直播中，突然拿起一个大水桶喝水。难道这位老师很渴吗？当然不是。他做这个行为是为了被用户记住。

▶ "自黑"式演技

有句话叫"好事不出门，坏事传千里"，人们对于"槽点"的传播热情远远高于亮点。这是因为"槽点"背后是人们情绪的释放。通过"吐槽"来宣泄情绪，无伤大雅，还有一种幽默的效果。因此，"槽点"往往自带传播力。

比如，笔者经常"放任"二女儿在直播或录像时来捣乱，在镜头前与笔者进行亲子互动。时间一长，二女儿反而成了笔者的一个标签、一个特色。

网红"papi 酱"的视频的最大特点就是"吐槽"，通过在营销中主动设计一些无伤大雅的"槽点"，作为用户的记忆点和传播点，来吸引

用户的注意力。

再比如某主播故意责怪助手上错价格，导致自己亏本卖了产品，这样的桥段也增加了直播的戏剧性。还有的主播经常故意在直播间里怼人，展示自己敢怒敢言的"真性情"人设，让观众觉得其亲切或有趣的同时，促使了观众主动下单或打赏。

▶ 把意外变成"梗"

有时候生活中会出现一些事先预料不到的事，也叫意外或事故。如果应对得当，反而能把事故变成可以传播的"梗"，被网友记住。

秋叶团队PPT领军人物老秦，为新书《说服力——工作型PPT该这样做》做一场直播时，没想到刚一开播，直播间先是整整10分钟没有声音，只有画面。接着又出现了整整10分钟的黑屏，只能听到声音。这种事，搁在任何一场直播上，都可能是灾难级的"车祸现场"，然而秋叶团队反应迅速。

只能看画面？那就演哑剧。笔者亲自上场，假装很生气的样子，在一张纸上写了"扣鸡腿"3个大字，放在老秦面前，老秦连连作揖求放过。这一幕逗乐了很多观众。

后来直播间突然黑屏，老秦急中生智，拉来团队中最会唱歌的人气老师伟崇，请观众尽情点歌，居然把小黑屋唱出了KTV的感觉。有的观众来得晚，还以为黑屏唱歌是故意设计的环节。老秦也自信满满地喊出"就算是黑屏，我也要把书卖爆"的宣言。

后来，直播间恢复正常，事故并没有影响最终的成绩，整场直播累计入场人数超过2.2万，点赞量达到160万，图书卖出3 000多本。"黑屏卖货"成为老秦最有"梗"的江湖传说。

由此可见，意外同样能成为观众津津乐道的"梗"。

第 2 章

场景

谁能创造消费场景，谁能吸引用户下单

思维

○ 不少人有过这样的经历：抖音一刷就停不下来，本来只是随便看看，结果一看就是几个小时；本来只是打发时间胡乱点点，结果看到模特穿的衣服特别显气质，就忍不住下单买了几件；本来没打算买零食，结果看着主播在镜头前吃得津津有味，自己竟然也有点心动……

○ 作为"兴趣电商"，抖音的厉害之处正是在于以兴趣连接用户，然后顺着兴趣挖掘用户的潜在需求。这种感觉，就像带着用户去逛街。逛着逛着，需求来了，用户就下单了。

2.1 抖音是兴趣电商，不是流量电商

2021 年 4 月 8 日，在抖音举办的生态大会上，抖音电商总裁康泽宇提出了"兴趣电商"的概念，引发了外界的广泛关注。

什么是"兴趣电商"，它和以往的电商又有什么不同？

1. 兴趣电商就是让用户逛得开心，逛到心动而下单

大家有没有这样的记忆？小时候去超市，全家人会专程开车一起去。超市的场子之大、货架之高、商品之丰实在令人惊讶。那里几乎什么都能买到，父亲想买的大屏电视，母亲想买的护肤品套盒，还有堆积如山的玩具，那是孩子们的最爱。

大概因为超市的商品足够齐全，其受欢迎程度远远胜过居民区里的小杂货店，结账时往往还得排长队。

后来，淘宝出现了。

早年，淘宝的口号是"淘你喜欢"，意思是凡是你喜欢的、想买的，淘宝上都有。淘宝及后来陆续出现的与之类似的购物网站，主要都是让用户通过精准搜索来实现购物目的。用户只要在页面的搜索栏中输入产品的名称、品牌等关键词，就能迅速找到成千上万家在售的同款商品。

这其实是互联网时代下产生的流量电商，相当于传统超市的线上版。

这些购物平台的特点在于：用户一般有明确的消费目的（正如去超市之前，许多人会列购物清单，清单就是明确的消费目的）；用户会通过搜索的方式主动寻找商品。接着，用户会通过商品详情页的描述、商品评论、店铺综合评分、商品价格等对商品进行了解和综合判断，最后确定购买意向，下单付款。在这个过程中，消费者有着明确的消费目的。

再后来，抖音出现了。

与淘宝等购物平台截然不同的是，抖音本身的侧重点并不在于消费，而在于"刷"内容，不是让用户为了买而搜，而是让用户因为"刷"出心动才买。

为了带给用户更好的"刷"的体验，抖音采用高清竖屏播放形式，用户用手指进行简单的上下划动即可在不同内容之间自如选择。这种沉浸式的体验令用户沉迷不已，也预示了一个新的电商时代的到来——兴趣电商。

2021年4月8日，在抖音举办的生态大会上，抖音电商总裁康泽宇正式对外提出了"兴趣电商"概念。他解释道："兴趣电商是一种基于人们对美好生活的向往，满足用户潜在购物兴趣，提升消费者生活品质的电商。"

简单地说，用户来抖音，首先并不是为了买到什么具体的东西，而是为了娱乐放松，为了简单逛一逛，但是当用户发现了自己需要的、价格又合适的东西时，消费行为就产生了。

兴趣电商，就是让用户逛得开心，逛到心动而下单。

前面曾提到，用户使用淘宝等购物平台时，是带着明确目的来的，这就是典型的"人找货"。

兴趣电商则不然，大数据在采集了用户的兴趣偏好、完播情况后，会主动向用户推荐他们感兴趣的内容，这些内容中就可能包含对某商品的介绍和宣传等，这就变成了"货找人"。

在流量电商平台上，商品的信息对于用户来说是一种广告。平台方为了增加广告的曝光量，往往还会通过在各类门户网站、传统媒体乃至网站搜索页、弹框等投放广告信息，设法从外部为自己引流。

兴趣电商却是另一番景象。用户的集体创作使得被吸引的新用户不断涌入、关注乃至加入创作，平台本身就是一个巨大的流量池。通过导入外链① 等，抖音推动了流量的价值分享，这不是广告策略，而是兴趣逻辑。这种逻辑把流量的价值推到了最大化。

再看消费者的购买行为。

前面曾提到，流量电商中，用户是理性决策后再进行购买的，先有需求才有搜索和筛选，这一系列行为都是基于理性判断的。理性消费时，性价比是多数消费者关注的重点，所以在淘宝上购物时，多数消费者会货比三家，整个消费流程理性、明确。

再看看兴趣电商的消费过程。用户刚好刷到感兴趣的产品内容时，他感受到的是接近真实的场景和红包的吸引、主播声情并茂的讲解、富有节奏感的音乐、评论区喊着"买买买"的人群、即时的优惠价格……用户在激情下燃起购买欲望，于是在短时间内迅速下单购买，整个消费过程快速、感性，基本不存在货比三家的情况。

2. 潜在消费兴趣才是新生意增量机会的蓝海

兴趣电商崛起的一个大背景是互联网用户人数进入存量竞争时代。

据中国互联网络信息中心于 2021 年 8 月发布的第 48 次《中国互联网络发展状况统计报告》显示，截至 2021 年 6 月，我国网民规模已达到 10.11 亿。

---

① 外链：指在别的网络平台上导入自己网站上的链接。

有人认为，11.3 亿就是"天花板"。

无独有偶，2021 年 6 月，某互联网公司试点强制下午 6 点下班的消息上了热搜。该公司要求员工严格遵守健康工作的规定，每周三下午 6 点必须下班。此外，公司规定必须保证员工双休，项目进入最关键阶段的参与人员，若周末需要加班必须阐明理由，但严禁休息日连续加两天班。后来，陆续有更多互联网公司开始取消大小周，规定每周双休。

我们可以看到，互联网行业已经由野蛮生长迈入存量竞争时代。有人说，如果告别增量经济，接下来迎来的就是行业的下坡路。

笔者认为，情况并没有这么悲观。

用户增量缩减之时，谁能抓住潜在的、尚未充分挖掘的市场，谁就能赢得机会。

就在传统电商努力寻找破局机会时，线上电商直播蓬勃发展，凭借"直播引流 + 消费"的模式，成为拉动经济内循环的有效途径。

与传统的消费方式不同，用户观看带货直播，下单购买的场景大大丰富了。目前用户观看直播产生下单行为的场景模式，主要有以下 6 种：碎片式、社交式、消遣式、需求式、沉浸式和追星式。对应的场景分析见表 2-1。

表 2-1

用户场景	场景分析
碎片式	用碎片化时间刷抖音等短视频平台，看到自己关注的主播在直播，看着看着就被"种草"，于是下单购买
社交式	在微信群里看到有朋友分享他自己或者所推荐主播的抖音直播链接，随手点进去观看，发现自己对所介绍的商品确有需要，商品价格也便宜，于是下单，并顺手关注了主播

表 2-1　续表

用户场景	场景分析
消遣式	白天工作压力大，下班回家路上或者吃过晚饭后，随便点进直播间，买点东西放松一下，犒劳一下自己
需求式	有购物需要，进而在抖音上搜索，发现一些店铺正在直播，通过直播更加直观地感受商品，还可以实时互动咨询，从而打消顾虑下单
沉浸式	像看综艺节目似的追直播间。这种直播会通过主题、内容、环境构建、主播与嘉宾间的现场互动，展示商品的使用场景，使用户有如临现场的体验感受。所见即所得，于是忍不住下单
追星式	一些头部主播有强大的影响力和粉丝群，很多直播会做预告，粉丝们会定时观看，甚至通过购买来支持主播

直播带货由于切中了用户不同的生活场景，挖掘出了其中的消费可能，为不少企业带来了新的生机和活力。

或许是深切感受到兴趣电商带来的压力，2021 年 8 月 30 日，淘宝将口号改为"太好逛了吧"，似乎也在努力向兴趣电商靠拢。

此举揭示了电商的未来将以"逛"为主要引流形式，把挖掘潜在消费兴趣作为生意增量机会的蓝海。

2021 年 6 月，抖音官方公布日活跃用户达到 6 亿，要知道，这距离其 2016 年 9 月正式上线还不到 5 年。"用户数量的快速增长与用户使用时长的稳步增加，意味着抖音作为新内容平台在用户中得到了充分的认可，在有限的互联网用户总数中，正有源源不断的用户向新内容形式进行迁移。"[1]这些用户在消费内容的同时，更带着海量的潜在消费兴趣。

---

[1]　内容引自抖音电商《经营手册助力商家长效增长：2021 抖音电商商家经营手册》。

一片新的蓝海就蕴藏其中。

3. 兴趣电商打造"货找人"的高效场景

前面提到，流量电商的销售路径是人找货，而兴趣电商的销售路径是货找人。

流量电商中，商品本身只是商品，一般来说不具有自传播属性。用户的行为一般仅限于明确的搜索和消费，较少包含与平台或其他用户的互动。多数情况下，用户下单付款了，消费行为也就完成了。

兴趣电商则是另外一番景象。

通过商品的内容化，商品不仅可以引发围观、引发评论，还具备传播属性。

抖音上一些有趣又实用的产品甚至变成"网红"产品，引发网友跟风购买，比如不沾头发、不留水印的魔术扫把，明星也在用的大容量运动水杯和儿童玩具"吹萨克斯的太阳花"等。其中，玩具"吹萨克斯的太阳花"（如图 2-1 所示），以妖娆扭动的舞蹈、魔性的笑容征服了抖音网友，只是一款小玩具，周销量却达到三四万件。

图 2-1 抖音网红玩具"吹萨克斯的太阳花"

当包含商品信息的内容触达消费者后，消费者的反馈行为会被系统判断为是否喜欢及有多喜欢这些内容。这时，消费者在内容前的停留时长、完整播放情况及对内容的点赞、评论、转发等，都会被收入平台的用户行为画像。

平台利用画像抽象出用户模型，并为其贴上相应的标签。这样，平台就能判断哪些内容更适合哪类人群，并会在后续的推荐中不断校准，从而使得推荐越来越精准。这对于用户来说，就是"咦，怎么抖音推荐的恰巧都是我喜欢的"。

淘宝等平台上存在一个差评就会迅速拉低一家店铺的得分，从而迅速影响一款产品销量乃至店铺整体产品销量的情况。图 2-2 便是一位淘宝店主遭遇买家差评后销量减半，在某网站上发布的求助帖。

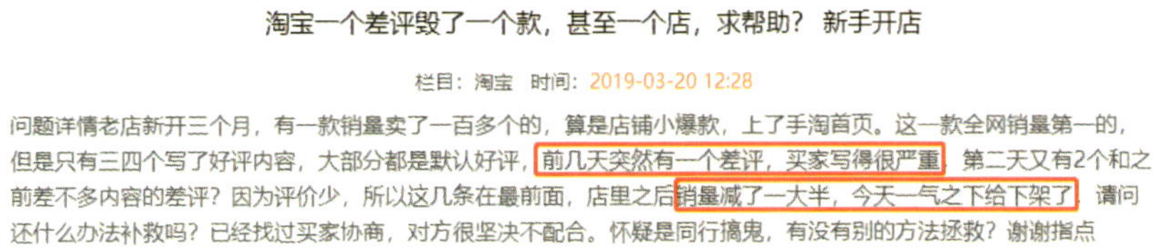

淘宝一个差评毁了一个款，甚至一个店，求帮助？ 新手开店

栏目：淘宝 时间：2019-03-20 12:28

问题详情老店新开三个月，有一款销量卖了一百多个的，算是店铺小爆款，上了手淘首页。这一款全网销量第一的，但是只有三四个写了好评内容，大部分都是默认好评。前几天突然有一个差评，买家写得很严重，第二天又有2个和之前差不多内容的差评？因为评价少，所以这几条在最前面，店里之后销量减了一大半，今天一气之下给下架了，请问还什么办法补救吗？已经找过买家协商，对方很坚决不配合。怀疑是同行搞鬼，有没有别的方法拯救？谢谢指点

图 2-2 淘宝店主的求助帖

而在抖音上，用户的反馈是多维度的，而且平台在采集多维度数据的同时，会根据小流量池内用户的行为判断内容的质量，决定是否将内容分发至更大的流量池。这样，更好的内容就能得到更多曝光，并且精准地触达对应的人群，让消费行为持续发生。而不够好的内容，就会自然地沉下去。

这样，一个"货找人"的高效销售路径就形成了。内容化的货是基础，被唤醒需求的人是目的，而在"货找人"的过程中，"场"起的是连接商品内容与消费兴趣的关键作用。三者之间的关系如图 2-3 所示。

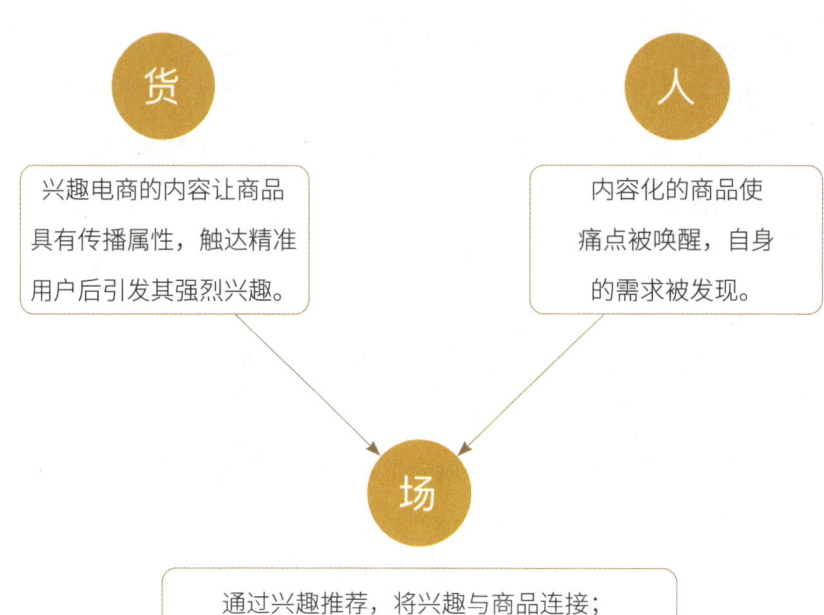

图 2-3　兴趣电商中"货找人"的路径

2.2　借鉴线下大卖场，营造留人带货场景

　　有人说，互联网时代，每一个行业都值得在互联网重做一遍。

　　实际上，当传统行业遇上互联网，两者往往能碰撞出很多让人意想不到的火花，甚至催生出一个潜力巨大的新行业。比如滴滴打车是"出租车服务+互联网"，淘宝是"超市+互联网"，多抓鱼是"二手书书店+互联网"，微信是"传统通讯+互联网"，等等。

　　抖音带货，其实也是线下大卖场形式与互联网联通的结果。甚至，每一种抖音带货场景，也都有线下原型。

下面，笔者将对抖音的带货场景进行归纳和逐一分析，以帮助读者朋友学习打造适合自己的带货场景。

1. 抖音门店：对线下小店门面的还原

很多人以为，抖音带货就是靠直播和短视频，这绝对是一个误解。除了直播和短视频带货，抖音门店也是一个重要的引流变现途径。

什么是抖音门店呢？

抖音门店相当于商家的 POI（Point of Interest，即兴趣点），也就是商户的兴趣点位。每个 POI 都包含名称、定位和商品信息，它便于从线上为线下引流，还可以实现线上和线下的联动。

有营业执照的门店在抖音申请通过后，就可以认领抖音门店。

门店的入口主要有 3 个：短视频中左下角带的 POI 点（如图 2-4 所示）、创作者服务中心或直接搜索。用户进入 POI 后可以看到门店的详情页，里面包含门店的头图、名称、营业时间、地址、营销活动、企业号和短视频特色展示等（如图 2-5 所示）。

细心的读者一定会发现，这其实就是将线下门店搬到了抖音上。

所以，通俗地说，抖音门店就是对线下门店的线上还原。这样带来的好处是，既能为用户提供线下服务，又能充分利用线上的流量资源。

互联网 AISAS 法则非常适用于抖音门店，AISAS 即 Attention（注意）、Interest（兴趣）、Search（搜索）、Action（行动）、Share（分享）。AISAS 的实现路径是以下这样的：

• 商家先通过短视频内容等，快速引爆话题，吸引用户，即实现A（注意）+I（兴趣）+S（搜索）。

图 2-4　短视频左下角的 POI 点图　　图 2-5　"喜乐意"抖音门店截图

- 抖音门店支持发放卡券的功能，商家可以为用户发放卡券，线上发券、线下核销，为线下门店引流。为了吸引用户，很多抖音门店还推出了团购活动。一部分被活动吸引的用户会进行一键购买，即实现 A（行动）。

- 同时，商家可以向用户发起"发朋友圈集赞领奖"活动，用户则会用短视频分享自己线下的真实体验，即实现 S（分享）。

- 这些分享会带来口碑效应，并通过用户的朋友圈产生裂变，为商家引来更多流量和关注。运营得法的话，抖音门店活动还能带来品牌沉淀。通过专属页的转化和线下售卖，商家在自己拍短视频的同时还可以邀请顾客和达人参与进来，从而带来短视频内容的聚合。

2. 唱跳嗨购：对门店节目表演促销的还原

很多人都注意到了这样一种直播形式：主播既不介绍产品，也不采用话术逼单，全场就只是在唱唱跳跳。

这样的直播间往往非常热闹，不仅观看人次可观，而且评论区观众发言踊跃，最终的 GMV 成绩通常也很漂亮（如图 2-6 所示）。

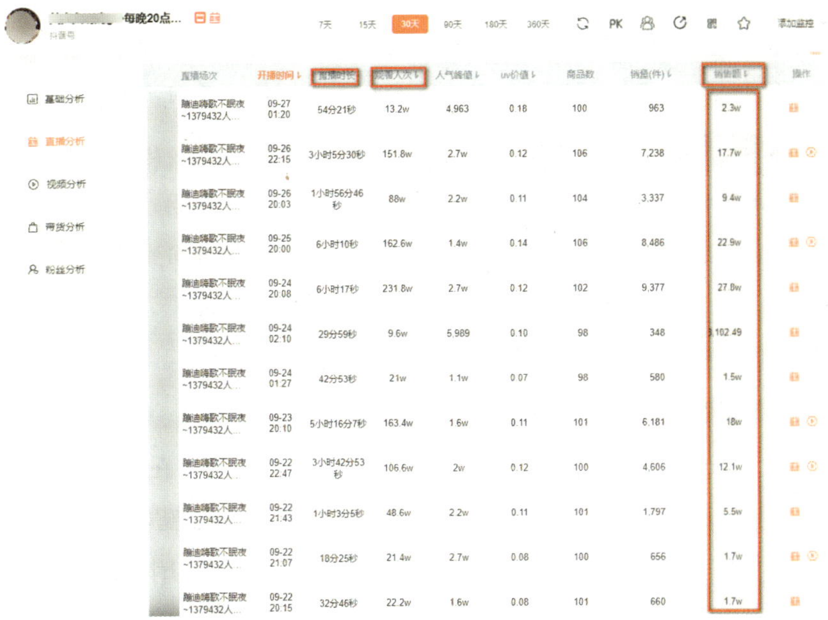

直播场次	开播时间	直播时长	观看人次	人气峰值	uv价值	商品数	销量(件)	销售额	操作
蹦迪嗨歌不眠夜 ~1379432人...	09-27 01:20	54分21秒	13.2w	4,963	0.18	100	963	2.3w	
蹦迪嗨歌不眠夜 ~1379432人...	09-26 22:15	3小时5分30秒	151.8w	2.7w	0.12	106	7,238	17.7w	
蹦迪嗨歌不眠夜 ~1379432人...	09-26 20:03	1小时56分46秒	88w	2.2w	0.11	104	3,337	9.4w	
蹦迪嗨歌不眠夜 ~1379432人...	09-25 20:00	6小时10秒	162.6w	1.4w	0.14	106	8,486	22.9w	
蹦迪嗨歌不眠夜 ~1379432人...	09-24 20:08	6小时17秒	231.8w	2.7w	0.12	102	9,377	27.8w	
蹦迪嗨歌不眠夜 ~1379432人...	09-24 02:10	29分59秒	9.6w	5,989	0.10	98	348	3,102.49	
蹦迪嗨歌不眠夜 ~1379432人...	09-24 01:27	42分53秒	21w	1.1w	0.07	98	580	1.5w	
蹦迪嗨歌不眠夜 ~1379432人...	09-23 20:10	5小时16分7秒	163.4w	1.6w	0.11	101	6,181	18w	
蹦迪嗨歌不眠夜 ~1379432人...	09-22 22:47	3小时42分53秒	106.6w	2w	0.12	100	4,606	12.1w	
蹦迪嗨歌不眠夜 ~1379432人...	09-22 21:43	1小时3分5秒	48.6w	2.2w	0.11	101	1,797	5.5w	
蹦迪嗨歌不眠夜 ~1379432人...	09-22 21:07	18分25秒	21.4w	2.7w	0.08	100	656	1.7w	
蹦迪嗨歌不眠夜 ~1379432人...	09-22 20:15	32分46秒	22.2w	1.6w	0.08	101	660	1.7w	

图 2-6 某唱跳嗨购主播的直播数据

这种直播形式正是对门店节目表演促销的还原。

为什么不怎么推销产品，产品也能自销呢？实际上，这样的直播形式，观众通常不是为产品买单，而是为主播买单。

首先，唱跳嗨购类直播中，主播是绝对的重头戏，主播的魅力和表演是成交额大小的决定性因素。主播往往是外表靓丽的女性，她们能歌

善舞（通常是劲歌热舞），全程表演唱跳，以自己的表演吸引用户长时间停留观看。笔者曾通过第三方数据平台查看了某坐拥百万粉丝的嗨购主播的直播间数据，发现她的直播间的平均用户停留时长长达 1 分 30 秒左右，这个成绩，很多仅靠讲解产品来卖货的直播间是很难达到的。

有经验的直播间往往会为主播进行差异化的人设定位。女团形式的主播团中，往往有的人聪明伶俐，有的人清新温柔，有的人性感俏皮，有的人欢脱可爱。她们在大体统一的着装风格之外，又会突出各自的特点。这样设定的作用就是辐射更多的观众群体。

当然，长时间的表演对主播的体力和能力提出了比较高的要求。主播不仅要唱跳，还要轮流和观众互动、回答观众的提问，也要适时引导关注和消费，主播的体能消耗是非常大的。

其次，在这类直播中，主播几乎不怎么推荐产品，而更注重和观众进行互动，从而调动直播间的氛围。主播通过自己的表情、动作和声音传递热情，配合劲爆、节奏感极强的音乐，这时观众的感性大脑会被充分调动，消费行为也就很容易产生了。

最后，这类直播间上架的商品价格一般都不高，通常在 30 元以内。带货商品一般是零食、酒水和日用品。这些商品对于多数观众来说，价格不高，消费门槛比较低，平时又用得着。主播一般不会强力推荐商品，而是通过面前堆积的商品和背景板上的商品信息，让有需要的观众自行下单购买。这样的形式虽然属于柔性营销，但前有主播魅力加持，后有激情氛围调动和低价商品铺陈，商品的销量往往也是比较可观的。

3. 堆积货物：对商场花车的还原

在商场购物的时候，我们不难发现，商场花车旁即使没有导购引导，也总会围着三三两两的顾客。

视线转换到抖音直播间。有没有人留意到，很多直播间都喜欢把商品堆积在镜头前，如图 2-7 所示的那样？

实际上，直播间的货物堆积，正是对商场花车的还原。

这样做有什么好处呢？

一方面，商品堆积起来，通常暗示的是"便宜大促销"。跟货架上整齐排列的商品相比，花车的商品摆放可能是随意的，这种略显杂乱的摆法实际上是在暗示消费者：这些是特价商品，有优惠。

图 2-7 直播间里的商品花车

无论在哪里，特价总能吸引一部分顾客的目光，所以我们常常会看到商场花车前人来人往。直播间也是同一个道理。当观众看了一眼直播间后，堆积的商品给了观众价格很便宜的暗示。不少人会因此下意识地停下来，看一看。这样，用户的停留时间就延长了。如果产品确实是自己需要的，观众很可能就会购买。

跟线下商场的购物人群比起来，由于直播间观众来去匆匆的特性，很多人只是偶然来到直播间。如果主播在镜头前讲了 2 分钟还没有拿出产品，那么很多不明所以的观众就可能已经失去耐心了。而堆积起来的货物可以让观众一目了然，对商品感兴趣的观众就会因此留下来。

另一方面，无论是商场花车还是直播间，堆积起来的商品往往是同一个品牌的。因为如果是杂乱的品牌搭配、凌乱无序的摆放，传递给人的感觉不光是便宜，还会给人一种不信任的感觉。而同品牌的商品堆积起来，集中展示的产品在便于用户进行选择的同时，还会让他们觉得这是品牌方做的活动，会有"活动集中，优惠力度比较大"的想法，从而打消顾虑，果断下单。

综合来说，堆积货物的形式适合有品牌背书、库存充足、优惠力度比较大的直播活动，也非常适合品牌方自播。

4. 真人试吃试穿试用：对商场试吃试穿试用的还原

我们在抖音上经常可以见到主播试吃试穿、试玩试用，观众们似乎也非常愿意为此买单。

真实体验的效果来得非常直接，而且主播在展示过程中的表情、手势、声音、形体等传达出的信息也十分丰富，有助于用户判断产品或服务是不是自己想要的。

▶ 试吃类

食物"怼"镜头，展示诱人细节（如图 2-8 所示）。

直播中，主播会一边讲解一边试吃，用丰富的表情、动作或语言告诉观众食物的味道有多好。

某主播在直播间试吃完海带后，另一位主播立刻说："哎哟，现在你跟我说话，我都觉得你整个人就像是一根海带。"这样的话不仅引发观众爆笑，活跃了氛围，还有力地暗示了产品的海带味很重，货真价实。

图 2-8　直播中的食品试吃

这类直播中，镜头往往会直接"怼"上食品，这样做的效果很明显：用霸屏的方式占据观众的视线，近距离展示食品诱人的外表，隔着屏幕仿佛都能让观众感受到食物的香气和美妙的口感。

当然，如果观众留意一下，还会发现这样的规律：

- 打开包装或切开外壳的食物比没有打开或切开的食物更诱人。
- 热乎乎冒着气（如图 2-9 所示）或咕嘟嘟冒气泡的食物比生生冷冷、安安静静的食物更诱人。比如，在直播间里煎牛排，要的就是牛排滋滋的声音和热气腾腾的效果。

图 2-9　直播间的菜品热气腾腾

▶ 试穿类

多种方式展现上身效果。

抖音上有很多直播卖衣服的主播，这些主播总是乐此不疲地现场试穿每件衣服给观众看效果。有的直播间除了主播外，还有其他模特和助理的参与，每个人体型不同，经常也会参与现场试穿，为观众提供多方位的参考。

现场试穿，可以展示衣服的细节。图 2-10 中的模特通过对羽绒服版型和外套盘扣的细节展示，直观地展示了衣服的特点，这比语言描述效果要好得多。

图 2-10　主播展示女装细节

　　主播还可以在试穿后进一步亲身感受并提炼衣服本身的卖点，有效促使观众下单。衣服的卖点可以从以下 5 个维度来分析提炼（见表 2-2）。

表 2-2

角度	分析	示例
面料	采用什么面料，衣服弹性如何，通透性如何	这件衣服是纯棉的，吸汗透气
版型	服装版型设计有什么亮点，能不能显瘦、显高、显年轻	双面呢，落肩设计，时尚又减龄
款式	有哪些款式，有哪些尺码，适合哪类人群穿	这件衣服男女同款，各种码数都有
工艺	使用了哪些特殊的工艺，有哪些亮点细节	衣服镶边的珠宝是手工绣上去的
功能	衣服是否具有防风、防雨、防潮、发光、速干、增温保暖等特殊功能	这款冲锋衣非常适合户外运动爱好者，防水、防潮又防风，十分保暖

现场试穿，还能为观众呈现衣服的整体效果。通常，主播自身颜值高、身材好，穿在身上能够凸显衣服的效果，让观众产生非常强的购买欲望。此外，观众也可以参考主播试穿的效果，结合自身的身材条件选择不同的尺码。

当然，很多直播间的主播卖衣服时都极具策略性，通常不是单一地进行推荐，而是同时选择当天售卖或近期售卖的商品，比如衬衫、半身裙、外套、鞋子、单肩包、眼镜、帽子等一起展示。这样既能宣传当前的商品，同时又能自然展示出其他商品，也会对其他商品产生宣传效果。例如，展示上衣时，常有观众会在留言区询问裤子、单肩包等搭配商品的链接，促进商品销售。

最后，主播配合手势动作等展示，可以进一步增强观众对衣服的购买兴趣，打消观众顾虑。比如配以频繁有力的手势，给人一种很有说服力和煽动力的感觉。或者有的主播会做出拼命揉搓、摩擦衣服的夸张动作，为了说明衣服面料怎么卷都不容易皱或不起球的特点。

▶ 试用类

展示使用方法和效果。

很多主播在介绍产品时，经常会亲自试用。通过强化视觉与感受传达，刺激观众下单购买。

有的产品，主播会通过向观众展示产品的使用方法，还原产品的使用过程，打造出日常使用场景，从而引发观众的购买兴趣。如图 2-11 所示，主播在介绍餐厨类产品时，通过围上围裙、摆放原材料和搭配厨具等，营造出厨房的场景。在介绍玩具时，主播通过展示不同的玩法，展现产品的多样用途，吸引家长下单。

图 2-11 产品试用，还原产品使用场景

有的产品试用，则是将重点放在了展示产品效果上。比如美妆主播会将口红涂抹在手上或者直接涂抹到自己嘴唇上试色，或者直接让小助理配合试用，自己则在一旁负责讲解口红的功能、成分（如图 2-12 所示）。这样，产品的效果便能很快展现出来。

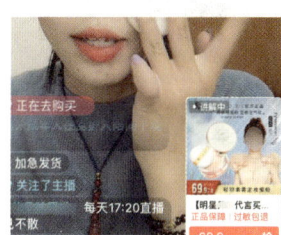

图 2-12 美妆博主在试用化妆品

除了餐厨、美妆之外，很多其他日用品，比如家电、文创玩具等也经常有主播在直播现场试用（如图 2-13 所示）。

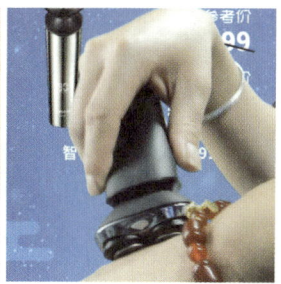

图 2-13 产品试用，展示产品效果

很多主播还会在直播间里做一些趣味小实验。比如，为了证明其产品所用的棉是真的，主播直接选了一块劣质的棉布和其产品所用的棉布一起燃烧。劣质棉燃烧时冒黑烟，烧完是黑色胶状物，真正的棉燃烧时冒白烟，烧完是灰（如图 2-14 所示）。

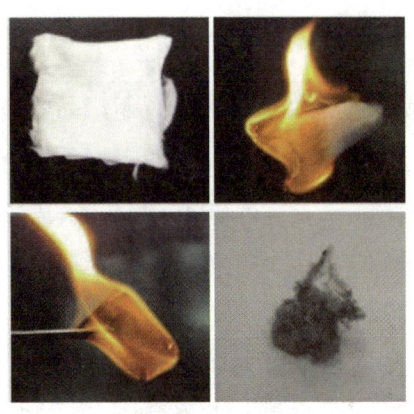

图 2-14　产品面料对比实验

对比实验让观众直观感受到了产品优劣的差异，有很强的说服力，有力地打消了观众对产品的疑虑。与此同时，实验比单纯的产品介绍往往更为轻松有趣，反而更能引发观众的好奇心，留住观众。

进行产品试用时，大家可以对这 5 个方面进行事先考虑和安排（见表 2-3），这样试用才能有条不紊地依照我们的设想来推进。

表 2-3

考虑要素	分析	示例
时间	时间来不来得及，需要多久来完成，同一时间内可以安排哪些事	一边煮面，一边讲解卖点

表 2-3　续表

考虑要素	分析	示例
空间	背景怎么搭建，空间需要大还是小等	在厨房场景里试用餐具
操作便捷性	操作的难易程度如何，观众是不是能一目了然	演示玩具玩法，观众立刻可以学会
是否需要道具	如果是趣味演示，是否需要道具，比如电子秤、尺子、打火机等	用打火机烧面料，展现劣质面料与优质面料的差别
是否需要搭档	需要一个人还是多个人，人员如何分工	主播试穿衣服，助播互动答疑

5. 探店直播：对线下探店的还原

不管是哪里的旅游景点，总少不了手持自拍杆的男男女女。他们往往一边游览一边对着镜头说话，这其实就是一种探店（景点）达人。

探店达人，就是热衷于探索小店或旅游地，并且把这个过程用直播形式呈现给观众的达人。他们的探店一般围绕着吃、玩、购等主题来展开（见表 2-4）。

表 2-4

主题	分析	示例
吃	重点在于食物好吃，可以从食物种类、口味、口感、趣味吃法等方面入手	这家的川香麻辣味鱼火锅非常"可"
玩	突出好玩、乐趣和美景	好玩又刺激的密室逃脱

表 2-4　续表

主题	分析	示例
购	探索对象往往是售卖贵重商品的店铺，比如卖大牌手表或女包的店铺等，重点在于突出产品的价值感	这款单肩包成色特别好，质量卡都在，送链条和丝巾

探店直播，其实就是还原了线下的探店模式，它有 4 大特点。

▶ 达人亲自测评体验，信任背书，展示特色

所谓"探"，包含尝试尝新的意思，往往要出人意料，才能引起观众的兴趣。比如，特别好吃的西餐店、特别美的景点、特别有品位的收藏店等。

探店达人最好具有一定的粉丝量，在探店的过程中，达人就像意见领袖一样，他的点评将决定观众愿不愿意去店里体验（如图 2-15 所示）。

图 2-15　达人试吃后给出点评

▶ 店家以优惠活动吸引观众，从线上引流到线下

探店直播体验环节后，店家往往会向观众亮出团购优惠（如图 2-16 所示）。达人的真实体验和评价、直播间优惠，再加上现场感满满的商品，这些因素的叠加能有效地将观众从线上引流到线下店面。

图 2-16 探店直播中的折扣优惠

▶ 探店直播强调灵活和即时互动

和直播间带货的严格流程不同的是，探店直播的节奏更加松弛。主播可能不会事先确定产品的顺序，有时候观众喜欢哪款，主播就展示哪款，实时满足观众的兴趣。如图 2-17 所示，观众提到某款商品，镜头就移向某款。

图 2-17 探店直播中的单款商品展示

◉ 探店直播聚焦本地生活

直播时，主播一般会开启定位，吸引同城观众前去体验。有不少主播的昵称就利用"居住城市＋探店"的名称形式，简洁明了地展示自己聚焦本地生活的定位（如图 2-18 所示）。

图 2-18　几位探店达人的头像

对于主播来说，探店有不少优势，如下所示：

- 无场地费、租金费，没有压货负担。
- 线上流量充足、转化良好的话，可带来可观的分成。
- 探店带来各种尝新机会，免费体验的同时丰富了自己的经验，还可以积累大量粉丝。

当然，主播可能需要花费大量时间去考虑一家店是否值得分享等。主播只要长期保持分享的趣味性、新鲜感，并为粉丝带来福利，就能不断积累口碑。

6. 档口直播：对档口卖货场景的还原

有的直播场地既不在井然有序的工厂车间里，又不在生态环境优美的原产地，而偏偏选择在热热闹闹、人声鼎沸的档口 ①。这种直播，也叫档口直播。

档口直播的形式一般分为档口店主直播和专业主播走播。

档口店主直播形式中，店主将档口作为直播间开直播，将线下销售的模式搬到线上，做线上销售。专业主播走播形式中，主播会进入不同档口，现场向粉丝展示，助理和商家为产品定价格、拍照、上架。

抖音上的档口直播做得还不错（如图 2-19 所示）。广州壹马、杭州四季春等服装市场里有很多主播在档口做直播。放眼整个市场，不少档口都有招募主播的需求。档口直播为服装市场带来了新的活力与销量，直播的销量有时候甚至远远超过现场的零售。

图 2-19 档口直播

档口直播的好处显而易见：

• 其一，不需要额外负担租金或场地成本，走播没有压货负担，店家自播则可以借助直播清理实体店库存，减小压货风险。

• 其二，线上获客成本低，且客流量有时远远超过线下。

• 其三，无论是档口店主自播还是专业主播走播，都能带给观众新鲜感，容易留住人。

---

① 档口：多在广州口语中使用，形容做小生意的商店。

- 其四，这种直播形式潜力大，可以带来超预期的收益。

正是由于档口直播的这些优势，这种直播模式不断被其他行业复制，比如在水果产地直播、在供应链工厂直播等。这些直播直接将线下销售的场景呈现在线上，打破了传统销售模式，还有的主播甚至将直播场地从档口转移到居民楼下、农民家里等（如图2-20所示）。

图 2-20　农家为线上观众称肉

与此同时，档口直播也存在自身的不足，比如直播间画质一般、背景杂乱、直播信号不够稳定、商品详情页制作不够精良会对销售产生影响等。

总的来看，这种直播形式更适合主打下沉市场的商家。

7. 原产地或车间直播：对生长、生产场景的还原

有些直播来到了产品产地或车间，以产地或车间为背景进行直播。这样的直播中，主播不一定非常专业，但用户的停留时长和主播的带货

情况有可能都不错。

产地探源可以直接呈现产品难以用视觉化效果展现出来的特性，比如有机、绿色、营养、健康等。和专门的带货直播间里主播反反复复口头强调产品如何生态和绿色相比，这种直播形式下，主播几乎不需要过多描述，就能获得观众的强烈信任。

这些直播间还可能由于展现了优美的原生态景观（如图 2-21 所示），吸引一些原本没有购物需求的观众停留甚至下单。

主播在牧场喂养奶牛　　　　　　主播在茶园内进行散步式走播

图 2-21　牧场喂养奶牛的场景和美丽的茶园景色

除了专业主播外，农民也可以成为这类直播带货的主角，用农民特有的专业、诚恳和质朴打动用户。由于有亲自喂养或种植的经验，他们更了解产品，有时候比专业主播更具有优势。一边劳作一边讲解的方式（如图 2-22 所示）非常真实，很容易获得观众的信任。

图 2-22 农民一边劳作一边讲解

　　车间直播则把镜头对准了生产线，方便观众了解商品的生产过程，对产品的安全性、品质等有进一步的了解。图 2-23 展示了车间工人包装辣条的过程。

图 2-23 车间直播

　　一方面，这种透明的展示可以打消观众对产品安全性等的顾虑；另一方面，生产过程的展示会让观众感受产品生产的烦琐程序和生产线工人劳动的辛苦，从而更愿意付款购买。

　　有的直播间还通过展现工厂故事，如优秀员工的故事等，来与观众建立情感连接。

这种展示方式大大缩短了产品和用户的距离，有助于建立起用户对产品和品牌的信任。

原产地和车间直播为观众还原了作物生长和产品生产的场景，拉近了产品与用户的距离，能够用真实性打动观众。

当然，由于有些农民或工人主播不善于用话术对产品进行讲解，或者有时工人有正常的上下班时间等，直播的开播、下播会受到影响。商家选择这种直播形式时，需要将这些因素综合考虑进去。

在这一小节中，笔者一共介绍了 7 种带货场景直播形式。实际上，除了这些直播形式，抖音直播间还有不少其他花样，比如发布会直播、看电影直播、讲课直播等，它们其实都有各自对应的线下原型——发布会、电影院和线下课堂等。

直播间通过营造与线下类似的场景（有的直播间是线上、线下同步进行的），吸引用户停留，并通过场景引发用户需求，顺利促成商品的转化。

你的商品适合哪种直播场景呢？

不妨将各种直播的优势一一罗列出来，然后选择出最能展现自己特色，同时成本又在计划范围内的直播形式（见表 2-5）。

表 2-5

优势	适合的场景类型
门店	抖音门店、探店直播、档口直播
品牌商品	货物堆积展示、试吃试穿试用

表 2-5　续表

优势	适合的场景类型
主播才艺	唱跳嗨购直播
产地／车间	产地／车间直播
知识传授	讲课直播
……	……

2.3　案例分析：鸿星尔克抓住热点话题，转化为带货场景

▶ 案例：低调捐款引关注，鸿星尔克直播间诞生奇迹

2021 年，直播间第一次站在了舆论场风向标的高地。

从 2021 年 7 月 17 日开始，一场罕见的持续性暴雨突袭河南，造成大量人员伤亡和财产损失，形势极为严峻。2021 年 7 月 21 日晚，鸿星尔克在官方微博宣布，捐赠 5 000 万元物资驰援河南灾区（如图 2-24 所示）。

细心的网友发现鸿星尔克低调捐款却没有多少人注意之后，开始在网上喊话，支持鸿星尔克。接着，网友纷纷涌进鸿星尔克直播间购买其衣服和运动鞋。7 天之内，鸿星尔克官方抖音账号从原来的几十万粉丝，迅速增长到 1 300 多万粉丝。

7 月 22 日晚，超过 2 亿人次涌入鸿星尔克抖音直播间，鸿星尔克当晚销售额破 1 亿。其直播间更是以 3.5 亿的点赞量，创造了抖音直播间的历史最高赞纪录。

图 2-24 鸿星尔克官方微博截图

在鸿星尔克直播间里，主播说得最多的话是"大家理性消费"，而网友喊得最多的是"上链接""上货"。鸿星尔克的线下门店，几乎家家顾客爆满，营业收入是往常的 10 倍以上。

不少人以穿一身鸿星尔克的衣服为荣，雷军也在网上带头"晒"出自己穿鸿星尔克运动鞋的照片。鸿星尔克的微博会员则被好心的网友续费到 2140 年。甚至，各地不少旅游景点还喊出"穿鸿星尔克鞋进景区免费"的口号……

事后，很多人评价说，虽然不是刻意营销，但鸿星尔克捐款带来的广告价值超过了 10 个亿。

在捐款企业中，鸿星尔克并不是捐款最多的一个，但是，网友们为

什么偏偏对鸿星尔克这么热情？鸿星尔克又是如何充分把握汹涌而至的流量，将其进行转化的呢？

1. 处境与行为反差引同情，直播间流量有感情

鸿星尔克（厦门）实业有限公司成立于 2000 年，曾先后邀请陈小春、张娜拉等作为品牌形象代言人。2008 年，各大鞋企在奥运会的刺激下盲目扩张，行业形势急转直下。由于国外品牌的代工订单逐渐向缅甸和柬埔寨转移，加上劳动力成本上升、互联网线上商城夹击，众多鞋企纷纷倒闭。

2011 年初，鸿星尔克因为财务问题，被新加坡联交所停牌，成为泉州晋江鞋企资本运作下的第一个失败案例。于是鸿星尔克改走线下连锁门店路线，扛住了这一波危机，两年时间内大量增加门店，店铺一度开到 7 000 家左右。但成也萧何，败也萧何，店铺过多造成库存积压，亏损严重。

最惨的是，2015 年，一场大火烧毁了鸿星尔克近半的生产设施。老板吴荣照对媒体说："最难的时候，手上的现金流还不够支撑一个礼拜。"从企查查网站上我们可以查询到，2015 年，鸿星尔克净利润为 – 1 747 万元；2018 ~ 2020 年，鸿星尔克负债总额持续增长；2020 年，其负债额已经达到 3.29 亿元。

而鸿星尔克产品的单品价格基本都在 200 元以内。以这个价格来看，就算一单能赚 100 元，也得卖 50 万单才够 5 000 万元的捐款额，所以这笔捐款对鸿星尔克来说，绝非小数。

用网友的话来说："自己都舍不得充微博会员，却舍得捐钱给灾区，这样的企业，这样的国货品牌，我们必须支持。"

于是，就出现了我们都看到的那一幕：网友用涌进直播间"野性消费"的方式，表达了对这家企业的敬意。

7 月 22 日晚，超过 2 亿人次涌入鸿星尔克抖音直播间，当晚，其直播间销售额破 1 亿。

通过这次直播，笔者不光看到了流量的力量，还看到了网友的真情流露。直播间的流量，是有感情的。

2. 舆情之下，以理性应对非理性

网友巨大的热情也催生了一些不当的行为，有的网友冲进了其他运动品牌的直播间，给其他品牌的直播带来了困扰，甚至令某些直播间不得不挂上写着"支持鸿星尔克，都是友军"的牌子。还有的网友比较了其他国货品牌的年利润后，斥责盈利状况良好但捐助不如鸿星尔克"大手笔"的企业……也有网友质疑，鸿星尔克的 5 000 万元的物资只看到一部分兑现了。

舆情之下，质疑随时可能到来。水能载舟，亦能覆舟，那么，企业该如何在舆情汹涌之时，向网友说清楚事实，为自己申辩呢？

鸿星尔克董事长吴荣照的回应堪称模板。7 月 25 日，鸿星尔克董事长吴荣照在其抖音账号回应网友。其回应内容具体梳理下来，有这么几条：

- 呼吁网友理性消费。
- 希望网友避免对其他同行造成困扰，维护团结、温暖的网络环境。
- 物资捐赠承诺会陆续履行。
- 自己只是凭初心做力所能及的事，只想做好创业者的本分，希望网友不要"神化"鸿星尔克。

• 希望网友把目光放到灾情现场，一线救灾人员值得拥有更多掌声。

抖音上某头部带货达人称吴荣照的回复"很体面"，笔者十分认同这个说法。其回应的体面在于以下几点：

• 在回复中，吴荣照用自己的冷静、理智劝阻网友的"野性消费"，展现企业家的良心和本分。

• 对于受影响的同行，他没有流露出半点骄傲或得意，而是展现出其同理心。

• 用"协议""履约步骤"等具体内容让网友放心，展现其言必信、行必果的决心。

• 发言中，呼吁大众关心受灾地区，展现社会责任心。

总结起来就是：良心、同理心、行动决心和责任心。

舆论具有突发性的特点，从吴荣照的应对来看，他在镜头前不卑不亢，展现了良好的风度。无论是对网友的热情或质疑，还是对同行的理解和对灾区的关注，他方方面面都顾及了。这就能将舆论的负面影响最小化，减轻了对鸿星尔克、对同行显在或潜在的不利因素。

3. 思考：当直播间站在舆论场风向标高地上时

这是一个标志性事件。这件事，让大众清楚地看到了品牌直播间和舆情结合后，会产生完全不一样的传播效应。

突发舆情对品牌直播间会有什么影响？运营者或品牌方又该如何应对？

▶ 流量爆炸

面对突发的舆情，品牌直播间会突然得到"汹涌而至"的流量。企业方面，应该在保货源、通物流、稳直播、强互动、严控评方面做好准备。

一旦话题被引爆，成为热点，品牌或企业的 24 小时滚动直播团队必须跟上。鸿星尔克迎来这波流量具有偶然性，但是其直播团队通过扎扎实实的直播，接近 60 小时的连播（如图 2-25 所示），承接住了这波巨大的流量，创造了巨额的利润。

直播场次	开播时间	直播时长	观看人次	人气峰值	uv价值	商品数	销量(件)	销售额
ERKE 抖直播间 冰风挡不住，好物推荐	07-31 12:00	1小时58分37秒	1,262.3w	25.3w	0.11	24	8,272	136.7w
ERKE 抖直播间 冰风挡不住，好物推荐	07-30 12:00	1小时55分51秒	1,701.7w	37.9w	0.02	3	5,932	33.2w
ERKE 抖直播间 鸿星尔克官方直播间	07-25 17:59	1小时3分10秒	1,875.6w	82.6w	0.01	1	0	0.00
ERKE 抖直播间 21.8万人正在观看	07-22 11:59	2天11小时11分8秒	2.12亿	85.5w	0.54	135	66.5w	1.13亿

图 2-25 鸿星尔克的直播数据

▶ 情感外溢

事件之外，作为话题中主播或商家的同行，则需要考虑网友情感溢出的非理性效应，做出相应的预案。

事件中，网友会质疑与鸿星尔克同行的某些品牌是不是国货、是不是"友军"，甚至逼迫这些品牌主播现场捐款，没有经验的主播可能会被网友"怼"哭。

有的国货品牌的直播间采取手写"国货""友军""欢迎去鸿星尔克下单支持""我们捐款了"及播放蜜雪冰城主题曲等方式，表示自己也是"友军"，用幽默感博好感，效果也是不错的。

▶ 道德绑架

漫溢的情感可能转向道德绑架。

"鸿星尔克都捐了，你利润比它多多了，怎么不多捐一点？""你

上次捐了 8 000 万，这次怎么只捐这么一点？"

作为企业，首先，应该做好产品和日常服务，积累好口碑，防患于未然。其次，一旦遭遇类似的情况，要保持冷静、分情况审慎应对。再次，用事实和数据说话，也可以争取有影响力的媒体以旁观者的身份为自己说公道话。最后，应该设法借助其他热点转移网友的注意力。

▶ 流量反噬

流量有多大的支持能量，就隐藏着多大反转后的反噬风险。

鸿星尔克一上热搜，马上有网友质疑其捐款承诺指的是物资，不是钱，而且物资也只"到位"了一部分；还有网友查出鸿星尔克不是中资企业，而是外商独资企业……这些话题如果被引爆，网友的情绪可能会走向另一端，从而给企业带来巨大的流量反噬。如果这种力量被竞争对手或者别有用心的人利用，陷于一时情绪的网友未必有能力分辨真实情况，企业百口莫辩，可能会损失惨重。

在这次的舆情中，鸿星尔克整体的表现十分得当、得体，既显本分，又显责任担当，没有丝毫招摇之感，但对质疑声音的回应又足够坦诚和有力。

企业在享受流量狂欢的同时，一定要意识到流量背后的非理性力量。"野性消费"虽然好，但从"野性消费"到"野性攻击"，往往只隔了一步之遥。

很多人羡慕鸿星尔克直播间里的"野性消费"，期待自己也有这样的好运气。但实话实说，最好的企业，应该是平稳发展的企业。企业把自己该做好的事情做好，就可以平平稳稳地活下去，而且能活得很好。

第 3 章

垂类思维

越细分，越精准，越有效率

○ 垂类思维，是一种精分赛道、精益求精的思维，它通过对赛道的选择、对用户的精确把控、对领域内容的深耕、对上下游的打通，追求细分领域内商业价值的最大化。

2021 年 7 月，巨量引擎[①] 开放的内容消费趋势平台巨量算数增加了"抖音垂类分析"（后改名为"垂类洞察"）板块，为用户提供内容创意分析、内容生产分析和内容消费分析服务。

以内容创意分析为例，我们不仅能从中看到关键词和相关热门内容，还能深入了解具体热词的综合指数（如图 3-1 所示）、关联分析、用户画像等，这为用户有针对性地进行内容创作与运营调整提供了极大的便利。

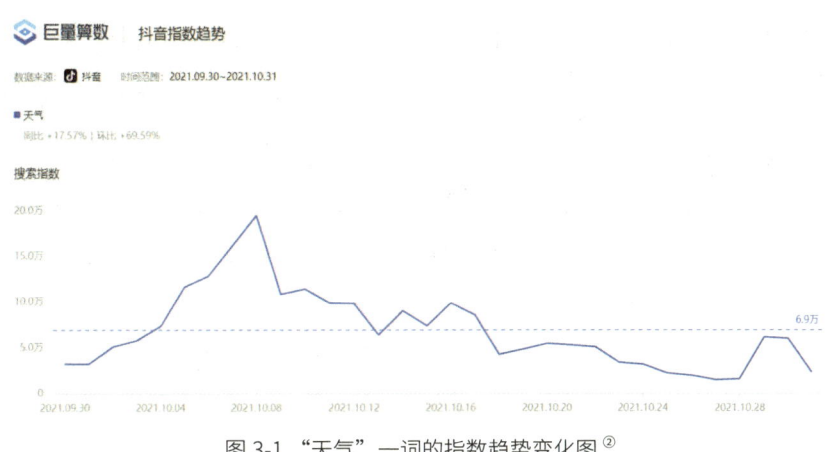

图 3-1 "天气"一词的指数趋势变化图[②]

显而易见的是，目前短视频平台的垂类化趋势在不断加强，增设"垂类洞察"板块的核心作用，就是帮助用户有针对性地进行垂直领域的精确观测，用直观的数据呈现垂直领域的营销热点，帮助用户挖掘领域内的营销潜力，寻找突破口。

---

① 巨量引擎：字节跳动旗下综合的数字化营销服务平台。
② 截图来自巨量引擎官网。

 **3.1 从小切口入局，在抖音上更容易成功**

当抖音的头部大号已经稳定优势，并积极开始战略扩张的时候，新玩家和腰部选手还有机会吗？

有，机会在垂类赛道。

全品类并不适合所有人，从小切口入局，在抖音上反而更容易获得成功。

这其实很好理解。

如果所有人下班后都沿同一条道开车回家，那么，那条路肯定会很堵。那你可以做的，无外乎就是换一条路，换个时段，或者换个交通工具。

- 换一条路的人，相当于选择了一条不那么"主流"的小路，也就是我们说的细分领域。

- 换个时段的人，还在那条赛道上，只不过避开了高峰，那就只能提前出发或者很晚出发，但这个方法的可行性并不高。

- 换交通工具（骑单车、电动车或者摩托车）的人，还是在和头部竞争，相当于在头部玩家的缝隙间找机会前进（对应于那些腰部和尾部玩家），危险指数很高（容易被取代）。

这样看来，换一条小路是更可行的办法，它的优势在于：

▶ 进入赛道更容易

小路上车不多，竞争更少，前进更容易。只要发挥好优势，就可以往前冲得很快，不至于输给大路上的头部玩家。而且可以借鉴头部玩家的经验，规避相应的风险，这是"后发优势"。

举个例子，当女装赛道已经杀成一片"红海"，很多商家不敢"下水"的时候，女装的细分领域，比如内衣、汉服、JK 服、大码女装等却跑出了一批快速成长的达人和商家。比如，Ubras 凭借无尺码内衣、无钢圈设计，满足女性对内衣舒适、自在的穿着感受需求，很快在抖音上迎来销量激增。一些小众行业，如手工刺绣、非遗产品等也在抖音上焕发出新的生机（如图 3-2 所示）。

图 3-2 某竹编非遗传承人在抖音拥有 400 多万粉丝

● 投放更加精准

非常重要的是，垂类粉丝更精准，黏性也更强。做垂类是为了更加精准地吸引粉丝，账号有精准的标签模型，这样抖音算法才知道应该给账号推送什么类型的用户，账号才能因此吸引更多精准用户。

比起泛粉，精准粉丝更有变现价值。某大码女装品牌，粉丝不到100万，月销售额却超过1 768万元（如图3-3所示）。

图3-3　某大码女装品牌的直播数据

由此可见，细分领域是大有可为的。

此外，垂类用户的习惯一旦养成，就不会轻易离开，用户生命周期更长。由于圈层固化的特点，圈层内的人容易相互影响，并且重度消费，这个潜在的市场空间也就相当巨大了。

● 形成防御壁垒后可以考虑扩品、扩大用户群

一旦个体或商家在细分赛道"跑"熟了、"跑"顺了，就能成为细分赛道的头部，形成自己的"防御壁垒"。在这片领域，后人想要模仿、赶超，便会非常难。

那接下来个体或商家可以做什么？有了精准用户群后，接下来个体或商家可以试着进一步深耕细分领域或扩大用户群。如凭借知识付费赚得人生第一桶金的刘媛媛转战直播电商后，先依靠一批精准粉丝成为知识（或图书）垂类的头部，后慢慢做大直播间，把带货商品由图书扩展到全品类。

3.2　品牌自播，打造细分赛道的隐形冠军

笔者于2021年夏季在广州调研时发现，一位经销商朋友去年还在

养团队、做账号、做直播，结果今年就停下了。

为什么？

原来，他发现厂家已经自己在做直播了。经销商怎么"干"得过厂家呢？厂家自播，缩短了中间环节，相当于"干掉"了中间商，自己直接对接消费者，这招够狠！

常看带货直播的观众不难发现，近几年，太平鸟女装（以下简称"太平鸟"）、花西子、完美日记、李宁等品牌在抖音上频频露脸，这些品牌的短视频和直播的带货量也非常可观。就拿太平鸟来说，2021 年 1 月的抖音年货节，太平鸟以单场 2 800 万元的成交额打破了服装品牌自播的成交纪录。

越来越多的品牌看到自播利好后，就纷纷涌进了抖音。

飞瓜数据发布的《2021 品牌店播趋势研究报告》显示，截至 2021 年 2 月底，品牌自播已经占到总带货场次的 2 成左右。蝉妈妈于 2021 年 6 月发布的《抖音 5 月直播电商数据报告》则显示，抖音企业号用户数已经突破 500 万，带货榜月销 100 万元以上的账号中，企业号占比达到 63%。

抖音坐拥 6 亿以上日活用户，品牌在抖音开号，相当于在大流量池里开辟一块自有阵地。

品牌自播就是打造细分赛道隐形冠军的不二之选。

下面，笔者来为大家分析一下品牌自播的优势。

▶ 线上线下联动，供应链成熟，优势明显

品牌商家由于拥有真实的门店和场地，用户对品牌的信任度是非常高的。很多品牌货源地处于广州、杭州、上海及其周边的产业聚集地，产地供应链优势非常突出。在完善的供应链下，品牌可以通过更低的价

格、更完备的物流服务等为用户提供更好的服务。

▶ 触达用户方便，获客成本更低

直播已经成为商家实现生意增量的重要营销方式，商家通过自播可以触达增量用户，扩大覆盖人群。比如，Teenie Weenie 品牌的抖音和天猫用户重合度约为20%，其30天内的抖音月销额超过了1亿（如图3-4所示）。此外，优质短视频内容传播周期长，持续输出优质内容可撬动分发流量，获得持续曝光。

付费流量方面，抖音的价格也相对便宜。据了解，抖音上某些行业的流量成本甚至只有淘宝网的1/3。因此品牌自播的获客成本更低。

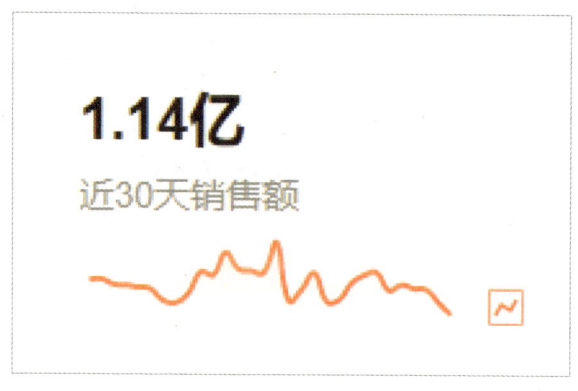

图 3-4 Teenie Weenie 30 天内抖音月销额

▶ 省去了中间环节，降本增效

品牌在货品选择与供应、福利与优惠力度上具有绝对的发言权，成本可控，有更高的利润空间。与此同时，品牌直达用户，缩短了变现路径，有效提高了品牌的转化效率。

比起达人直播，品牌自播场次更稳定、成本更低，而且经由 B2C[①]

---

① B2C（Business to Consumer）：企业直接面向消费者销售产品的商业模式。

模式收集用户反馈，可以进一步优化用户体验。图 3-5 展示的是某品牌通过粉丝群与用户交流产品体验的场景。

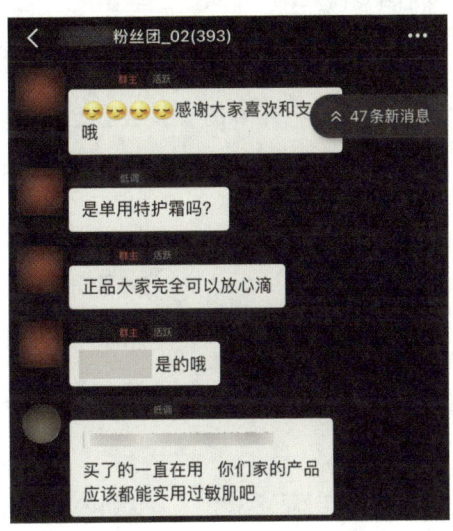

图 3-5 某品牌通过粉丝群与用户交流产品体验

● 品牌为自己代言，宣销合一，更懂得如何把握好品牌形象，进行文化输出

薇诺娜通过在抖音打造"更懂得敏感肌护肤"人设，成功从护肤品中突围，捕捉自己的垂类用户，在敏感肌人群中树立起了知名度。薇诺娜发布的系列护肤科普短视频，播放量超过 250 万。

● 品牌自播重组了"人、货、场"的关系

对比非品牌自播和品牌自播的情况，我们不难发现"人、货、场"关系的变化和品牌自播的优势（见表 3-1）。

表 3-1

类型	非品牌自播	品牌自播
人	内容化的商品抵达用户，用户自身的痛点被唤醒，自身的需求被发现	吸引新粉，维持老粉；粉丝转为会员，参与品牌拉新和互动
货	兴趣电商的内容让商品具有传播属性，触达精准用户后引发其强烈兴趣	内容延伸，主打商品；交易链缩短，简化统计口径；不断校准，促进生意增长
场	通过兴趣推荐，将兴趣与商品连接；通过场景还原，吸引用户停留，激发用户的消费兴趣	优质内容 + 优质产品 + 优质服务，打造有效营销活动的长期阵地

• 对比下来我们发现，品牌自播情况下，用户（"人"）由粉丝转化为会员，沉淀为品牌的私域流量并参与品牌共建，在贡献 GMV 的同时，为品牌拉新和互动贡献出力量。

• 品牌自播情况下，"货"不仅作为触发用户兴趣的工具，其相关数据还将不经由任何第三方而直接录入品牌统计数据，这使得品牌的判断更为精准，调整也更加及时，可以有力促进销售量的增长。

• "场"方面，非品牌自播构建的是吸引用户停留、消费的场，而品牌自播构建的是长期的营销活动阵地，以受到垂类用户的长期关注（如图 3-6 所示）。

图 3-6 某品牌短视频下的"催直播"留言

▶ 案例：太平鸟布局直播电商，超长自播撬动流量

2020 年 2 月，一场关乎企业存亡的"自救""突围"之战在服装企业中陆续展开。积累了较多线上营销经验的太平鸟迅速组织北京、上海、南京、成都、扬州等多座城市的门店进行密集的微信轮流直播（如图 3-7 所示）。

在当时的太平鸟女装内部，原来的团队拆分成"吸粉组""种草组""拔草组""助威组"。其中，"吸粉组"负责扩大社群规模，"种草组"负责活动策划，"拔草组"负责系统优化和促销策划，"助威组"负责案例拆解等。

以女装品牌为头阵，很快，太平鸟的线上营销就有了效果，于是太平鸟旗下的男装、童装、乐町[①]也进行了直播布局，乐町的单场销售额一度达到 25 万元。

2020 年 7 月，太平鸟扩大线上规模，正式入驻抖音电商。即使是已有直播经验的太平鸟，在缺少精细运营的情况下，在抖音也很难启动。初期，太平鸟抖音账号粉丝仅有 10 万左右，流量也比较少。如何撬动

_____
① 乐町：属于太平鸟品牌的一个系列，风格相对活泼一点。

图 3-7 太平鸟直播周历[1]

流量是这一阶段太平鸟面临的难题。

太平鸟并没有选择直接付费投流，而是果断开启了每天长达 18 小时的企业自播，通过主播的轮流上播完成直播带货接力。

优质短视频的积累和超长日播逐渐引来了流量，在 2021 年 1 月的抖音年货节中，太平鸟以单场 2 800 万元的成交额打破了服装品牌自播成交纪录。

2021 年妇女节前后，太平鸟凭借一场从 3 月 6 日早晨到 3 月 8 日晚，累计约 60 小时的超长直播，直接将自己送上了该月服装销售榜第一名的席位。同一时段，太平鸟旗下所有品牌共同发力，累计直播场次达到40 余场，短短 3 天时间内，全品牌线实现 2.46 亿元的销售额。

超长自播带来的引流效应是显著的，这也成了太平鸟延续至今的策

---

① 图片来自太平鸟于 2020 年 2 月 11 日发布的微博。

略。据了解，抖音的销售额已经占到太平鸟电商销售总额的1/3。目前，太平鸟的单月 GMV 在 1 亿元左右。

原本的传统服装品牌太平鸟通过缜密的线上布局和超长自播，为自己撬动流量，推动了销售量增长的雪球。

还在犹豫要不要自播的品牌或商家从中得到了哪些启发呢？梳理一下太平鸟的线上营销布局，我们便可以发现其直播营销手段的可圈可点之处：

• 多门店密集轮播，迅速铺开声量。对于很多新入场的商家和品牌来说，初始阶段的运营非常重要，一定要设法铺开声量。如果规模没有太平鸟那么大，那就学太平鸟增加直播场次和时长。有的商家没看到起色就立刻放弃了，这很可惜。当然，增加场次和时长是为了有产出，而不是盲目让团队去打疲劳战。如果商家或品牌刚开始不太懂，可以先找服务公司帮忙直播，然后在这个过程中一边学，一边慢慢组建自己的直播团队。

• 团队搭建和分工很重要。太平鸟直接把原来的电商团队拆分成"吸粉组""种草组""拔草组""助威组"，然后直播和短视频营销双管齐下、相辅相成。不要以为只有直播可以带货，短视频一方面可以帮助引流，另一方面可以丰富广告素材，对于商家来说也是非常重要的。

3.3　找对话题，吸引精准垂类用户

抖音作为一个兴趣社区，聚合了有各种兴趣爱好的人群，商家要做的只是把他们挖掘出来。

寻找目标用户，可以把话题作为切入点。

那么，究竟怎么找话题才更有效呢？什么样的话题既能吸粉，又能最大化地保证这些粉丝是精准粉丝呢？具体说来，可以从这些方面入手。

1. 从用户群特点出发

这是一条百试不爽的规律，从用户群特点出发，往往更容易获得精准的用户定位，从而吸引垂类用户。

用户群特点，指的是用户普遍具有的共性。比如：圆脸女孩、微胖一族、小个子、痘痘肌、大一新生、职场小白等。这些内容既可以作为关键词，背后又代表了一类人群，非常垂直。

然后，根据用户群的特点，结合产品或服务的特点，设计出符合用户群体心理期待的内容，这样内容或品牌本身会更容易得到他们的认可和欢迎。举个例子，针对"微胖一族"，服装品牌可以做出个性化定制，制造让微胖女孩展示自身美的相关话题。针对"职场小白"，运营者可以推出职场达人成长故事等话题。这些话题本身有着推动用户向前、向上发展的内涵，符合用户的心理期待，会更受用户欢迎。

比起泛泛的娱乐化内容，从用户群特点出发的话题更能吸引精准垂类用户。符合这些特点的用户看到内容时，会很快对号入座，把自己代入进去。

2. 从用户需求出发

不同的用户群体，需求存在差异。精准的话题往往瞄准了用户需求，从而能够有效吸引有相应需求的人群。

怎么做才算是从用户需求出发呢？

很简单，把自己设想为用户，话题的开发围绕着用户关心甚至感到困惑的问题进行。比如，很多年轻人都在努力控制饮食，不让自己发胖，但与此同时，他们可能依然爱吃零食。那么"热量低且巨好吃，追剧必备零食集合"这一话题，瞄准的就是既需要控制体重又有点嘴馋的消费者，"热量低""好吃""追剧"等元素正好满足了这类用户的需求。单一拆解来看，每一个元素都有可能吸引用户，而当这些元素聚于一个话题中，便对用户构成了强有力的吸引，就像一个强劲的磁场一样。用户会忍不住怀着好奇心打开来看。同理，"梨形身材日常这样穿搭更好看""踏实做好这 3 步，拿名校 offer 少走弯路"等也都精准瞄准了用户的需求。

当然，用户的需求可能会随时发生变化，所以在策划话题时，可以将话题拉开层次，先抓住用户的核心需求，再挖掘一些相关的次核心需求。比如，"老爸评测"最开始做新媒体时，是以家长身份来质疑学生用品安全质量问题引起网友关注的，他的话题中对家长的知识科普便是核心。接着，为了进一步挖掘用户需求，他又增加了食品、装修乃至美妆的话题（如图 3-8 所示）。

图 3-8 "老爸评测"短视频主要话题类型

这些话题中，食品、装修问题仍然与家长知识科普强相关，而美妆

则与之弱相关,但其粉丝群中有美妆知识需求的人并不在少数,因此这样的话题设计是合理的、有层次的。

3. 从场景入手

什么是"场景"?在现实生活中,场景是我们所处的情境,不仅包括我们此时此刻周遭的环境,还包括我们的身心状态。

通常,我们将一个话题推到用户面前时,他们的心理活动和状态可能如下所示:

- 和我无关,完全无感。
- 这是干什么的?我用得着吗?

针对用户的这种心理感受,场景的好处就是唤醒用户的情绪并引发其记忆联想。比如,话题"秋天啦!独居女孩的温馨小窝",用"秋天"唤起用户的季节感受,用"独居女孩""小窝"唤起单身女性的个人生活体验和记忆联想,这样就能吸引单身但依然憧憬美好生活的女性,从而为家居产品"种草"埋下伏笔。

有些用户需求并不是直接显露的,它们常常隐藏在场景中,需要运营者加以引导。比如,有些吸尘器无法吸起地毯中的碎屑,而用户在无奈之下会选择自己用手去清理,这时"吸地毯中碎屑"的需求点看起来好像不存在了,但运营者需要构建或者强化这个场景,指出其扫地机器人"不需要用户弯腰用手去抠,就能把地毯里的碎屑清理干净",这样用户一下子就会反应过来——这不就是我经常遇到的问题吗?就这样,一个场景话题将用户的潜在需求给唤醒了。

运营者要善于利用同一个场景,进行不同的话题开发。比如在"假期"场景下,可以设计"出行"话题,"出行"又可能涉及很多细分话题,比如"出行装备""出游必备好物""出游穿搭""旅行攻略""网红景点打卡""留守猫"，甚至"自拍指南"等，这些关联话题都值得好好利用。

当然，无论如何，场景话题的重点都是把握好并且强化场景与产品或服务的连接，这样才能有力地促成转化。

4. 从类似话题入手

如果不同的方法都试过但都效果不佳，遇到这种灵感匮乏的情况也不要紧，运营者可以试试找一下跟自己同一个垂类或者垂类所属大类的爆款短视频所应用的热门话题，看看是否可以"借题发挥"。

不妨直接在搜索页面搜索和自己想要创作的内容相关的关键词，学习里面热度最高、排名最靠前的内容。比如，输入"美妆"，这时可能会跳出"化妆误区""氛围感妆容""最美新娘妆"等内容。运营者便可以分析这些短视频的话题性、爆点、亮点、槽点等，然后为自己所用。

5. 从热点话题入手

遇到热点话题，能"蹭"就"蹭"。

可以用发散式思维，将自己的内容与社会热点关联起来。通过追踪热门话题，分辨出自己和用户的契合点（价值共性）在哪里。针对这些契合点，有针对性地设计话题。

比如，高考期间，整个社会都在关注高考，这时，教育从业者可以讨论如何提高孩子的学习成绩，心理咨询师可以谈论教孩子怎样面对考试压力或对孩子进行心理疏导，食品从业者可以分享食物营养对孩子的好处……充分利用发散式思维，既能顺利跟上热点，又能借势为自己吸引一批用户。

当然,除了留意社会热点,抖音官方平台也开辟了一个热点跟踪栏目,即巨量算数中的"垂类洞察—内容创意分析—热词榜单(或热点榜单)"。

在巨量引擎开放的"垂类洞察"子板块"内容创意分析"中,我们不仅能看到热词榜单和热点榜单,还能看到榜单内每一个热词或热点的具体分析,这为我们有针对性地选择话题提供了极大的便利。

以热词榜单上的"天气"为例,用户可以清晰直观地看到关联"天气"的话题内容在抖音的讨论热度,如"降温""保暖""吃火锅""秋裤""外套"等(如图3-9所示),甚至还能看到讨论该词用户的地域分布等信息(如图3-10所示)。相关商家可以顺势利用这些话题和信息进行创作。

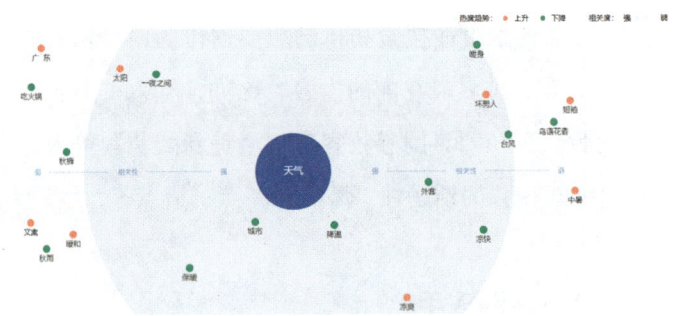

图 3-9 热词"天气"的关联词分布与热度趋势[1]

图 3-10 热词"天气"用户的地域分布[2]

---

[1] 截图来自巨量算数官网。
[2] 截图来自巨量算数官网。

在图3-11中，我们可以清晰地看到2021年5月31日至6月6日，抖音"亲子"领域相关话题消费热度的排行情况。其中，由于受到儿童节的影响，相关话题向"六一""成长"等话题靠拢，"育儿""人类幼崽"则是亲子领域的长期热词。相关商家或个人可以通过关联热门话题的方式，比较轻易地捕获一部分细分用户。

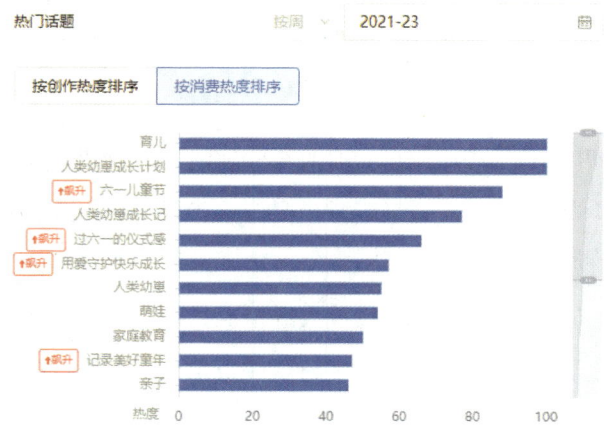

图3-11　2021年5月31日至6月6日，抖音"亲子"领域话题消费热度排行 [①]

本节介绍了5种打造话题、吸引垂类用户的方法：从用户群特点入手，从用户需求出发，从场景入手，从类似话题入手，从热点话题入手。

抖音上一些非垂类账号，比如发搞笑段子的娱乐账号等，粉丝较多，但吸引的往往是泛粉。这些账号固然受欢迎，但热度退去后，怎样实现长久的商业转化就会成为一个棘手的问题。

商家或品牌在做垂类时，可以适当吸收热门话题为己所用，但从用户群特点、用户需求出发的话题才更具有长久引流吸粉的价值。

---

① 截图来自巨量算数官网。

3.4 投放千川广告，更看重质量，而不是数量

用话题吸引用户的同时，商家还可以借助投放为自己引流，从而加速对视频内容或直播间的推广。

说到投放，就必须提到巨量千川了。

巨量千川到底是什么？

巨量千川是字节跳动为小店的商家搭建的广告投放一体化平台，整合了"DOU+"、Feed流直播带货、电商广告等多种投放方式，专注做抖音电商的投放推广。

对于商家来说，巨量千川投放人群精准，是一个非常实用的工具。同时，平台机制处于不断变化中，各种玩法层出不穷，商家必须不断学习，跟上新的玩法才行。

无论玩法怎么变，万变不离其宗的是：投放千川广告，质量远比数量重要。

新人投放流量，最容易遇到的问题不外乎以下几种：

- 虽然花钱投了流量，但账号的数据表现就是不见起色，要不就收效甚微。
- 流量是花钱投了，观众也来了，但人来了就走，就是出不了单。
- 一会儿数据飙涨，一会儿数据停滞不前，根本不知道该如何把握。

遇到问题后，很多商家以为是自己的投放做得不够多，于是拼命增加投放，于是资金投入越来越大，但投放节奏把握不住，最终的效果也不理想。盲目增加投放还可能导致自己的账号相互抢流量，无形中抬高投放的成本。

实际上，如果一开始就尽可能校准投放计划方向，用计划的质量而不是数量推动转化，你会发现拉动数据容易得多。

1. 用巨量千川"跑"计划，一个计划就是一个流量包

很多商家看巨量千川的投放计划，就像雾里看花，问题是这"花"还挺烧钱啊！

别慌，巨量千川的投流计划有很多种，但实际上都基于四要素模型而建立，这四大要素分别为：转化目标、定向设置、出价设置、创意设置。

所有抖音商家的投放策略都是基于这个模型搭建起来的，下面笔者为大家一一进行拆解（见表 3-2）。

表 3-2

要素	目标	示意
转化目标	进入直播间	带动数据相对容易，分配占比 2%～4%，最好搭建不同的转化目标计划，进行组合投放。适用于想要提高人气的直播间
	直播间商品点击	值得优先推荐的转化目标。ROI[①] 与跑量表现均较好
	直播间下单	转化目标相对更加精准。适用于想要提高成交和转化率的直播间
	直播间粉丝提升	适用于粉丝转化不理想或者粉丝出现一定流失的直播间
	直播间评论	适用于互动率不理想的直播间

---

① ROI（Return on Investment）：投资回报率。

表 3-2　续表 1

要素	目标		示意
定向设置	基础定向	地域	考虑因素：物流通达度、退货率、产品特点等 举例：物流方面，可以避开自己无法发货的地方；产品特色方面，避开不适用的地方，例如，卖暖气设施的商家基本可以避开南方城市等 对某一区域的用户，还可以选择"正在该地区""居住在该地区""到该地区旅行"及"该地区内所有用户"。多数情况下，选择"居住在该地区"即可
		性别	根据账号核心用户画像选择 举例：卖面部美容仪的商家，100% 选择女性
		年龄	根据账号核心用户画像选择 举例：卖 JK 服的商家，年龄选择 18 ～ 23 岁和 24 ～ 30 岁两档即可
	达人相似定向		指选择和自己相似的达人，圈定与其有互动行为的人群进行投放达人定向很重要，作用在于给自己的直播间贴上标签 与达人的互动包含"关注""视频互动""直播互动""商品互动"4 种行为。推荐"商品互动"及"直播互动"中的"直播商品点击"，时长一般选 15 ～ 30 天 达人选择：先选择类目，再根据自身情况，选择关键指标、粉丝数据、达人属性等。选择后，系统会显示符合要求的达人，商家需要对达人的转化率、销售数据、直播风格、粉丝群体一一留意，仔细对比，选择和自己匹配的达人，将其纳入自己的达人相似库

表 3-2 续表 2

要素	目标	示意
定向设置	智能放量	帮助商家探索选定之外的目标人群，视情况选择是否启用
	平台	有"不限""ios""安卓"3 个选项，有的行业不进行区分，有的商家会进行选择
	行为兴趣定向（也称"莱卡定向"）	"行为"指用户已发生购买行为，"兴趣"指用户有较高购买意愿（潜在用户） 大家需要留意，行为可以确定兴趣，但兴趣不一定导致行为。比如，旅行的用户对旅拍或景点推荐短视频感兴趣，但浏览这些短视频的人不一定真的会去旅行 "系统推荐"：适合有一定用户数据，希望破除流量瓶颈的老账号，新账号（尤其是垂类新号）则不建议使用 "自定义"细分选项包括："电商互动行为""资讯互动行为""App 推广互动行为"。一般勾选"电商互动行为"，这个选项圈定的是在抖音中产生过购买行为的人 行为时间选择：商家可以圈定购买行为是在多少天内发生的。高复购的快消品可以选 15～30 天，决策时间长、客单价高、消费周期较长的产品可以选择 90～180 天。时间选择的规律是：时间越短，有效性越强，成单率更高，但是用户量相对会更少 选定"互动行为"后，需要选择类目，如手机电脑、服饰鞋帽箱包、小说动漫阅读等（应注意二、三、四级类目是否需要全选） 接下来需要选择关键词，关键词可以分为行业词、品牌词、功效词、产品词、人群词、场景词等。选完后，系统会推荐一些相关词，运营者可根据情况选择

表 3-2　续表 3

要素	目标	示意
定向设置	网络	可以圈定用户的网络情况，如 wifi 或 3G、4G 等，运营者可根据实际情况选择
出价设置	系统均价	一般在投放短视频时使用。比如，系统建议出价 60 ～ 80 元，可出价 70 元或上浮 3 ～ 5 元。数据如有提升，就继续观察，等有成交后再根据转化成本适当降低出价；数据无提升就换素材、定向或类目，"跑"新计划
	溢价出价	一般在推直播间时使用。可按系统最低出价上浮一定比例（如 30%），计划有数据或 5 分钟后，将出价压到可承受范围内
创意设置	直播间画面	选择类目和创意标签，创意标签的上限是 20 个
	视频	分为"程序化创意"和"自定义创意" "程序化创意"下，系统会根据商家上传的素材、标题和推广卡片生成不同组合，面向不同人群时展示最合适的组合；"自定义创意"下，则由商家自己组合素材、标题和推广卡片，形成特定创意组合

以上是四要素模型涉及的四大要素和细节。

四要素模型中，要素的变化组合可以生成不同的计划，一个计划就构成一个流量包。对计划的合理安排程度决定了我们投放流量的转化效率。

对应的计划搭建流程如图 3-12 所示。

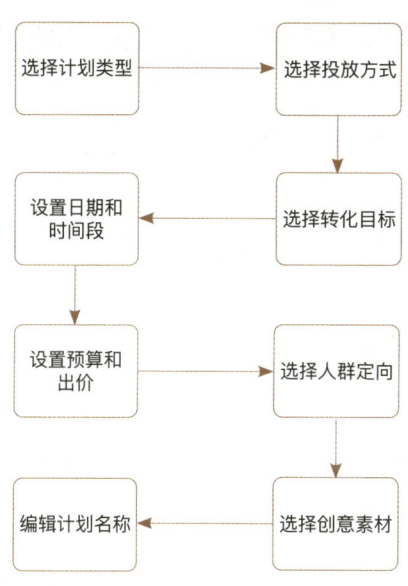

图 3-12 计划搭建流程图

▶ 合理控制计划数

设置多少条计划比较合理呢？笔者的建议是参考这条计划数公式。

计划数 = 预期单量 × 预期成本 ÷ 在投计划平均消耗。

- 示例

某场直播中，商家预期出 500 单，预期的成本是 100 元，计划平均消耗 1 000 元，那么这位商家的合理计划数就是：500×100÷1 000=50（条）。

▶ 定向怎么选

新人投千川，泛类、全品类商家可以先选"系统智能推荐"吸引新人群，垂类商家则需要自定义选择人群，进行行为定向。当然还有一个便捷的方法是，投放与自己定位相似的头部达人或者与固定合作的达人有互动行为的人群。

人群包的生成公式：基础定向（性别、年龄、地域）+ 行为兴趣（或达人）定向 + 排除包。

排除包指的是已转化的人群和关注数超过 1 000 人，无法把握其兴趣的人群。

记住了，投放准一点就能出单，不准就难以出单。

▶ 计划的预算管理

总体原则是：控制广告组预算，不控单条计划预算。

如果在某条计划预算触顶后再调高预算，冷启动时间就太长。更妥帖的做法是通过对组预算的控制把握上限，而不限制单条计划预算。

▶ 计划名称要清晰

注意，计划名称一定要写清楚，以免计划太多，混淆在一起。可以采取的格式如：日期 + 转化目标 + 定向 + 溢价 + 直播间（或视频）+ 备注。

• 示例

2021 年 5 月 1 日，某直投直播间的计划名称是：20210501_ 直播间商品点击 _ 基础定向 _10% 溢价 _ 直播间画面。

2. 创意分类和标签

有些商家觉得分类只要选择合适的就行，却没有在意分类的细致程度，这样可能会影响匹配人群的精准度。

用千川投放广告，实际上是各个细节叠加造就的精准，因此笔者建议商家或运营者，创意分类不要随意选择，也不要未经思考就直接勾选大类目，而要尽量选择适配商品最细一级的类目。

至于标签的选择，可以从两个维度出发，一个是商品维度，一个是受众维度。

• 从商品维度出发，可以涉及行业词、品牌词、功效词、产品词、热点词、竞品词等。某些时候也可以包含跨类目词，比如卖女装的商家，也可以选择"美妆""口红"等词，虽然类目不同，但辐射的消费人群可能有较大程度的重叠。

• 从受众维度出发，会涉及人群词、场景词等。其中，人群词背后可能存在消费能力差异，选择时可以兼顾行业的上下游。比如卖经管类图书的商家可以面向"高管"，也可以面向"职场小白"。

关键词的上限是 20 个，建议尽量填满，并且尽可能顾及上述不同维度的不同方面。

以面膜、丝袜、网课、零食为例，可选用的标签词见表 3-3。

表 3-3

标签词	面膜	丝袜	网课	零食
行业词	美妆护肤	服装配饰	在线教育	食品、膨化食品、肉脯、果脯
品牌词	花西子	浪莎	秋叶	良品铺子
功效词	美白、控油、补水保湿、修复、提亮、消炎	亲肤、显瘦、保暖	职场竞争、软实力、升职加薪、找工作、职场提升	解馋、饱腹、解闷

表 3-3 续表

标签词	面膜	丝袜	网课	零食
产品词	面部护理、面膜、补水面膜、敏感肌、油痘皮、皮肤炎症	甩卖、穿搭、丝袜、服装	办公软件、办公技能、Office、Word 文档、PS、Excel 表格、手绘、个人品牌、写作	薯片、饼干、瓜子、坚果、葡萄干、肉脯、牛肉干、板栗仁、鸭脖、鸡翅
热点词	网红款、达人推荐	网红款、光腿神器	达人推荐、口碑款	追剧必备、网红推荐
竞品词	完美日记、玉泽、欧莱雅、丸美、美宝莲	宝娜斯、耐尔、猫人	新东方、好未来、巨人教育	三只松鼠、百草味、卫龙、黔五福、周黑鸭
跨类目词	口红、女装、女包	口红、美妆、保暖裤	招聘、人力资源	玩具、游戏、教辅
人群词	女生、白领、模特、学生、主播	女生、上班族、老婆、空姐、学生、模特	白领、大学生、职场新人、会计、文员	白领、学生、追剧族
场景词	秋冬换季、约会、出门	秋季、冬季、降温、羽绒服	应聘、求职、转行	看电影、看直播、追剧、聚会

当然，系统也会推荐一些关键词给我们，帮助我们贴标签。对于那些宽泛的、指向不够明确的词，我们要手动去除，比如"房子""社会""学校"等。

标签做得好，流量投放才会更加精准。

3.5　请务必重视抖音的主动搜索流量

你遇到过这样的情况吗？刚开始发了一条短视频，只有几十个人点赞，可过了一段时间后，这条短视频却积累了几百个赞。

这些赞是怎么来的呢？

显然，它们来自用户的主动搜索。

一直以来，抖音的算法优势太明显，以至于我们常常忽略搜索流量这个板块。出乎许多人意料的是，搜索流量还在不断攀升（如图 3-13 所示）。

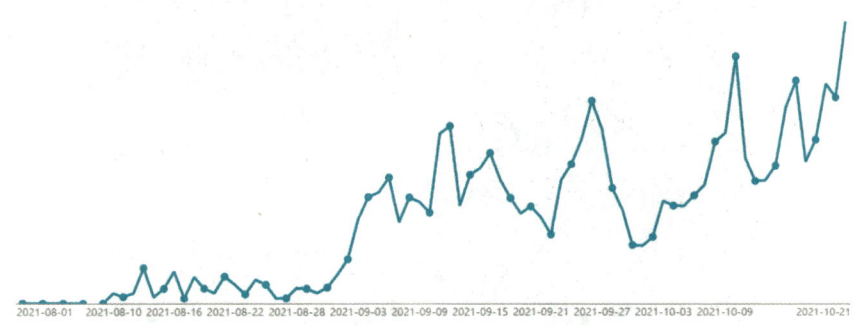

图 3-13　巨量千川后台的搜索增长趋势图 [①]

大家可能还没有意识到——实际上，抖音一直努力在搜索电商上布局。

---

① 　图片来自巨量千川。

我们来仔细看一看抖音 App 的版本优化，就可以看到一条持续的搜索优化路径。

- 15.8.0 版本的介绍是"我们优化了搜索体验，丰富内容等你探索"。
- 16.1.0 版本的介绍是"智能快速的搜索体验，快来更新试试吧"。
- 16.6.0 版本的介绍为"搜索结果展示和发现优化"。
- 17.0.0 版本的介绍是"智能快速的搜索体验，快来试试吧"。
- 17.6.0 版本的介绍是"搜索结果展示和发现优化"。

......

看出来了吧，平台在不断完善搜索功能。

我们如果在搜索栏输入"口红"一词，下面就出现了"口红直播""口红试色""口红推荐排行榜前十名""口红小样"等一排相关词汇（如图 3-14 所示）。这和流量电商的导航词是不是很像？

选择"口红"后，便出现了"排行榜""迪奥"等标签和商品栏，用双瀑布流、突出商品的方式进行展现（如图 3-15 所示）。

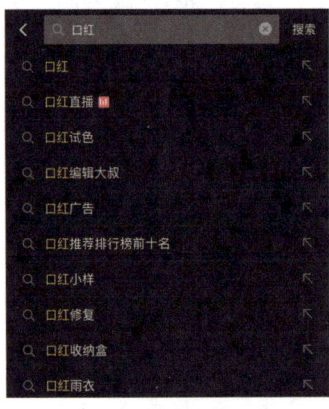

图 3-14 抖音搜索栏的相关词　　图 3-15 双瀑布流展示

此外，细心的用户还会发现，短视频的上方及抖音小店、橱窗和商品详情页上方，也都增加了搜索入口（如图 3-16 所示）。

图 3-16　短视频上方的搜索框

作为兴趣电商的抖音，凭借算法异军突起，令传统电商大惊失色，为什么又要如此苦心布局搜索电商呢？

答案是：很多商家发现，没有直播加持，商品的销量就很低。

换句话说，商品在抖音上更多的是动销，而很少有平销。增加搜索入口、优化搜索体验等，就是为了有效增加产品的平销。

看明白之后，相信大家就理解了。商家在一心关注直播时，原来很容易忽略"搜索"这个大板块，但它其实很重要。据新闻报道，奥运会期间，巨量引擎搜索奥运会相关内容次数达到 27 亿次。《2020 抖音数据报告》则显示，抖音每天的搜索流量超过 4 亿。

这么大的流量，精明的商家必须要分一杯羹啊！

那么，什么样的直播间或短视频，更容易获得搜索流量呢？

● 其一，垂类直播和视频比泛类更容易获得搜索流量

如果直播间既卖婴幼儿产品，又卖美妆护肤品，还卖电子产品，这些产品很难归到某一类，直播间就不太容易获得搜索流量。如果直播间卖的是某一类产品，比如图书、美妆产品等，搜索流量就比较容易获得。即便很多自带流量的头部主播，除了全品类直播外，也时不时会做垂类专场，比如美妆专场等。

● 其二，评分比较高的小店更容易获得搜索流量

抖音对平台小店的售后考核非常严格，小店的评分会直接影响小店商家的流量，搜索流量也不例外。

对此，商家应该做好这几点：

• 严格把关产品，并确保商品和描述一致。在用户收到货后，商家要及时回访，引导用户修改差评或增加好的追评。

• 客服服务态度要好，响应速度要快，还要具备一定的专业知识。客服的"3分钟首次回复率"尽量保持在80%以上，要及时处理售后问题和纠纷。

• 优化物流，与用户和快递公司形成良好沟通机制。

● 其三，带货产出比较高的直播间或短视频更容易获得搜索流量

提高带货产出涉及的细节比较多，需要各个方面都尽量做好，这就需要商家多学习，将内容团队、直播团队、人群定位、投流有效性、私域搭建、产品及售后等各方面做好。

● 其四，关键词便于用户搜索的直播间或短视频更容易获得搜索流量

"软广"是一种营销点比较隐蔽或后置的广告。用户对"软广"的

接受度一般还不错，有的"软广"照样能有"10 万 +"的点赞量。但笔者想提醒各位商家的是，大家在做推广时要把握这个原则：广告越"软"，"种草"力越强，关键词越明晰（商品、卖点直露），越便于用户搜索。

怎样有意识地组织关键词，来提升搜索率呢？笔者在第 3 章第 4 节中提到了关键词的类型：行业词、品牌词、功效词、产品词、热点词、竞品词、人群词、场景词等。大家可以从这些方向出发组合词语，形成文案。

笔者总结了 6 种优化关键词的方法，供大家参考：

• 分词法。将长尾词或句子拆分为最小词组。比如，将"学办公软件，认准秋叶品牌"改为"办公软件""学习""秋叶品牌"等词，中间用空格或符号间隔开来。

• 组词法。将标题拆分为词组，再组合这些词组。比如，将"怎么练习发声"改为"发声练习技巧"，将"怎么化妆既显气色，裸妆感又好"改为"显气色裸妆"等。

• 用同义词或关联词替换某些关键词。比如，用"成交额"替换"GMV"等，因为前者的使用率更高。

• 巧用搜索引擎的推荐词。比如，在搜索引擎中输入"美妆"，对话框的下拉列表中会弹出"美妆相机""美妆蛋""美妆博主"等词条，它们是引擎记录下的搜索频率很高的词，借用这些词也能让我们更容易被搜索到。

• 借用巨量引擎推荐的热词。巨量引擎官网的"资产"栏目中，专门为商家设置了"关键词推荐工具"入口，它能实现"以词推词"功能（根据输入词，提供多个相关性高的词），商家甚至还能清楚看到每个词的热度，这大大方便了商家的筛选。

• 巧用热门话题标签。合理使用热门话题标签也能为搜索增加热度，但标签不要植入过多，2 ~ 3 条即可。

3.6 案例分析：先垂直，后扩品，刘媛媛如何扩大电商版图

2021年9月13日，抖音头部达人刘媛媛的直播间经过6小时的直播后，销售额成功破亿。

有人说，刘媛媛一场直播的销售额相当于10家上市公司一年的销售额。她是怎么从一名创业者变为6小时破1亿元的头部主播的呢？

1. 北大学霸的创业之路：知识付费

在刘媛媛的抖音主页介绍中，列着"北大法律硕士""《超级演说家》总冠军""福布斯精英榜上榜者"等身份。

从北大毕业后，她并没有参加工作，而是直接自己创业了。

她觉得知识付费是一个风口，于是把自己的学习经验录成课程，通过卖课来赚钱。通过某知识付费平台的运作，她的课程销售额突破1000万元。截至目前，她的一门课程已卖出超过70万份。

然而，知识付费课程受众毕竟有限，70万份可能就已经接近"天花板"了。释放完产品潜力，想买的人群基本已经买了，接下来怎么办呢？显然，必须要有受众更广的常销品。于是，她选择了卖书。

2. 从主讲人到主播：图书带货

知识付费的风口让她赚到了人生的第一桶金，接下来，她又靠着敏锐的头脑和勤奋撞上了短视频的风口。

2020年7月，她开始在抖音分享图书。第一次直播卖书，销售额就达到了 60 万元。几周后，成交额累计达到 4 500 万元。

2021 年 7 月 2 日，晋升为抖音平台第一位粉丝数突破千万的读书达人的她，在抖音举办了一场千万粉丝答谢会的直播，这场直播销售额达到 1 800 万元。

她如此向大家描述自己狂热的工作状态："某一天晚上我睡觉的时候梦到我朋友问我，他说你叫什么？我说我叫希利尔，希利尔是我直播间的一个（本）爆款书（的主角）。（我）出去跟人家指路的时候，人家问（我）接下来应该怎么走？我说右下角，右下角是个购物车……"

图书买家虽然多，但图书利润却很低。一本书一般就几十块钱，价格相对固定，没有溢价空间，直播时只能通过打折或者降价来吸引粉丝下单。但图书印刷成本固定，一本书的利润可以低到几元甚至几毛钱。

2021 年 3 月 29 日，她发了一条短视频，谈到了最近令她很消沉的一件事：在合作的图书即将上架时，她接到出版社的电话，那套本来谈好要合作的图书将交给某全品类头部的主播来卖。

于是她反思，跟全品类主播比起来，垂类主播显得势单力薄，为合作方带来的利润远没有全品类头部主播来得大。

3. 从图书到全品类：一步步扩大电商版图

为了获得更大的变现空间，不少图书主播开始尝试新品。比如，某位以著名电视节目主持人身份入驻抖音的图书品类头部主播，其带货商品虽然仍以图书为主，但也加入了礼品文创、母婴用品及食品饮料等。

刘媛媛也不例外。

在图书专场之外，她做起了全品类直播带货。带货品类包括家电、服饰、珠宝、美妆、家纺等。笔者从第三方数据平台查到，她转为全品类后，90 天内的带货销售额曾达到 6.26 亿元，包含 2 159 件商品。其中

图书占比 28%，销售额占比 24%；美妆占比 18%，销售额占比 21%；珠宝首饰占比 8%，销售额占比 12%。[①]

可以看到，美妆、珠宝等商品的占比虽然没有超过图书，却为销售额的提高做出了很大贡献。拓品带来的好处有哪些呢？

▶ 其一，直观地看，提升了 UV 价值[②]和客单价

笔者从第三方数据平台了解到，在她的直播间中，图书平均客单价为 64 元，但美妆类产品客单价为 140 元，珠宝类客单价则为 290 元。

▶ 其二，触达更多人群，满足更多需求

有时候，需求是开发出来的。她的粉丝中，买书的人群主要集中于宝妈，但她们对图书的需求毕竟有限。拓品后，家电、服饰、美妆等产品进一步满足了原有粉丝的需求，并吸引了更多有此类需求的用户（如图 3-17、3-18 所示）。

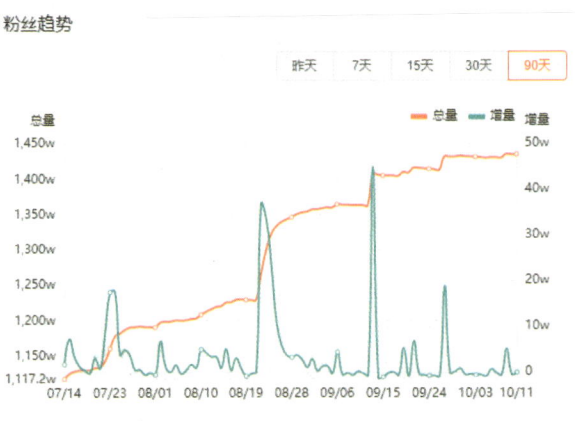

图 3-17 拓品以来，刘媛媛粉丝量一路走高[③]

---

① 数据来自蝉妈妈。
② UV 价值：访问者产生的价值。
③ 截图来自蝉妈妈。

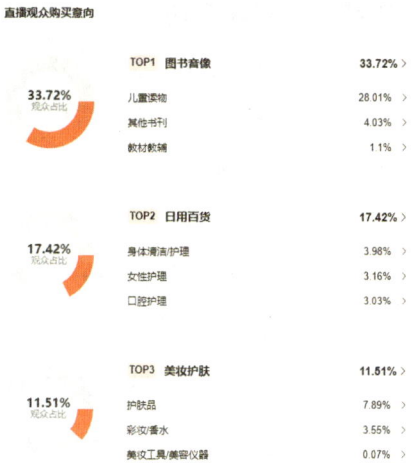

图 3-18　刘媛媛直播间观众购买意向分布 [1]

● 其三，有效承接流量，增加了变现空间和利润空间

当主播自身已经变为一个超级 IP 时，流量滚滚而来，就需要有更多产品和服务的供给，来承接巨大的流量。全品类正是一个绝佳的选择。在她的带货商品列表中，占据销售额榜首的是一款黄金首饰，商品价格为 2.02 万元，佣金为 1%，所以单件商品的佣金就有 202 元，这远远超过多数图书的售价本身。

● 其四，做垂类便于进入赛道，但长远地看，做全品类是一种趋势

她自己也说，做全品类能在直播电商的路上走得更远。纵观不同直播平台的头部主播，很多也都是最初从以美妆或电子科技产品为主，到后来扩展到全品类。

刘媛媛从垂类带货发展到全品类，给了我们哪些启发呢？

---

① 截图来自蝉妈妈。

▶ 做自己擅长的垂类，更容易成功

尤其是对于图书主播来说，对颜值、才艺的要求没有那么高，值得很多普通人去尝试。而且，图书主播能吸引宝妈群体，她们的消费意愿强、消费能力充足、需求多样，这可以为主播日后扩品打下粉丝基础。

▶ 观众愿意长久为强大且真实的人设买单

这位集寒门出身的北大才女、"90后"创业 CEO、《超级演说家》冠军等身份于一身的抖音头部主播，凭借抒情化的风格、真诚的态度在抖音获得了大批粉丝的信任。她的励志故事让她收获了一批同样怀着"知识改变命运"的信念的粉丝，粉丝们信任她，乐意为她掏腰包，在其直播间下单，无论她卖的是图书还是别的什么产品（如图3-19所示）。

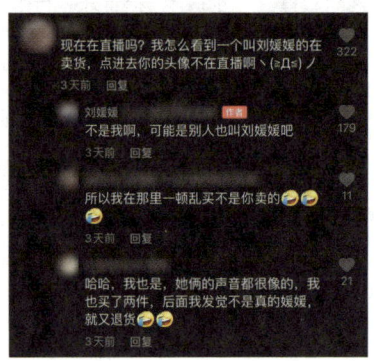

图 3-19

▶ 垂类做好后，可以根据能力考虑是否扩品

另一位头部图书主播的带货目前仍以图书为主，她甚至会邀请作家进入直播间，把垂类直播做到了极致。而扩品可以为影响力开辟更多变现途径，但对能力、渠道的要求会更高，团队也必然需要扩大，主播身后都有数百人的团队作为支撑。两者各有优势，对主播的能力、要求不同，商家或主播需要根据自己的实力和优势进行选择。

第 4 章

数据

用数据评估你的账号潜力

思维

○ GMV 是一个账号或一场直播的全部吗？

很显然，这个说法过于绝对。

就抖音平台来说，我们借助一些数据来观测短视频的传播度、粉丝增长情况、直播成交情况等，不同的数据可以用来分析不同的问题。GMV 作为结果固然重要，但导致 GMV 的原因同样重要。只有知道促成 GMV 的原因在哪里，才能进一步优化方案，获得更好的结果。

而原因，自然就涉及各种数据了。

4.1　不能用数据量化的经验，无法复制

做饭的时候，厨房新手可能会遇到菜谱上写着"盐少许"，"少许"究竟是几许？

写菜谱的人自己肯定是明白的，但他没把话说明白。新手就算看了菜谱，还是摸不着头脑。最后，一筹莫展的他可能只能一点一点地往菜里加盐，不断试吃，才能保证咸淡适中。

但如果菜谱上标明了"盐 3 克"，新手是不是就轻松多了？

"盐 3 克"，就是量化。

1. 有量化才有优化

一条短视频，究竟达到什么程度才算爆款？一场直播，究竟怎么样才算成功？衡量的维度可以有很多，比如趣味性、观众的互动反馈等，但这些归结到一点，就是点赞量、评论数、用户停留时长、成交额等各项数据。

所谓量化，就是把一条短视频或一场直播各方面的达成效果以数字的形式呈现出来。在图 4-1 所示的"秋叶 Excel"账号的一条抖音短视频中，我们可以清楚看到这条短视频的点赞量达到了 116.8 万，转发量达到了 4.7 万，评论数达到 9 606 条。

在不看短视频具体内容的情况下,我们也可以根据这些数据判断——这是一条受欢迎的短视频。这就是量化。

图 4-1 "秋叶 Excel"某条爆款视频

量化的好处是帮助我们充分挖掘数据包含的资源特点、数据间的关联性,最终让数据说话,指导我们之后营销和运营活动的方向。

比如,哪条短视频观看、点赞、转发量高,带来了粉丝的大幅度增长,我们就分析这条短视频好在哪里,以后能否延用类似的方法。又或者哪条短视频观看量虽然一般,但其转化率比较理想,我们就挖掘出其背后的助力因子等。这就是借助量化做优化。

没有量化,评判的标准就模棱两可,就像分不清"盐少许"究竟是几许一样。

具体分析数据时,分析者可以把数据分为 3 日内数据、7 日内数据、30 日内数据等不同的周期数据,找出数据的拐点(升降点),对趋势曲线分段处理后，逐个分析拐点出现的原因。

分析时，可以重点关注这两个点：螺旋点和陡增点。

图4-2中，A、B、D点为陡增点，两线交织处的C点为螺旋点。在总量急剧下滑的过程中，陡增点展示了3次迅猛的增长（可能是人为干预），然而增量达到螺旋点C后并没有回升，说明增量来得快去得也快，没有起到作用。那么，这就需要运营者分析对应的原因，及时调整策略。

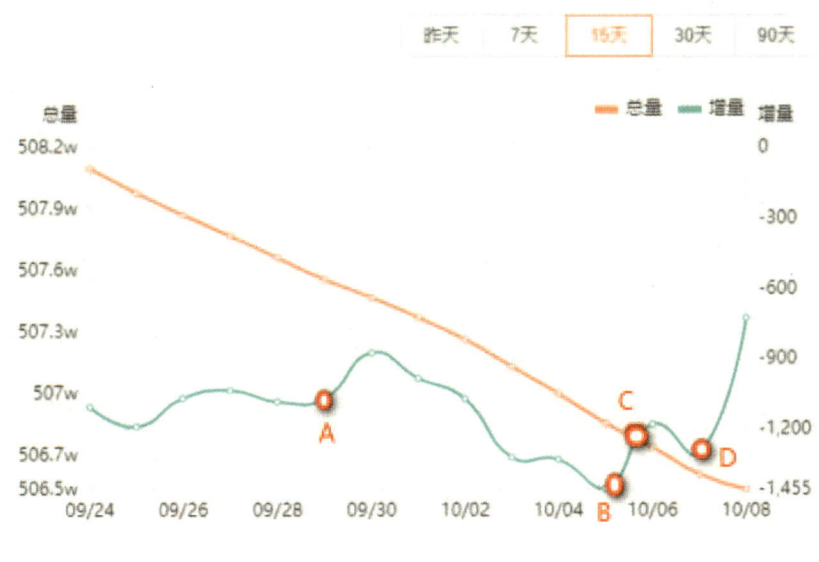

图4-2 曲线图中的螺旋点与陡增点 [①]

2. 量化过程，让转化可跟踪

正如运营者在投放直播间流量前，必须先确定转化目标是"进入直播间""商品点击""商品下单""粉丝提升"还是"评论"一样，在抖音的任何运营、营销活动一般都会先制定一个明确的目标。这个目标

---

① 截图来自蝉妈妈。

最好是量化的，这样就便于判断效果是否理想。

根据确立的目标大小，再一一进行拆解。具体见表 4-1。

表 4-1

目标	计划
在 1 个月内将某课程的销售额提高 10%	短视频内容优化；直播内容优化，重点优化主播脚本；联系 5 位 KOL[①] 进行推广合作
清理 500 件库存产品	制定价格优惠方案；社群同步传播，会员实行折上折；打造 5 条带货及引流短视频；在 3 场直播中增加推广
提高品牌知名度，抖音话题曝光量超过 1 000 万	分阶段组织推广活动，拆解各阶段话题曝光量目标：预热阶段，100 万；启动阶段，250 万；成熟阶段，550 万；常态化推广阶段，100 万

上面的例子中，计划看起来是比较完备的。目标大小体现在计划中，都有所侧重。但是计划能否落地和最终的转化效果如何，取决于运营者能否做好每一环节的转化，这个转化就是对过程的跟踪。

直播间或短视频的转化过程，可以通过转化漏斗来观测。转化漏斗就是对数据间因果转化的直观展现，它记录了转化过程和环节间的转化率。比如，直播间的转化漏斗如图 4-3 所示。

---

① KOL（Key Opinion Leader）：关键意见领袖，通常被定义为拥有更多、更准确的产品信息，且被相关群体所接受或信任，并对该群体的购买行为有较大影响力的人。

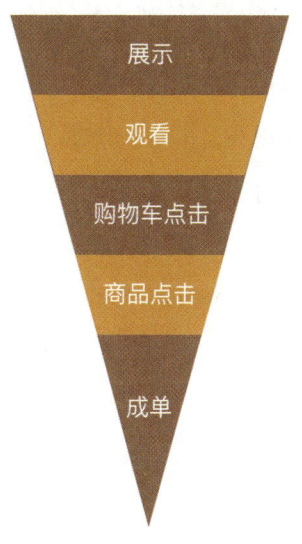

图 4-3　直播间转化漏斗

从展示、观看、购物车点击、商品点击到最终成单，这个过程中会不断有用户流失。

比如，用户"刷"到了你的直播间（展示），有的人会点进去（观看），有的人可能直接划过去。从展示到观看之间的转化数据，反映了定向是否精准，直播的瞬时内容是否吸引人。如果这项数据不够理想，那么一方面，直播画面可能需要优化，可以通过打光、产品陈列、简化背景等提升直播画面的效果；另一方面，则需要考虑主播的形象、气质、人设等是否合适，声音效果好不好，说话是否连贯或音量是否合适等。

点进直播间用户的停留时长则反映了直播间内容对用户的吸引程度。这个过程中，用户还可能做出关注、评论、加入粉丝团等互动行为，这些行为体现的是直播内容对用户的价值感和主播本人对观众的吸引力。

接着，用户从停留、互动到购物车点击的转化，反映的是话术引导够不够；从购物车点击到商品点击的转化，反映的是商品讲解话术到不

到位；从商品点击到成单，反映的是促销是否有力等。

总之，直播间或短视频的数据环环相扣。我们利用数据，可以将用户的行为和直播（或短视频）的每一个细节或过程进行直接量化。

在上面的例子中，每一个转化漏斗产生大量衰减的地方，就是我们需要提升的地方。

只有尽可能将中间所有影响转化的因素调整好，商家的转化才能最大可能地接近理想状态，任务才能达成甚至超额完成。

3. 量化成本，追求极致性价比

说到数据思维，运营者不仅要懂得单一成本的量化，更要学会把单一成本放在整个大数据里面进行通盘考虑，最终实现超高的性价比。

有过千川投放经验的商家都知道，在不同的时间段里，即使投放金额一样，获得的流量往往并不一样，甚至存在很大的落差。千川的流量是有变化的，投放者只有找到"给量高峰期"，才能实现投放的最佳性价比。

这是在抖音上，大家需要懂得的成本量化技巧。

4. 量化结果，复制爆款经验

数据由于自身的客观性，便于帮助我们复制成功经验。

比如某主播经过 4 场直播后，数据显示，这位主播不仅促成了直播间 90% 产品的售罄率，还带动了大量新客访问合作方商铺，为其沉淀了新用户——新客访问人次破 230 万，新客占比 98%。之所以能达到这样好的效果，是因为主播有官方推荐的优选官形象背书，并且选品团队确实是层层把关产品质量的。

这样的数据反馈会进一步强化团队的选品质量把控。与此同时，品牌方看到主播直播间的表现后，会更踊跃地参与直播，并一步丰富产品品类，与主播实现共赢。

这样，一个成功经验就可以不断复制下去。

4.2 做爆款短视频，重点关注这 5 个指标

短视频的数据比较简单，直接可以看到的有浏览量、点赞数、评论数和分享数等，通过这些我们可以了解到短视频的基本传播情况。当然，这些数字都建立在粉丝基数的基础上，不同等级的号，情况就会不一样。

基于这些基本数据，运营者可以将关注点放在完播率、点赞率、评论率、转发率、涨粉率这几项上。

1. 完播率

完播率是衡量短视频是否吸引人的重要指标，爆款短视频的播放时长一般可以达到总时长的 30%。如果这项指标达不到 30%，那么问题可能出在视频开头或结构上：短视频开头不够吸引人，内容结构需要优化。下面，笔者教给大家自查的办法。

创作者可以通过"创作者中心"查看短视频的"播放时长分布"（如图 4-4 所示）。红线是创作者的作品数据，蓝线是同时长热门作品的数据。红线越接近蓝线，就说明创作者的内容结构设计是好的，反之则存在问题。

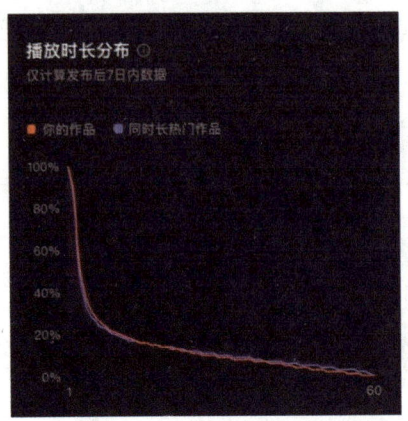

图 4-4 播放时长分布曲线

内容结构优化的重点是选题、文案、黄金 3 秒、内容结构。

注意，前 3 秒的内容尤其重要，如果这个时间区间内你的作品数据与热门视频数据有较大落差，那么你的视频前 3 秒的设计就需要进行调整。原因可能出在：开篇文案不够吸引人，缺少爆点，画面效果不好，等等。需要结合完播观众画像和内容进行优化，优化方向包括以下两点：

- 减少不必要的语气助词和内容陈述。
- 从色彩、画面构图、布景、模特形象等各方面优化画面效果。

视频较长的情况下（超过 60 秒），则需要重点关注视频时长前 10% 的观众留存情况。

下面，笔者总结了不同行业"3 秒吸睛"的文案，仅供大家学习借鉴，启发思路（如表 4-2 所示）。

表 4-2

垂类	示例	亮点
餐饮	一顿奢华西餐，只花了 59 元	数字引诱，刺激大脑

表4-2　续表

垂类	示例	亮点
职场	毕业1年，靠副业月入8000元	数字对比，有效冲击
母婴	这样选奶粉，真的容易选错	制造紧张，引起注意
情感	第3段恋情告终，但我这回很高兴	违背常情，引发好奇
评测	揭秘护肤品中的"害肤"成分	揭秘爆料，观众爱看
生活	谁不是一边抱怨一边努力	情感代入，引发共鸣
教育	把握这3点，报班不踩雷	简单直接，铺设预期

如果在前3秒（或前10%）的曲线自然滑落后，视频后半段出现曲线骤然滑落，则滑落处可能存在问题，原因包括但不限于：内容衔接不够紧密，话题提前结束；观众不接受你的观点；广告植入引起观众不满；等等。运营者需要有针对性地进行优化。

2. 点赞率

点赞率反映的是观众对视频内容的认可或者喜爱程度，一般而言，达到3%以上比较好。点赞率的计算方法如下：

点赞率 = 点赞数 ÷ 播放量。

商家可以借助互动曲线（如图4-5所示）来观察和自查，并在后台查看点赞分析，查看用户是因为哪个触发点而点赞的，同时记住这个点赞动机。

点赞分析曲线如果呈波浪形，每一个"波浪尖"（图4-5中圈出的地方）

都表明一个触发观众点赞的动机。不妨找出"触发"用户点赞行为的点在哪里，将它们总结出来。不断总结，就能摸清观众的喜好，对症下药。

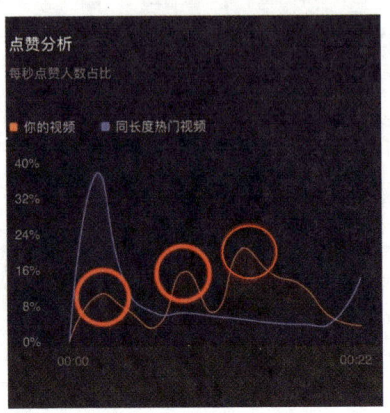

图 4-5 点赞分析曲线

反之，如果点赞量不太理想，曲线较平，那么你设计的"触发点"就可能并没有投观众所好，要在"有趣"或"有用"上进一步努力。

3. 评论率

评论率反映的是观众与达人的互动情况，达到 1% 比较理想。评论率的计算方法如下：

评论率 = 评论数 ÷ 播放量。

评论率的自查与提升方法有以下 4 种：

• 短视频中是否有引导观众评论的话？建议在视频结尾设置问题，用一个开放式问题引导观众回答。

比如："还有哪些不懂的，评论区有问必答哦！"

• 发布文案中是否有引导语？可以就视频中的某个观点向观众提问。

比如："模特今天的搭配你给几分？"

• 对观众评论的回复很重要，某些"神回复"还能再带动一波转发和点赞。不妨在爆款短视频、文章的评论区看看，学习回复技巧，幽默永远都有魅力。

比如：粉丝评论说"前几天一冲动买了一套房"，达人回复"真厉害，我的冲动最多往泡面里加根香肠"。

• 为了尽可能增加短视频的曝光度，运营者可以让好友用有趣或者打动人的内容抢占留言区"沙发"，从而引发更多观众的留言互动。

4. 转发率

转发率越高，短视频作品的流量端口就越多，浏览量就可能越大。一般而言，转发率达到 0.5% 比较理想。转发率的计算方法如下：

转发率 = 转发数 ÷ 播放量。

想提高转发率，就要做好内容，具体来说有 3 个方面：

• 内容有价值，让人学到知识或技巧。比如，美食达人的特色菜品教学视频、声乐老师的声乐技巧讲解视频等。

• 内容有趣，让人收获快乐。比如，各种搞笑视频。

• 内容共情，引发观众的共鸣和联想。比如，将理塘带火全网的某知名主播几秒钟的微笑视频，用质朴和有感染力的笑容打动了万千网友。

5. 涨粉率

涨粉率达到 1% 比较理想。涨粉率的计算方法如下：

涨粉率 = 涨粉数 ÷ 播放量。

怎么提高短视频的涨粉率呢？前提是先做好内容，具体方法可参看

前述关于增加转发率的方法。此外，还可以通过直接提示来引导观众进行关注。

- 在短视频结尾或文案中展现自己的价值，比如："关注我，每天学 1 个抖音运营干货。"

- 组织抽奖活动，设置参与人员的条件为点赞、收藏并关注自己的用户。

- 对于想快速增加粉丝数或者提高单条作品浏览量的用户，抖音官方推出的辅助工具"DOU+"可能有一定作用。

为什么是"可能"而不是"一定"有作用呢？

因为，当创作者的短视频浏览量达到一定程度（比如 1 万以上）的时候，这个辅助工具能比较好地帮创作者带动流量。可是，如果创作者的短视频只有几百的浏览量，观众画像并不准确，系统的流量推送可能也会比较盲目，这种情况下如果过多依赖"DOU+"，那么后续投放一旦停下，内容就很难推动了。而且，有的短视频在 3 秒后观众急速流失，表明内容对观众并没有足够的吸引力，投流只是"投了个寂寞"。

希望大家多观察、分析数据，根据数据来决策，提高决策或运营效率。

 4.3　看懂 3 个数据，发现潜在的爆品直播间

与短视频的数据指标比起来，直播的数据指标多达 100 多个，我们需要重点留意哪些呢？

为了充分利用这些数据，我们可以按照观众参与直播活动的过程来对直播的数据指标进行划分和归类。直播的关键数据可以分为流量数据、互动数据和成交数据三大类。

• 流量数据指用户的浏览、观看、点击等行为产生的相应数据，如观看人次等。

• 互动数据指用户观看直播时的非消费性行为产生的相关数据，其中，用户平均停留时长和涨粉率很重要。

• 成交数据指用户的下单行为产生的相关数据，重点需要观察的是千次观看成交金额。

下面笔者将对用户平均停留时长、涨粉率和千次观看成交金额进行重点分析。

1. 用户平均停留时长

指观众在直播间停留的平均时间。

用户平均停留时间越长，证明直播间对观众的吸引力越大。运营团队可以以这个数据作为参照，来判定直播内容是否越来越好。对于抖音新主播来说，人均看播时长达到 30 秒，就是相当不错的成绩了。

如果用户没有停留或停留时间仅几秒，这说明即使流量来了，直播间也没有接住，留不住人就没有机会促成转化。

用户平均停留时长主要取决于这场直播对用户的吸引力，人、货、场的影响因素都有。如果用户平均停留时长较短，那么，可能需要运营者从人、货、场三个方面找原因，具体优化措施主要有以下几点：

▶ 梳理直播节奏，根据直播节奏整合话术逻辑

运营团队可以把直播分为开场、售卖和结束 3 个大板块，逐个细化。

刚开播时，直播间要预热或暖场，比如和粉丝打招呼、让他们签到等，并透露本场直播的利益点，然后"安利"一两款爆品，等待大部队陆续入场。

进入售卖环节时，直播间要有计划地介绍主打款和新款等，顺次把所有的款都快速过一遍。一般 3 ~ 5 分钟讲完一款商品并引导用户购买，如果直播间有十几款商品，50 分钟左右可以讲完一轮。团队可根据第一轮售卖时粉丝的需求调整后几轮的售卖，对于观众呼声高的产品可以重点讲解。售卖快结束时，可以安排爆款商品返场。

准备下播时，主播可以透露下次直播的商品等，助理可以快速回复观众对商品的疑问。下播前，主播不妨引导用户关注自己，并预告下次开播的时间和福利等。建议为守候到直播最后一刻的粉丝送上福利，这既是一份心意，也能有效增进粉丝黏性。

▶ 优化话术组合

团队需提前准备好每个组合的话术，直播时，主播按照既定话术进行直播。

话术需要体现出主播的专业度，既要让观众愿意听，又要让观众想买。笔者为大家列举了延长用户停留时长、介绍产品和提高互动的话术，供读者朋友学习参考（见表 4-3）。

表 4-3

话术类型	示例	作用
延长用户停留时长	我知道大家经常逛×××，懂货的人都知道，他们家一件×××往往要卖……	引发兴趣

表4-3　续表

话术类型	示例	作用
介绍产品	上身显得很优雅，而且特别显身材，有没有？ 来，专柜价×××一件，是不是要原价买？（集体：是） 专柜买的，是不是赠品最多只能象征性送点×××？（集体：是） 宝宝们看过来啊，这件×××用的是×××材质，纯手工定制，限量销售！	介绍卖点，强调优惠和福利，限时限量
提高互动 吸引关注	想要的宝宝们回复1 （没有）抢到的宝宝们回复2 宝宝们给我点赞点起来，满2万赞我贴钱给大家送福利	吸引观众停留的同时刺激犹豫的观众下单

此外，主播需要留意的是：直播间人数不同，话术策略要相应调整。

• 如果人数比较少，直播间需要将重点放在延长用户停留时长上，还可以讲讲故事、打造场景等。

• 如果人数比较可观，主播要抓住机会多和观众互动并引导观众关注自己。

• 人流量稳定下来时，主播可以依照惯例，把从延长用户停留时长、介绍产品到提高互动的话术都讲一遍。

▶ **提高直播间互动量（点赞、评论、打赏），多用话术引导用户互动**

主播对于不同的观众或粉丝，要进行不同程度的互动。

对于新来直播间的观众或者新粉丝，主播要给予对方期待，引导其停留。方法是：福利吸引＋抛出直播利益点。

对于直播间的忠实铁粉，主播要给予足够的关怀。方法是：记住铁粉的名字，他们一到直播间就热情点名欢迎；如果铁粉送了礼物，立即表示感谢。

此外，笔者归纳了 7 种有效的互动玩法，供读者参考（见表 4-4）。

表 4-4

类型	示例	特点
选择题	这里有 4 个选项，大家来猜一猜，哪个是正确答案？	互动难度低，参与度高，适合直播刚开场时使用
填空题	来猜一下，内行人看直播间数据，重点关注的是什么？	互动难度适中，可能带来反转，建议搭配使用
刷口令	把你的热情扣在公屏上，我们的小助手现场截图送奖品啦	引导观众互动，营造火爆氛围，适合促单前、冲榜前、互动中途使用
一句 XXX	大家在评论区用一句话描述自己刚入职场时的感受，我随机抽奖	能得到多元化的答案，可随机设问，适合讲故事时使用
点赞、下单或转发抽奖	我看看有没有积极点赞的？这位点赞达人，送养生茶好吗？	引导互动，以此提高直播间的互动和热度

表 4-4　续表

类型	示例	特点
才艺表演	想听 Word 姐唱歌的，评论区回复一波"想听"！	持续听干货或变现容易进入疲惫期，穿插才艺表演活跃气氛
观众连麦	下面选 3 位观众进行连麦，大家抓住机会哦！	深化互动方式，吸引用户

▶ 增加直播间营销抓手

比如综合运用秒杀、优惠券、福袋、抽奖等方式，形成组合打法。

▶ 调动主播情绪，提高主播感染力

主播可以根据流量情况加大音量和动作幅度等，带动直播间的氛围。

▶ 提高产品组合吸引力

直播间的商品通常可以分为主推品、引流品、新品、基础品、高端品等，它们的特点各不一样，具体如表 4-5 所示。

表 4-5

类型	特点	比重
主推品	口碑好；有辨识度；利润一般比较高	不超过 60%
引流品	知名度高；常见常用；优惠力度大；库存品	不超过 10%

表4-5 续表

类型	特点	比重
新品	品质高；新品；潜力大，爆发指数强	10% 左右
基础品	品质一般；口碑一般；作为补充品	不超过 10%
高端品	单价高；口碑好；品质好；品牌性；利润高	不超过 10%

　　建议团队优化货品组合，不同层次的产品都要顾及。切记，主推的核心产品一定要能吸引观众停留和转化。

　　当然，直播间购物车里的商品数要尽量控制在 60 款以内。要知道，当商品数量超过 80 款时，用户上下划动选品时的体验感会比较差，前后排商品之间的曝光量和转化率可能出现非常大的差异。

▶ 优化直播场景布置

　　直播团队要保证，灯光、主播表情、主播妆容、主播着装、直播间背景、贴图贴片、商品陈列等给人的感觉都要好。

　　当然，所有视觉营造都是为带货服务的，视觉效果千万不要喧宾夺主。什么都想突出的结果可能就是让人找不到重点，最后什么都突出不了（如图 4-6 所示）。

图 4-6　直播间单个摆件精致，却没有突出重点

2. 涨粉率

涨粉率展现了直播的吸粉情况。如果一场直播的涨粉率较高，那就意味着直播的反响较好，内容得到了认可。一般而言，涨粉率在4%以上比较理想。如果涨粉率不是很理想，那就要从这几个方面进行优化。

▶ 主播人设

主播的人设和带货商品、品牌调性要保持一致。比如，某图书头部主播卖少儿类图书会比多数娱乐明星强，因为图书产品与她北大才女、创业精英的人设更相符。

▶ 主播状态

带货时主播要拿出最好的状态，从言、行、着装打扮、道具等方面增强表现力（如图 4-7 所示）。

图 4-7　墨镜、非洲鼓等特色道具

▶ 团队引导

除了主播外，助播、场控等也需要及时用语言或者用评论引导观众关注。

▶ 直播间风格

直播间风格基调要与产品保持一致。产品与直播间基调越是匹配，就越能让观众信任。图 4-8 展示的直播间，简约灰色的背景、穿着干练西装的主播、简单摆设的产品，都透露出简约精致的基调，为直播卖高科技产品增强了可信任感和高级感。

图 4-8　简约商务风直播间

▶ 售后客服

客服的服务态度如何，订单处理是否迅速等，也会影响直播间的涨粉率。此外，运营者还要做好几个细节：库存要保证充足，否则可能会带来负面影响；物流方面，给不给包邮、几天才能到货、有没有发货限制等，都要和用户提前说清楚。

▶ 产品质量

产品的生产日期要新鲜。因临近产品保质期引来大量差评，这对于苦心经营的商家来说很不划算。

▶ 粉丝精准度

直播的内容是粉丝喜欢的吗？直播间的产品是粉丝需要购买的吗？

如果直播的产品和内容与粉丝不匹配,那流量就浪费了。这就需要增强投流的精准率。

3. 千次观看成交金额

成交数据中,哪个数据更能看出账号的商业潜力呢?是 GMV 吗?

图 4-9 展示了两张数据大屏的部分截图:左侧的直播数据中,GMV 不到 14 万元;右侧的直播数据中,GMV 超过 54 万元。基于此,很多人可能会说,当然是右边的直播成交数据更"给力"啊。

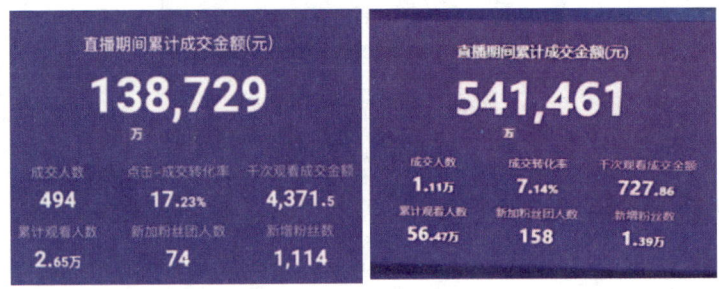

图 4-9 两组直播成交数据

但事实是,其实内行人更关注"千次观看成交金额"(GPM)。"千次观看成交金额"是指每一千次观看产生了多少付费,这是抖音官方目前最看重的指标,也是投放流量关注的核心。

上图中,左侧的直播数据中,GMV 没有右侧高,但其 GPM 超过了4 300 元,表明1 000 次的观看产生了4 300 多元的消费;右侧的 GMV 虽高,但 GPM 仅为 700 余元,这相当于靠单量撑起了成交额。而随着流量的增加,高 GPM 的直播间的成交总额也会越来越高,释放的潜力会越来越大。

大家看明白了吗? GPM 跟成交转化率强相关,GPM 越高,就意味着直播间转化能力越强,越能激发直播间的推流机制,撬动自然流量。

所以，GPM 是判断直播间潜力和水平的核心指标。

怎么提高 GPM 呢？教大家几招。

▶ 提高成交转化能力，让进直播间的人尽量下单

可以通过改善引导方式、优化话术、控制直播节奏、营造氛围等方式，营造稀缺感、价值感、紧迫感。

对犹豫不决还在咨询的用户，帮忙分析，给出选择，促成下单。对下单还没付款的用户，给出数据，引导付款。有的主播甚至直接出示后台的库存数据，营造稀缺感，让观众形成紧迫感（如图 4-10 所示）。

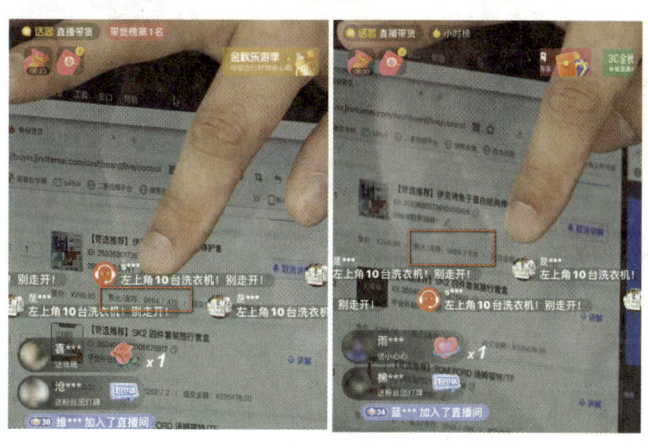

图 4-10　主播在镜头前展示后台库存数

如果听了整套话术，观众仍然在犹豫却没有走，这证明他其实想买，此时主播要进行最后的逼单，再度挖掘用户需求：

"你听了那么久，肯定是想要尝试，因为想改变现状，我也理解你没有亲眼看到效果，所以有点犹豫，但是我见了太多人通过我们的产品获得了提升，我可以给你这个信心。你不买，我的损失并不大，可是你买了，能获得提升的人就是你呀！"

▶ 塑造产品价值感，也可以通过礼盒、打套、联名等方式提高产品的客单价

通过场景、故事、实验、限时限量、现身说法、礼盒、联名等方式塑造产品的价值感，增加产品的溢价。

平价商品则可以多用打套等方式提高客单价。有些行业中，套装商品的销售情况要远远好过单品的销售情况，比如24包面巾纸组合比1包面巾纸更有价格吸引力，一大包零食组合比单件零食更能满足用户的需求，等等（如图4-11所示）。

图4-11 直播间产品打套

▶ 优化主推品选品和产品顺序

通过多场直播的对比，得出产品的 GPM 表现，商品中至少准备 3 种主力组合产品，用来承接大流量。

调整产品顺序，把"小风车"中 GPM 高的单品放在前面，这会为这些单品带来更多曝光和点击（如图4-12所示）。

数据与主播及账户粉丝基数有很大关联，新手没必要直接跟头部主播比较。推荐大家分析对比这两个维度：跟同水平达人比，分析自己的优势和劣势，追求逐渐胜出；比较自己现在的数据和之前的数据，看自己是否有进步。

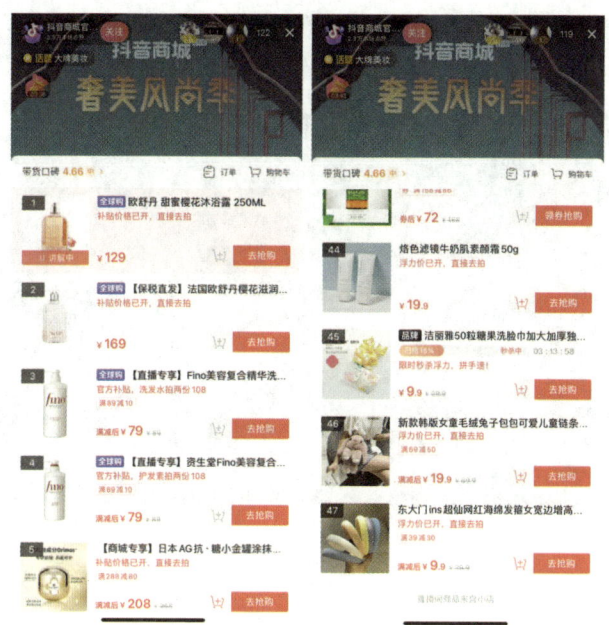

图4-12 抖音商城直播间"小风车"前后排商品

 **4.4 谁看懂抖音数据大屏，谁理解抖音带货**

一场直播结束后，要复盘的点包括但不限于：时间段、时长、场观、用户匹配度、用户平均停留时长、最高在线、增粉量、付费人数、自然流量占比、成交单数、GMV、GPM、成交转化率、商品点击次数、话术、人气趋势等。

打开抖音电商罗盘的数据大屏（如图4-13所示），这么多数字、线条，普通人一看可能就感觉晕晕乎乎的。但是，只有看懂这些数据，才能懂得怎么实时操作，怎么进行复盘，怎么进行优化调整。所以有人说，招投手或运营，不用问这问那，直接拿大屏截图给他，看得懂、讲得透的人就是"对"的人。

图 4-13 抖音电商罗盘数据大屏

因为，谁看懂抖音数据大屏，谁就理解抖音带货。

数据那么多，缺乏经验的人几乎无从下手，到底该怎么看？

1. 核心数据区

▶ 作用

实时掌握直播间核心数据。

▶ 数据

成交件数、成交人数、点击－成交转化率、千次观看成交金额、成交粉丝占比、平均在线人数、累计观看人数、新加粉丝团人数、新增粉丝数、人均看播时长及累计成交金额（如图 4-14 所示）。

图 4-14 抖音数据大屏的核心数据区

▶ **重点关注**

千次观看金额、人均看播时长（前文已给出了分析和具体的优化方法）。此外，如果下面这些数据发生变化，要尽快干预。

• 直播成交额如果一直上不去，问题可能涉及选品、直播间流量、促转化策略、投流精准度等。

• 点击 – 成交转化率如果下降，意味着直播间的流量没有得到充分的利用，人来了却没留住、没转化好，流量就浪费了。转化率降低，涉及选品、直播间受众是否精准等方面。

• 新增粉丝数如果下降甚至变成负值，就要考虑直播内容是否营销性太强，引起了粉丝的反感。要考虑适当调整直播内容。

2. 流量、订单来源

▶ **作用**

实时掌握流量来源渠道（如图 4-15 所示）和成交占比，判断投流准确性、流量撬动情况和直播间的整体运营情况。

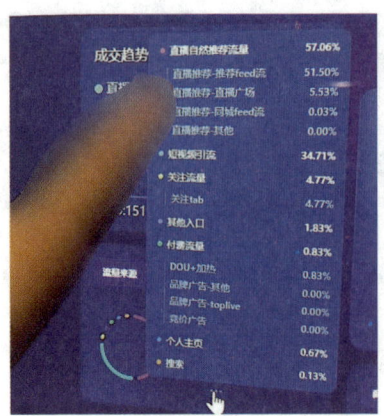

图 4-15 流量来源渠道

▶ **数据**

自然推荐流量、短视频引流、关注流量（来自粉丝）、付费流量、个人主页（看了短视频再浏览主页，由头像进入直播间的用户）、搜索及其他入口等。

▶ **重点关注**

短视频引流、粉丝流量、自然推荐流量、付费流量。

· 短视频引流。主要元素有蹭热点、关联明星、剧透部分福利、留悬念、往期直播高光片段、情景剧、带货口播、测评、主播预热等。视频时长在 60 秒以内比较好，记得要在短视频末尾预告下次开播主题、时间等。

· 粉丝流量。这项数据非常重要！有的达人粉丝多而直播间却只有寥寥数人，这证明其内容吸引的只是泛粉，粉丝黏性不够。促进粉丝看直播是一个直播间想要长期发展的关键因素之一，建议主播在直播前、直播中、直播后分别采取措施促进粉丝看播。直播前：保持稳定更新频率、稳定开播时间，头像及主页植入直播预告。直播中：保持高互动，粉丝团福利（截图送礼、赠品、运费险等）。直播后：运营粉丝群，保持群活跃度；送福利；采集粉丝意见及需求并及时反馈；剧透直播内容和福利等。

• 自然推荐流量。这是通过直播撬动的系统推流，下面这些行为可以撬动自然流量：直播间红心多，观众发言积极，观众送礼物多，观众停留时间长，直播间人气高。可参考前述增进与观众互动的方法。与此同时，直播间能否有效承接付费流量也会影响自然流量的大小，因此主播要注意用话术和手段拉停留、促转化。

• 付费流量。直播时要注意付费流量是否精准，如果付费流量来了但转化率不够，这代表着可能存在一定的投放偏差，要及时进行调整。运营者要争取用 30% 的付费流量撬动 70% 的自然流量。

3. 看播、成交用户画像

▶ 作用
了解看播与成交用户情况，判断用户精准度，调整运营、互动、讲解策略。

▶ 数据
性别分布、地区、年龄。

▶ 重点关注
主要对比看播用户与成交用户画像。比如，如果看播用户中有 50% 为男性、50% 为女性，但成交用户 100% 为女性，那么产品、讲解等可能没有渗入男性观众或者产品只适合女性，投流有偏差。

4. 人气、互动、成交趋势

▶ 作用

实时掌握直播间人气、互动和成交趋势情况，及时调整策略。

▶ 数据

进入直播间人数、离开直播间人数、新增粉丝数及评论次数。具体趋势则以波动曲线来呈现。

▶ 重点关注

• 人气趋势。该数据可以清楚反映实时进入、离开直播间的人数和在线人数。注意，一般而言，开播前会有一波流量，其峰值由上一场直播情况决定，峰值后的人数则由本场直播效果决定。系统约每7分钟判断一次直播间数据，故主播需要掌握好话术和节奏，争分夺秒地介绍产品。如果每分钟都有推流（有人进）但曲线不断滑落，这就意味着直播间没有留住人。对此，主播要设法延长用户停留时长。人气越高，直播间权重越多，越有机会被推荐，越能获得更多流量。

• 互动趋势。互动也是影响直播间权重的重要维度。曲线如果骤然下滑，则代表直播间缺少互动或互动效果欠佳，要及时干预。

• 成交趋势。促转化方法参照前文所讲。

• 新增粉丝数。该数据代表直播的转粉效果，这与主播的魅力和直播内容有很大关联。若数据下滑较大，则表明观众对直播间的内容并不买账，主播就需要及时调整话术。

5. 商品列表

▶ 作用

实时掌握商品转化情况，及时调整商品讲解时长，判断返场商品。

▶ 数据

商品点击人数、成交件数、订单付款数、实际库存消耗等，以列表形式呈现。

▶ 重点关注

利润较高、转化情况好的产品，适当延长讲解时长（2 分钟左右）。转化多的爆品，可以在结束前安排返场。

6. 实时直播画面、评论

▶ 作用

直观感受主播状态及主播与用户的互动情况，采集用户需求、疑问点、顾虑点等。

▶ 数据

评论滚动显示。

▶ 重点关注

• 主播状态。留意主播的身体状况、神态表情，留意主播的节奏把控和讲解时长，适当予以提醒或派助播替上。

• 用户评论内容，关注其诉求。及时抓取有利反馈，置顶或"上墙"。此外，为用户答疑解惑，消除其顾虑。用户问得多的产品一般也是用户感兴趣的产品，可适当增加讲解。负面评论要及时引导或者刷屏遮盖。

 ## 4.5 盯住 ROI，不要轻易被代投公司误导

很多经验不足或不懂投流的商家，会选择找代投公司。

找代投公司有这样一些好处。

▶ 启动快

对于很多还在摸索阶段的商家来说，因为明白直播红利要抓紧，但自己的经验、实力、人手暂时又跟不上，就会优先选择代投公司。

▶ 觉得专业人做专业事，让人放心

对投流摸不清楚的商家和在投流上踩过坑的商家，尤其会有这样的看法。

▶ 节省精力，减少消耗

做直播和视频都需要耗费大量精力，很多商家会觉得与其把时间耗在投流上，不如专心做视频和直播。

然而，实际情况可能有点"扎心"。有的新号商家遇到不靠谱的代投，代投会一个劲儿地鼓励商家用 Feed 流起号，一段时间内账号也能看到效果，但是仅仅以投钱换取的粉丝增长，即使前期涨了粉，后期也很难做下去，因为这个号已经对 Feed 流产生了依赖，没有 Feed 流就推不动了。

实际上，代投公司有几种收费方式。第一种拿的是投放额的分成，

所以他们更倾向于多投，然后以消耗赚提成。但投多了，商家可能不赚反亏或者利润降低。第二种是收取押金，再从利润里分成。这样的情况下，很容易遇到练手的投手，一旦解除合同，亏的就会是商家。第三种是直接收取服务费的，但赚赔都由商家承担结果。此外，代投公司可以签你的"竞品"。比如，代投公司帮你投了计划之后，计划"跑"得不错，不排除对方会在利益驱动下帮你的"竞品"也投同一个计划。

想一想，如果你有自己的运营团队，你是愿意让自己的优化师帮别人投，还是让优化师给你自己的直播间投，你给他怎么算业绩？

答案显而易见。所以，笔者建议大家把整套流程弄清楚，培养自己的优化师，如果商家现阶段对代投公司仍有较大依赖，建议商家盯紧 ROI。

ROI 是什么意思？简单地说，就是纯利润和投入的比值。如果 ROI 大于 1，那就意味着商业行为是赚钱的；如果 ROI 小于 1，那就说明亏本了。

概念好理解，但是投流本身是一个比较复杂的工程，并且 ROI 等数值会不断变化，那究竟要怎么判断投流是否合理呢？怎么判断哪些时候需要投流，哪些时候没必要继续投流呢？下面分情况为大家进行阐释。

▶ 投放前提是内容具备吸引力

无论是短视频还是直播，内容都是投流的基础。唯有内容具备足够的吸引力，才能有力促进转化。短视频内容的好坏可以重点根据"完播率""点赞率""评论率""转发率""停留时长"等数据表现来判断，直播则重点看"用户平均停留时长""涨粉率"和"千次观看成交金额"等数据表现。建议投流前进行同比比较，具备一定竞争力再投。

▶ 要有成本意识，保证细水长流

人群画像不精准、计划进入衰退期、竞争对手提高出价抢流量等，都会使得流量成本蹭蹭上涨。这时，切忌焦躁追高，而要冷静下来进行

观察，看成本表现如何。具体应对措施如下：

- 关闭重复的计划，在出价上，直接设置区间内的最小值，以免因内部抢量导致成本攀升。

- 观察计划诊断中的标杆成本转化率的差值表现。如果转化率差距小、转化成本区间大，可以少量提高出价。如果转化率差距大，而转化成本区间小，就需要调整素材。可以搜索品牌词、产品词等，查询同类达人的素材，借鉴对方的优秀素材和好思路。

▶ **在投放从初期到逐渐成熟的过程，以 ROI 为衡量标准，逐步调整投放动作**

投放的本质是争夺人群，越是高质量的人群，出价就可能越高，理论上说转化也就相应越高。商家有充足预算的话，可以在投放初期进行通投[①]，以抢占流量、增加曝光方式提高转化。接着，根据实际 ROI 表现调整定向和出价。比如，如果成本为 5 000 元，赚取的纯利润能超过 5 000 元（即 ROI 大于 1），那么投放行为就可以进行下去。如果成本为 5 000 元，纯利润可以超过 15 000 元（即 ROI 大于 3），那么投放行为可以扩大（不同行业数据不同，请注意区分）。当然，如果可以的话，最好进行行业调研，摸清竞争对手的出价标准，做到心里有数。具体来说，可以根据以下几种情况校准行为（见表 4-6）。

表 4-6

类型	分析	举措
高消费高转化	人群精准，但出价也高	适当降低出价

---

① 通投：是指定向推广的位置，通投位置包含定向的全部位置，一般指的就是没有什么策略，对全网全部人群进行广告投放。

表 4-6 续表

类型	分析	举措
低消费高转化	人群非常精准，但流量池已经很小	适当放宽定向，扩大人群，增加展现，出价不变
高消费低转化	定向过宽，人群较泛，出价偏高	调整定向，收窄定向；紧盯效果，小幅度降低出价
低消费低转化	人群不精准，出价过低	调整定向和出价。可先调整定向，带动转化；再根据转化效果收窄定向；最后提高出价吸引更精准的人群

建议运营团队对上述 4 种情况分别做好记录，不断校准优化。

▶ 要考虑自身的能力上限

投放不要一味追高，要衡量直播团队能有效承接多少流量，如果不能有效承接流量，反而会拉低直播间权重，减少自然流量。

承接流量要注意这几点：圈定点击、转化高的时段（一般而言，商家初始阶段都会测试）；产品组合中，要有爆品、福利品、利润品；主播有自信、演技好；直播间用户停留时长保持在 30 秒以上，转化率符合预期。

把握好这 4 个方面，投流会更有方向感。

4.6 案例分析："兰研" 1 300 万 GMV 背后的数据链跟踪

从 2021 年 6 月 24 日中午开始，护肤品牌兰研开启了一场时间长达

13个小时的超长新品发布会直播，主题为"王者归来，巅峰等你"。当晚，在线人数一度达到6万，成为当日护肤彩妆类直播的Top 1。平均在线人数也相当可观，为2.2万。最终，这场直播以1 360.84万GMV刷新了兰研的历史。

从图4-16中我们可以清晰地看到，"兰研"抖音直播间在6月24日新品发布会的流量是十分巨大的。千万级成交额的背后，是极具性价比的ROI，这是通过什么来运作的呢？

从兰研直播间的商品单价情况来看，客单价在100元以内的产品占据了80%。这样算来，一场直播要卖出1 000万元，成交单量就必须达到10万单，如何实现这么大的单量？

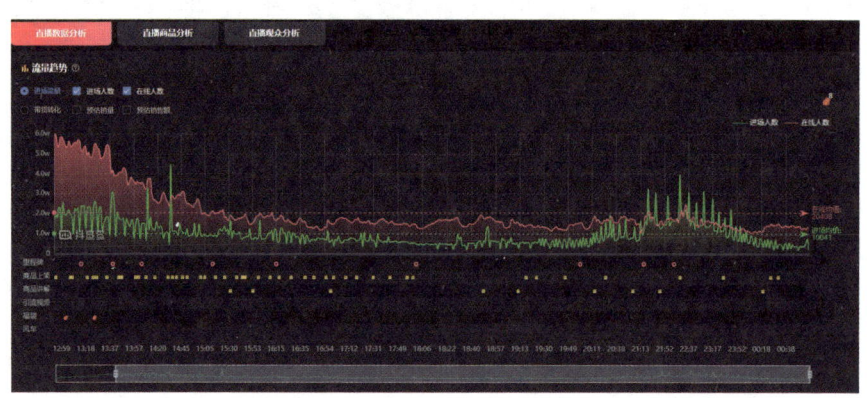

图4-16 "兰研"抖音直播间6月24日新品发布会流量趋势[①]

1. 预热造势

首先，直播前进行短视频引流、直播预告、主页预告、广告投放等多渠道预热，增加曝光度，吸引足够的用户。兰研2021年6月24号新

---

① 截图来自抖查查。

品发布会直播前 2 天，发布了主播挑选发布会直播礼服的视频。主播郑重其事地"挑选礼服"，暗示这场直播之重要、规模之大。这都是在为直播提前造势。

从兰研 6 月 24 日新品发布会直播间流量的趋势图来看，前期的预热造势做得非常成功，以至于一开播就涌入了 6 万名观众。并且，在开场的短时间内，并没有出现人气趋势陡降的情况，证明用户精准度高。

2. 福利跑量

大批流量涌进来之后，直播间通过福利品点燃了观众的热情，前半个小时，观众热情高涨，在线人数维持在 5 万左右，这是非常理想的。一般而言，推流量阶段用"极速推广 + 自动出价"或者"专业推广 + 手动出价"的方法比较容易出成绩，后者需要有一定的前期用户画像数据作为支撑。

3. 推出主推款

流量的各项数据表现越来越好后，兰研正式推出主推款产品。

这时，流量的涌入不再那么疯狂，在线人数维持在 1.5 万左右，精准用户留了下来。直播间初期的流量开始转为下单成交行为。这个阶段，主播的推荐和陆续上架的新品是亮点。

4. 人群优化

从兰研的直播间用户画像（如图 4-17 所示）来看，有 94% 的观众是女性，并且年龄集中在 25 ～ 35 岁之间。这时，流量投手（或优化师）

再投放相似人群，流量的雪球也就越滚越大，这也是用付费流量撬动自然流量的关键所在。

当然，对于缺乏经验和精准用户画像的新号来说，投有类似带货经验的达人的粉丝，也是不错的选择。随着用户的下单行为作为数据叠加进算法后，人群投放会越来越精准，投手则需要实时关注出价与流量变动情况。

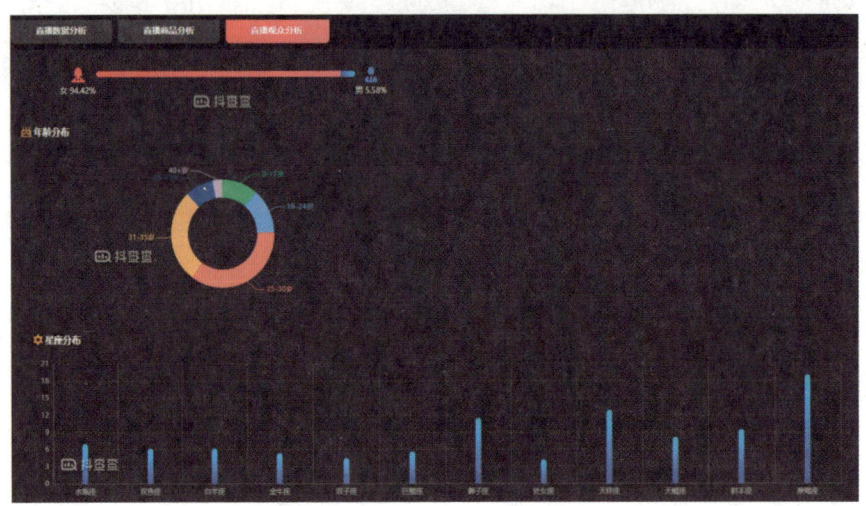

图 4-17　兰研抖音直播间 6 月 24 日新品发布会用户画像[1]

5. 后半段造势，打造次高峰

晚 8 点之后，直播间逐渐进入黄金时段，投流频率和力度明显增强，入场人数出现多次小高峰。与此同时，商品上架频率降低，讲解增加。这一阶段要将商品曝光和商品转化两手抓。

经过这样的精细化运作后，最终，兰研的这一场直播不仅 GMV 的成绩足够亮眼，当晚的直播还吸引了 6 万以上的新粉丝。

---

[1]　截图来自抖查查。

第 5 章

算法
思维

让人找货，变成货找人

○ 抖音打开了一个五彩斑斓的世界。一打开这个 App，跳出来的要么是令人捧腹的搞笑内容，要么是意味深长的"鸡汤"，要么是有测试、有真相的科普。总之，你喜欢什么，它就给你什么。而你只需要上划或者下划，就能在各种有趣的内容中切换自如。

○ 斯科特·拉什说："在一个媒体和代码无处不在的社会，权利越来越存在于算法之中。"

○ 无论你在哪里，你喜欢的内容总能穿越人群找到你——是的，这是一个算法时代。算法，让机器懂人，让货找人。

5.1 算法推流：每个人都能红 15 秒

收了 18 年废品的位光明，在抖音一夜走红，原来他白天收废品、晚上画画，坚持多年。这个故事感动了无数网友。

合肥摆摊卖粉面的"花甲小哥"李海洋一条不到 10 秒的短视频一下子有了 600 多万播放量、40 多万点赞。羞涩的他面对这么多网友的喜欢，有些手足无措。

广西南宁农村的小伙子陆仙人，凭借与生俱来的时尚感，用塑料袋、雨衣、床单、被套、麻袋等创意组合设计服装，在山野、工厂等地方走秀，其短视频从国内红到了国外。他最终圆了梦想，成为备受国际 T 台追捧的超模，用自己的故事生动诠释了"心中有 T 台，处处是舞台"。

……

波普艺术家安迪·沃霍尔曾说，每个人都能红 15 分钟。而在抖音的短视频里，太多普通人通过 15 秒左右的短视频一夜走红。

为什么普通人走红的风，在抖音里刮得如此迅猛？

1. 微博时代

微博是很多人都在使用的社交软件，很多新闻热点事件都在微博被引爆。

在微博上，转发成为一种力量，成为推动形成热点，尤其是社会热点的重要工具。《2021上半年·微博热搜榜趋势报告》显示，2021年上半年，微博热搜中社会热点的占比上升，由31%提升到36%，且超过80%的社会时事热点源于媒体报道。同时，娱乐热点的占比从34%下降至26%。很多爆料就发生在微博上，事件发酵后，往往会引起巨大的舆情。

我们可以看到，微博主要依靠转发形成热点，事件从发生到在微博上发布可能是短时内完成的，但从转发到形成舆论高潮需要一段酝酿期。转发实际上是以单点辐射多点，从而带动扩散，本质上依靠的是社交关系和媒体大号的影响力。

2. 微信时代

微信是绝大多数人每天一定会用到的社交软件，这里产生了许许多多的"10万+"爆款文章。相比于微博，微信的强关系属性更明显。

和微博的转发机制类似的是，微信也是依靠转发来形成"爆款"。遇到喜欢的内容时，用户会把内容转发到私域（好友、微信群或朋友圈），以此推动内容的裂变。

相比于微博，微信的内容深度增加了，所以往往是微博出热点，微信出深度长文。比如，微博上某明星宣布离婚，形成热点，随后对该明星婚姻的讨论，如双方的价值观、情感分析、情感故事盘点等就会在微信文章中展开。

总体来说，微信和微博都依靠社交关系，依靠转发推动热点。

3. 抖音时代

微博曾经推出"微博故事"，试图强化自己的 UGC[①] 属性，但最终还是抖音胜出了。

抖音挑战赛动辄玩出几个亿，甚至几十亿、上百亿的累计播放量，因为去中心化的平台中，一个挑战赛可以辐射全网绝大多数的网民，点对点的响应速度超出人们的想象。

更重要的是，抖音通过算法给用户打上兴趣标签，用户喜欢什么，平台就推送什么内容给用户。

抖音园艺垂类的头部达人"坤哥玩花卉"在做抖音短视频之前，曾经在微信试水。凭借 9 年的记者经验，他踌躇满志，打算将自己打造成花卉领域的 KOL。可是，实际运营之后，他才发现，微信文章的阅读量并不是很理想，经常只有两位数。为什么呢？他归纳出，微信文章主要是凭借朋友圈进行推广的，而他朋友圈里的花卉界专业人士对这些文章并不感兴趣。精心构思出来的文章却没有多少人阅读，于是他开始琢磨怎么"破局"。

显然，他需要寻找到自己这些内容所对应的读者或者用户群，这样才能将自媒体平台推动起来。后来，他在今日头条注册了账号。作为试水，他发布了一条翻译国外园艺师种植花卉的视频。这个本来显得很小众、在微信平台上可能很难被注意到的视频，经过平台的智能算法推荐后，一夜之间，阅读量竟破了"10 万 +"。当他看到小众内容经过算法推荐后获得的超高人气后，便专心投身这个平台，并且用短视频来分享自己花卉种植的经验。延用头条算法的抖音推出后，他立刻入驻，并且吸引了更多粉丝。

---

① UGC（User Generated Content）：互联网术语，即用户原创内容。

算法，加速了一个人红的速度，因此每个人都可能红 15 秒。抖音让普通人拍出的短视频有人看，每一条短视频都意味着一个新机会。也由此，抖音成为年轻用户和潮流事物的聚集平台以及草根创作者的舞台。

5.2 算法找人：新品爆款的加速器

当今日头条凭借独家的算法优势，在众多新闻类 App 中脱颖而出，当抖音延续今日头条的算法优势，将全世界不同地域和国家的人卷入短视频的狂欢中时，算法的利用越来越成为各领域领军企业角逐的重要阵地，甚至成为一些新品推广的绝佳舞台。

▶ 案例 1

2019 年 4 月，OPPO 以"是时候放大招了"的话题推广新品 Reno系列 10 倍变焦手机，迎来"王炸"开局。话题吸引 2 000 多名达人用新手机参与活动，引起刷屏效应，到统计时间为止，话题播放量已超过191.5 亿次（如图 5-1 所示）。上市不足两周，这款产品的标准版在中国区的销售量就突破 120 万台。同年 5 月底，OPPO 在抖音的传播声量暴涨到半年内最高峰，连续登上品牌热榜。同年第三季度，OPPO 手机销量以 22.1% 的市场份额占据中国智能机市场第二位，仅比位于榜首的华为低 1.4%。

图 5-1 OPPO "是时候放大招了" 话题

▶ 案例 2

2009 年 3 月 1 日，星巴克天猫官方旗舰店预售的 3 000 只猫爪杯（如图 5-2 所示）在 1 秒内售罄。品牌方自己都没有想到。据说，甚至有顾客半夜就开始在星巴克门口排队购买。原来，这是因为猫爪杯在抖音上走红，引发热议，从而被网友"盯上"。

图 5-2 星巴克猫爪杯

▶ 案例 3

2021 年 8 月 16 日，作家张嘉佳在抖音发售新书《天堂旅行团》。当日，该书销售额突破 400 万元。

从上述案例中我们不难看出，抖音具有天然的"种草"能力，非常适合新品的推广。配合创意营销，新品能快速打响，甚至未售先火。

抖音平台也在大力扶持新品，于 2021 年 3 月推出新品运营计划，满足要求的新品有望入选新品池，在 3 个月的运营周期内获得平台的资源扶持。

适合在抖音推广的新品有哪些特点呢？笔者在此帮大家分析了一下。

▶ 新品本身有优势

产品可以是"人无我有"的深度细分垂直品，比如 Ubras 推出的无尺码内衣；可以是"人有我优"的新品，比如笔者结合个人多年品牌打造的经验写就的《个人品牌》系列图书；可以有权威背书，比如明星同款、网络爆款、三方认证、权威检测合格产品等。

▶ 新品本身有市场

如何判断新品有没有市场？先观察该品类的整体趋势，如果品类整体销售趋势都在上升，那么产品需求无疑是在扩大的，这也就意味着新品的市场空间较大。比如服装销售在抖音上一路高歌猛进，那么服装品类的细分领域新品就有机会。

▶ 新品本身有新意

新品得设法给自己贴上卖点标签，这样才会吸引潮流青年的注意。

新品标签可以是新款式、新技术、新成分、新口味、新概念、新色彩、新搭配、新包装等。

▶ 相关话题有讨论度和热度

专注做职场教育的秋叶品牌是怎么在自播的起步阶段就月销破百万元的呢？很重要的一点是，抖音上已经积累了大量相关的讨论。抖音话题中，"职场干货"话题内容的曝光量为 18.4 亿次，"职场教育""职场礼仪""职场妈妈""职场穿搭"等话题也都有数亿的曝光量。网友讨论就意味着网友有需求。

5.3 抖音算法背后的四重逻辑

算法的运用来之已久。早在 20 世纪，亚马逊公司的技术人员格雷格·林登就已经在通过找出图书与图书间的关联，然后将类似的图书推荐给用户的时候，发现这样的推荐带来的图书销量的增长远高于人工写书评带来的销量增长。而阿里巴巴的淘宝数据魔方、腾讯的社交数据仓库、百度的大数据引擎，均通过对数据的采集和智能算法的运用，为企业缔造了商业传奇。

抖音算法效率为什么这么高？背后有四重逻辑：算法会对内容进行审核，再通过智能分发向用户进行推送，在推送的过程中，算法还会通过叠加推荐、热度加权的方式进行更精准的扩大推荐。

接下来，我们对算法的运作过程进行详细剖析。

1. 双重审核

抖音每天有大量的作品上传，人工难以一下子高质量地处理这么庞大的数据，所以抖音采取先机器审核，后人工审核的方式。

• 机器审核。通过智能模型识别视频画面、关键词、音乐，审核内容是否违规及内容的原创度。

如果作品中疑似存在违规内容（黄、赌、毒、恐怖内容等），会通过飘黄、标红等提示工作人员。如果内容原创度不够，则会进行低流量推荐或降权推荐（仅粉丝可见或仅自己可见）。

• 人工审核。对于机器审核提示的疑似违规内容，进行细致审核。

如果作品内容没问题，则放开视频。如果确定作品违规，可能会对作品进行删除、发通告乃至封禁账号的处罚。

2. 智能分发

人工智能算法通过用户画像，结合作品的关键词把符合相应用户画像特点的内容投放给那些用户，这就是智能分发。用户对这些推荐进行选择后，会留下点击和观看时长的记录，系统会记录投放效果并根据用户的选择进行模型优化。

记得之前笔者所在的城市因为突然发生外地关联性疫情，那阵子一打开抖音，抖音推送的就是本地官媒发布的疫情相关新闻的短视频。当时全城都在关注疫情，所以抖音这个投放非常准，用户都不用手动搜索就能及时看到与疫情相关的消息。

智能分发的好处是可以为用户提供差异化服务和定制产品。其实之前的新浪、网易、淘宝等网站，早就实现了通过用户的喜好为用户进行智能推荐的功能，但抖音通过自己的优化，把这种算法的作用进一步发挥了。

3. 叠加推荐

叠加推荐是一种组合算法，是建立在基础推荐算法基础上的"升级配件"。人工智能在通过精准算法掌握用户主要习惯后，再通过推荐一些类似项，扩大用户选择。当用户不断地接受这些选择时，组合算法就借此维护并扩大了智能推荐的效果。比如，你浏览了防晒霜，系统可能就会推送有关遮阳伞的内容给你，因为它们都和防晒有关。你浏览了一个景区的视频，景区酒店的广告可能就会出现在你的手机屏幕上。

算法还通过用户的社交关系，把内容推荐给用户互动比较高的朋友或者具有共同兴趣爱好的好友，这也是一种有效地投用户所好的方式。如果这些内容是用户和其好友共同感兴趣的，那么通过这些内容，用户与好友的互动也会增加，这样的投放效果就比较理想了。

算法还会根据用户的行为轨迹，如点赞、转发、评论、关注、完播、复播、搜索和该用户的浏览记录来调整用户标签。比如你创作了一条知识分享短视频，但有美食标签的用户点赞较多，那么视频后续就更容易被推荐给有美食标签的人群。

4. 热度加权

我们打开抖音，有时会看到达人视频的点赞量达到几百万，但是点开该达人的主页，却发现他只有十几万粉丝。中间的差距怎么会这么大？还有的时候，明明自己的短视频比别人的更有趣，但是别人的短视频一下子就火了，为什么自己的却只有一点小动静？

这就涉及抖音的热度加权算法了。

当一条短视频被很多人点赞、评论之后，这条视频就会被系统推荐到一个更大的流量池，获得更多流量、触达更多用户，这就是热度加权。

这相当于一轮又一轮的叠加推荐。

但前提是，短视频内容要在这一轮表现得足够好，才会被选中推荐到下一轮。

哪些因素决定了你的视频能不能被推荐到下一轮呢？影响因素按权重大小的排序是完播率、点赞量、评论量和转发量。优化这些指标的具体方法，我们在上一章中讨论过。

对于运营者来说，获得最初几轮的推荐非常重要，不然你的视频内容再好，也没法撬动流量。抖音短视频的关键传播时间，往往就在视频发布的一两个小时之内，如果运营者想获得更好的传播效果，必须抓住这段黄金时间。

最后，问大家一个问题：短视频和直播是一个流量池吗？

很多人以为是，但其实不是。

有百万粉丝的达人，直播间只有十几个人乃至几个人都是很正常的。0粉丝开播，一个月带货几十万的也大有人在。因为，短视频和直播本来就不是一个流量池，也不是同一套逻辑。

怎么有针对性地提升短视频或直播间被算法推荐的概率呢？请大家接着往下读。

5.4 如何让短视频内容更容易被算法推荐？

为什么有些人精心做的内容在抖音上火不起来，随手一发的内容却火了呢？

抖音上，一位萌宠博主不敢相信，自己随手一发的短视频竟然有 55 万的播放量、7 000 多个点赞和将近 4 000 条评论（如图 5-3 所示）。

图 5-3 博主随手发视频，获得 55 万播放量

大家既然了解了抖音的算法逻辑，是不是可以设法利用算法撬动自然流量呢？我们来看看什么样的短视频更容易被算法推荐。

1. 抖音范儿

什么是抖音范儿？

简单地说，抖音范儿就是——用短视频记录美好生活，内容要健康

阳光，多使用潮流音乐和特效。

做好下面这5点，你的视频会更有抖音范儿。

▶ 特写镜头刻画细节

"秋叶Excel"这条爆款短视频中，无论是"帅气表哥"还是"呆萌辛莱德"，都有单独的特写（如图5-4所示）。特写可以放大人物的表情、动作等，从而放大人物表现，为出镜达人增添魅力。同理，产品特写也可以展现商品的肌理、质感、细节等，从而吸引观众。

图5-4 "秋叶Excel"视频中"帅气表哥"和"呆萌辛莱德"的特写

▶ 5秒内进入主题

根据短视频的用户流失统计图看，第3～5秒的用户流失率是很大的，所以快速进入主题很重要。在"秋叶Word"的这条剧情短视频里，开头几秒，小乔打开乱糟糟的电脑桌面，Word 姐摇摇头对小乔说出"我给你做个汇总表格吧，能链接这些文档"，视频就进入了主题（如图 5-5 所示）。快速进入主题可以在短时间内留住观众。

图 5-5 "秋叶 Word"视频中 Word 姐一句话引入主题

▶ 加强声音效果

一般来说，爆款短视频总会带上一些音效。音效配合短视频内容，能起到很好的渲染、烘托的作用。

常见的声音效果有滑稽搞怪音效、悲伤伤感音效、舒缓治愈音效、轻快活泼音效等，影视经典、潮流音乐等也能借来为短视频增效。熟悉"秋叶 Excel"的用户都知道，当辛莱德很苦闷地做着表格时，背景音乐都是滑稽、有喜感的，而当表哥放出 Excel 技能大招的时候，活泼快乐的音效就会响起。

▶ 强化画面效果

影响画面效果的因素有很多，比如前期的光线、构图、模特、背景等，还有后期的字幕、转场、画面风格等。尽量做好前期工作，然后利用特效或滤镜功能优化和改善短视频画面的效果。

抖音上一直流行着各类换装特效，这类短视频利用前后的画面反差，给观众带来巨大的感官冲击。

▶ 内容反转

抖音上有一条点赞量达86万的短视频，讲述的是一个女生在面试路上帮一位穿橙色袜子的大叔捡了橘子。面试时，女生先看到面试官的袜子是橙色的，她面露喜色，结果镜头推移到面试官的脸上时，她看到面试官并不是那位大叔。这是第一重反转。接着，面试完的女生出来碰到了那个大叔，这时她背后的人跑过来说："赵总，您怎么能干这个呢？"女生喜出望外地望着大叔，但镜头切过去，员工叫的赵总却是大叔身后的另一个人。女生再次失望，剧情又一次反转……最终，女生才知道，这位大叔原来是来她面试的公司送水果的。结尾处浮上字幕："人生没有奇迹。"一条70多秒的视频，反转了几次，最后的反鸡汤文案可谓水到渠成。

反转内容配合声音效果还能放大戏剧性。在上面提到的短视频中，每一次反转时都会响起同样的欢快的音乐，强化了喜剧效果。

2. 热点型

热点型有两种。

- 平台推荐热点。比如热门话题和挑战赛（如图5-6所示），参与话题讨论或挑战有机会获得更多流量。

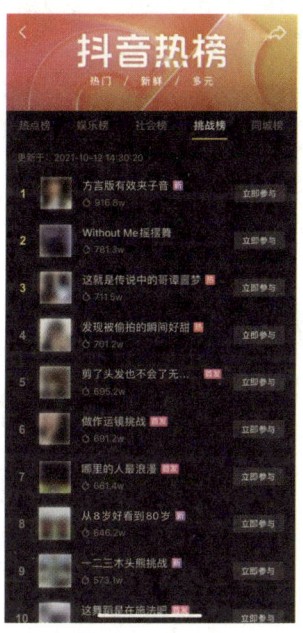

图 5-6 抖音挑战赛热榜

• 网络上流行的热点。比如流行的"梗"、段子、音乐、特效等，利用这些也能提高短视频的热度。

当然，"蹭热点"的前提是保证质量，内容与热点关联性要强。

3. 有标签或独特风格

标签包括标题中的关键字、文案中的关键词、画面中的人物及作品的话题等。

应该保证标题、文案、画面、话题的标签相一致，这样才便于系统识别。此外，在上传作品时，发布者还可以增加相关话题，提高系统的识别效率。

与此同时，作品与作品间最好有条理性、相关性，也就是保持垂直。比如萌宠博主就持续围绕萌宠来创作内容，这样能让自己的视频保持风格统一和内容的连贯性，在众多达人中更有辨识度。

最后，希望大家能持续稳定地发布作品。作品越多，流量入口就越多。持续稳定地发布垂直作品，能为自己打上标签，让系统校准人群，实现尽可能精准的匹配。

此外，发布后立刻投 DOU+，投放相似达人，通过对标达人的粉丝标签给自己的作品打标签也是一个小技巧。这样，系统推送的自然流量会更容易指向精准人群。值得注意的是，在选择时最好是选新号达人，因为时间跨度越大，粉丝兴趣越不容易确定，而新号达人的粉丝兴趣则相对容易把握，更容易用来贴标签。

 **5.5 如何让直播间更容易被算法推荐?**

经常有网友问我："为什么别人的直播间一下子涌进一两百人，我在直播间讲了几个小时还是只有我自己？"说到这里，笔者就不得不聊聊抖音直播间的算法推荐了。

抖音官方给出的算法推荐指标主要有这几项：开播时长、观众停留时长、观众互动情况、粉丝黏性、业务情况、主播行为等。

1．开播时长

开播时长就是主播直播的时长，越长越能增加直播间的权重。

在抖音平台上，已经有头部主播开始尝试 7×24 小时直播（俗称"日不落直播"）。当然，这些主播实际上是通过最初的周播，不断积累经验、疏通渠道、解决各种实际问题并逐渐引流，在获得较好反馈的情况下再改为日播乃至全天候直播的。

某绿植旗舰店发布了一条养花知识、化肥施用的短视频后，当日视频播放量就突破了 800 万，3 天后播放量突破了 6 000 万。发布当月累计播放量超过 1 亿，点赞量超过 80 万，转发量超过 5 万，吸引了 23 万以上的新粉丝（如图 5-7 所示）。

图 5-7 某绿植商家的爆款视频

团队为了充分利用好这波热度和流量，迅速开启了 24 小时直播，4

位主播每2小时轮流上场。团队累计直播21天,最终业绩超过1 000万元。

2. 观众停留时长

观众停留时长就是观众在直播间的停留时间。

图5-8展示的是某头部主播为了吸引直播间的2万余名观众停留,和观众约定19:40上架"原价19.9元,直播间仅售1.03元"的法式小面包。图5-9展示的是某头部直播间设置了看播满10分钟才能领的超级福袋,奖品是一台苹果手机,该活动吸引了5.8万名观众参与。

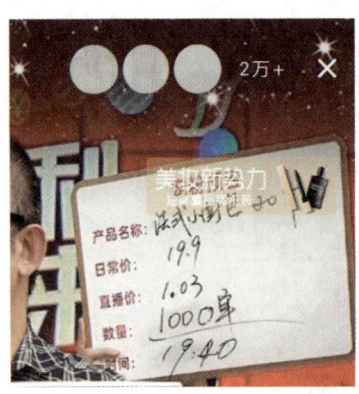

图5-8 让利商品吸引停留　　　　图5-9 看播满10分钟才能领超级福袋

3. 观众互动情况

观众的互动行为包括点赞、评论、送礼物等。

2021年8月17日晚的"抖音新潮好物夜"直播中,主办方用舞台形式呈现了不一样的直播现场。主办方不仅邀请了诸多明星、高人气奥运冠军、头部主播空降现场,还与诸多明星进行跨屏互动,并将皮影、蜀锦等非遗文化元素融入嘉宾的国风舞蹈中，引发了观众的热烈反响。此外，直播过程中，为了呼应观众的热情，团队发放了共8轮，累计1 600万份的"红包雨"。

最终，观众互动高达1.5亿次，商品展示2.1亿次，购物车点击次数超过617万，官方涨粉87万，当晚的GMV则达到主办方近30天场均的20倍之多。

4. 粉丝黏性

粉丝黏性分为两个维度，一个是直播时的涨粉情况，一个是粉丝观看直播的频次。

▶ **先看第一个问题：怎么快速实现直播涨粉**

➤ **要经常把"点关注"这样的话挂在嘴边**

因为在直播过程中随时有人进入直播间，所以主播要尽量不放弃任何一个被关注的机会。话术如"关注主播不迷路""进来的小伙伴没有关注主播的点手机左上方的关注哦"等，可以3 ~ 5分钟就说一次。

➤ **把示意关注的文字放在直播画面上**

在直播间背景的合适位置可以设置一个引导关注的图标，这种图标可以全程都在，也可以使用带有"加粉丝""加关注"意味的特效（如图5-10所示）。

图 5-10 某主播头部的"加我粉丝团"特效

➤ **当直播间人比较少的时候，主播可以点对点互动**

比如，"欢迎皮皮虾来到我的直播间，我猜你一定是位男生，我猜你现在正躺在床上看我直播对不对？我猜对了吗？猜对了给我个关注鼓励我一下好吗"。这样的互动能让主播快速拉近和新观众的距离，引起关注。

➤ **体现价值，告诉粉丝为什么要关注自己**

比如，"我们直播间每天晚上都会准时在线给大家讲新媒体的干货，爱学习的小伙伴一定要点个关注，看直播，不知不觉就能学到很多知识"。

➤ **通过关注后屏幕截图抽奖的方式来引导**

主播可以提醒观众，要关注自己才能参与抽奖。通过截屏或者福袋的方式抽奖，要求关注主播才算有效，这样可以有效地引导粉丝关注。

▶ **再看第二个问题：怎么提升粉丝观看直播的频次**

➤ **和粉丝维持好关系，促进粉丝黏性**

有些主播对粉丝有爱称，跟粉丝的关系更像是家人、闺蜜、朋友。因为这份亲切，很多粉丝会蹲守在主播的直播间。主播则会时刻保持与用户的互动，通过直播了解用户的需求。

➤ **在主页设置直播预告，同时在粉丝团发布预告和直播入口**

图 5–11 中，达人在简介、背景图中植入了直播内容和时间的预告信息，这样粉丝能比较直观地看到，并方便预约。

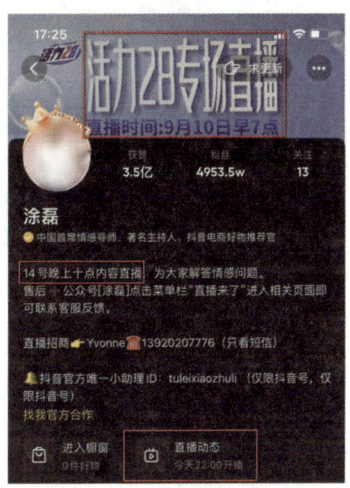

图 5-11　达人主页的直播预告

➤ **短视频预热和吸睛**

可在预热短视频中添加直播预热贴纸，在评论区做好互动并提示直播时间和主题，暗示有福利。直播开始后，可以每 30 分钟发一条直播花絮短视频，引导用户进入直播间。

➤ **定时稳定开播，培养粉丝习惯**

持续定时开播，产品不断推陈出新，玩法也不断更新，让粉丝感受到新花样。某女明星直播最大的创新点在于采用沉浸式、场景化的直播方式，节目组半复刻了该明星的家，直播围绕该明星家的客厅、厨房、卧室等场景展开，结合不同的生活场景进行表现。比如在介绍生活用品时会在客厅展示；在介绍破壁机、电饭煲、榨汁机时，会在厨房中展示；在介绍地毯、床垫或其他床上用品时会选择在卧室中展示。对于粉丝来说，看直播不仅可以购物，也成为了解她的一种方式。

5. 业务情况

直播间的成交转化情况也会影响抖音的推荐流量。

对于电商主播来说，提升这几个指标可以提高直播间的权重，获得更多算法推荐，这几个指标就是下单率、成交金额、好评率。对于聊天直播来说，影响抖音算法推荐的因素则是直播间的连线情况。

下面笔者以电商直播为例，为大家拆解一下促进成交转化的话术过程（见表 5-1）。

表 5-1

步骤	话术	解析
还原场景	爱长痘痘的女生在不在？长了痘痘有粉色痘印的女生跟脸部红血丝很严重的女生在不在？	场景包含环境与状态，描述场景能激发受众的情绪，引起注意
抬高需求	我给你推荐这一款我自用的修红精华液，你只要感觉皮肤不舒服，就可以用这一款，修复你的肌肤	帮观众总结需求，并告诉观众这个需求不难被满足
展示亮点	它贵，但是它真的好用，为什么？这款精华是×××旗下专门做芳疗的护肤品牌。他们家这款精华的作用就是镇定修复加保护，缓解皮肤过敏，让你的肌肤舒缓下来	强调公司品牌及产品的功能性，打消消费者顾虑
灌输理念	我就一句话，trust me！有经济条件的，买它！你把你的皮肤状态调整好之后，再去用那些大品牌，那样才会吸收。我的自用款，我用空无数瓶的精华	说出观众潜在的理念而且用自用款做信任担保，强化认同感

表 5-1　续表

步骤	话术	解析
促进成交	今天给大家做的是限量包装，粉精华 50 毫升大瓶装，还附赠他们家亮灯化妆镜，还会送一瓶他们家最有名的 4 毫升的橙花精露，还有 5 毫升的舒缓面霜，然后我的直播间再加 5 毫升的舒缓精华，再加两个 50 毫升的洗面奶，这么多到手，只要 680 元，我只有 1600 套。3、2、1，上链接！	直播购物是需要冲动的，赠品、限时、限量，让观众冲动下单

6. 主播行为

主播的行为表现也会影响直播间的推荐。

一方面，主播要注意自己的言行。如果直播间发生骗赞、骗互动的行为或女主播频繁做出向前俯身的动作，又或者主播说出违禁词，等等，都可能导致直播间降权。如果直播途中，直播间突然黑屏，那很可能是因为主播言行失当。

下面，笔者对直播间违禁词进行了整理归纳，并给出了优化建议。内容见表 5-2。

表 5-2

类型	举例	优化建议
极词夸张	最好、第一、最低、最高级、永久、无敌、至尊、史无前例、顶级	侧面展示产品质量，比如展示商品销量等

表 5-2　续表 1

类型	举例	优化建议
强加权威	国家级、首个、独家、世界领先、世界级、国家领导人	展示证书、质检报告、荣誉奖项或者网友好评
绝对化	终生不坏、绝对不破不裂、绝对不起球	转述网友好评，"粉丝说我们家毛衣质量很好"，或者用实验测试来说明
迷信	风水、运气、第六感、吉凶、祸福	杜绝使用
虚假承诺	包你一学就会、立马升职加薪、一次性过、恭喜获奖、全民免单、点击有惊喜、免费领取奖品	可改为"绝大多数用户学习后获得了很大提升""点击左上角的福袋，有很大机会领取奖品哦""今天中奖概率很大"等
刺激消费	倒计时、就趁现在、闪购、随时涨价、抢爆、再不抢就没了、不会再便宜了、万人疯抢、抢疯了、亏本价	可改为"还剩最后 10 份，最后 5 份，抓紧时间""拼手速的时候到了""平时没有这个价格的""尽在此刻"等
诱导刷礼	"有没有人给我送热气球啊""大家给我点点小心心"	可改为"感谢谁谁送出的热气球""大家实在太热情了""真的太感谢了"等
不文明	脏话、两性话题、恐怖、暴力、歧视	杜绝使用

表 5-2　续表 2

类型	举例	优化建议
普通商品暗示医疗效果	药妆、祛痘、消炎、溶脂、丰胸、阻断黑色素形成、高效、安全	可改为"用了以后，皮肤状态越来越好了"等
为其他平台引流	手机号码、微信号、QQ 号、微博等	可改为"还没关注的请关注""可以私信小助手"

这些词不能说，也不能出现在直播画面或道具上。

违规行为则表现在侵犯版权、涉嫌违法违规、侵犯未成年权益、低俗色情、内容引起不适、造谣传谣、垃圾广告、为其他平台引流等。

另一方面，观众标记"不感兴趣"或"举报"直播间，也会影响直播间的推荐。这就需要主播在言行合规的前提下，用合适的办法与观众进行互动。

5.6　抖音投放，让算法推荐精准流量

在本书的第 3 章第 4 节、第 4 章第 5 节等小节中，笔者详尽介绍了抖音投流的相关基础知识，包括计划组合、分类和标签等，也以自己的经验感受具体说明了代投的注意事项。大家是不是学到了很多干货？

接下来，在本节内容中，笔者将对抖音不同的投流方式进行详细介绍，帮助大家通过选择合适的方式发挥算法的最大效力，获得精准流量，提升 ROI。

投放方式包括：DOU+、Feed 流、小店随心推和巨量千川极速版（或专业版）。

1. DOU+

什么是 DOU+？ DOU+ 是抖音推出的加热工具，是投流中的基础款产品。

• 特点：门槛比较低，只要有抖音账号和资金，就可以在手机端进行投放；设置项目简单，操作方便，适合新手和个人用户；启动迅速；成本可以提前预估。

• 分类：速推版和定向版。

• 方法：按照要求，设置推广人数、具体投放对象等内容即可。

▶ **短视频速推版**

• 设置推广人数。

• 设置提升项目：点赞量，评论量，粉丝量。

▶ **短视频定向版**

• 选择投放对象：位置点击，主页浏览量，点赞量，评论量，粉丝量。

• 选择投放时长：2 小时，6 小时，12 小时，24 小时。

（建议：500 元以上的订单建议时长选 6 小时以上。）

• 如果选择系统智能推荐，接下来选择投放金额即可。如果选自定义定向推荐，则要选择定向人群的性别、年龄（多选）、地域、兴趣标签及达人相似粉丝，最后选择投放金额。

• 短视频投放建议如下：

①粉丝数较少的话，可以先以"粉丝量"为目标，有了一定粉丝量后，再结合其他目标进行投放。

②视频有了数百的播放量，互动情况（点赞、评论）也还可以的情况下再进行投放，更有利于提升观众关注你的概率，投流效果会更好。

③投放相似达人有助于快速找到精准粉丝，但前提是你对自己的赛道定位足够清晰，越细分就会越精准。比如，如果你想投女装，那么选择跟你的用户年龄段、风格、价位相似的达人进行投放，这样才会更精准。

④投放相似达人时尽量选新号达人，这样的达人粉丝兴趣更确定。

⑤当通过投放 DOU+ 撬动自然流量（加赠量）的时候，可以追投。反之，则要适可而止。

▶ 投直播间

直播间投放分为快速加热和自定义加热两种，与短视频投放类似。自定义目标分为：直播间人气、直播间涨粉、直播间带货、观众互动。加热方式选项有：直接加热直播间、视频加热直播间。

直播间投放有哪些技巧呢？笔者教大家几招，让你每一次投放的有效性更高、更精准。

➤ 按照排品顺序选择不同目标投放

怎么选呢？大家可以记住这句顺口溜：福利款重点投"人气"，利润款投"带货"准没错，爆款、过款就把"互动"拉。

怎么理解这个玩法呢？很简单，就是推出福利款时投"人气"可以让更多人知道福利款并迅速被吸引。推出利润款时，直播间的主要需求是精准流量带来的转化，投"带货"可以满足这个需求。推荐爆款产品或者过款的时候，正是带动直播间氛围的好时机，所以投"互动"最有效。

➤ 按照直播阶段选择不同目标投放

开场投"人气"，提高直播间在线人数。主播通过留人话术和福利

手段承接住这波流量，系统就会免费推流。产品介绍阶段投"带货"，有成交意愿的流量就会进入直播间，提高直播间转化。中间可以穿插投"互动"。

➤ **小金额、多频次投放**

上面提到的投放，无论选择哪种，都要注意尽量小金额、多频次投放。比如，每次可以投 100 元，每隔半小时投放一次。

2. Feed 流

Feed 流投放又是什么意思？

"Feed"有喂养的意思，顾名思义，就是把合适的内容通过信息流形式投给喜欢相应内容的观众。这种投放方式主要针对企业和个体工商户，它适合符合这些特点的商家：有一定预算，有一定操盘能力，较成熟的直播间和主播，商品适合抖音直播，以转化为目标。

• 特点：为商家量身打造；集中推动小店的商品销售；门槛比DOU+ 高；投直播画面可以有效缩短观众观看路径，最大限度进行引流；系统模型选量，让直播引流效果最大化。

• 分类：Feed 直投直播间、短视频引流直播间。投放后，对应的直播间画面或短视频内容会以信息流形式展现在用户的页面中。

• 方法：商家要先开通巨量引擎广告账号，并与抖音绑定，然后在后台进行账户充值，作为后续投流的预算。具体流程如图 5-12 所示。

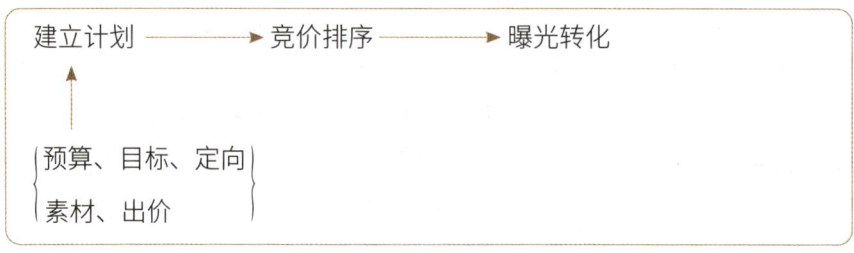

图 5-12 Feed 流投放流程图

这里，笔者要提醒大家注意这几点。

- 计划预算像油箱，转化出价像油门，二者合起来决定流量"跑多快""跑多久"；转化目标和定向则相当于路线，决定"跑的方向"对不对。

- 竞价排序的过程中，预估点击率、预估转化率和系统出价会影响排序。因此，为了最大化利用投放，计划必然要经过先跑量，系统进行数据判断，继而优化投放的过程。为了保证后续的投放，商家要有充足的预算（"油"要多加点），不然可能会导致"跑不出量"（跑不了几米就熄火了）。

- Feed流投放成本是怎么样的？下面列出标准价格，供大家参考（见表 5-3）。

表 5-3

转化目标	进入直播间	直播间停留	直播间商品点击	粉丝关注	组件点击
成本（单位：元）	0.5～1.5	1～2	1～3	3～5	6～10

但成本并不是固定的，行业、时间段不同，价格可能会有较大差异。比如，其他条件相同的情况下，服装行业的直播间看播、商品点击成本可能会低一些，但关注和停留成本可能会高一些。再比如，当头部主播或平台开展较大活动时，Feed流可能会因为优先级比较低，导致"跑量"困难或者成本加高、消耗加速的情况。

- 投放过程中，盯紧 ROI。如果遇到转化难、消耗快等情况，可以暂停计划。

3. 小店随心推

小店随心推是抖音端推广小店商品的轻量级产品，类似移动端版本

的 DOU+。

- 特点：使用门槛低，上手快；操作简单，启动快。
- 分类：可以推短视频或直播。
- 方法：投放流程如图 5-13、表 5-4 所示。

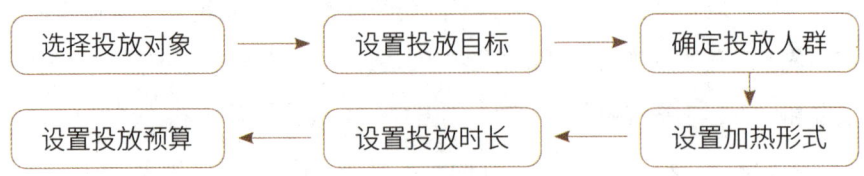

图 5-13　小店随心推投放流程

表 5-4

投放对象	转化目标
短视频	商品购买
	内容"种草"
	增加粉丝
直播	直播间人气
	直播间商品点击
	直播间带货
	直播间涨粉
	直播间评论

投放技巧跟 DOU+ 类似，投放策略可以按排品顺序或直播阶段来制定，投放步骤遵循先测试再放量的普遍原则。

前期测试主要关注这几个方面：视频创意、定向、品类 ROI 和人群稳定性。

▶ 测视频创意

（投短视频时）通过对视频的内容结构、文案等进行调整，创建多个计划，每个计划采用小金额测试（建议不超过 800 元）。通过完播率、点赞、评论等指标的数据表现，选出优质视频。

▶ 测定向

如果商家的用户画像比较宽泛，那么可以对性别、年龄等选项进行调试（保持其中一个因素不变，调整其他因素），建立多个计划，找出最符合的人群。

▶ 测品类 ROI

根据自己的成本等，设定预期的 ROI，观察能不能达标。如果达标，便进行下一步，反之，就需要调整创意或定向等。

▶ 测人群稳定性

对 ROI 表现最好的投放方式，进行追加投放，观察 ROI 稳定性。如果稳定，可以增加投放量。

后期放量则可以考虑进行追加投放、增加单笔投放预算的操作。

总体原则是初始阶段多计划，小额投放；成长、成熟阶段多计划，提高预算投放。

4. 巨量千川极速版和专业版

巨量千川除了小店随心推外，还有极速版和专业版的投放，很多商家不明白后面二者的区别，更不明白它们之间怎么搭配使用效果更好。下面笔者来为大家分析一下。

▶ 巨量千川极速版

• 极速版特点：智能并且效率较高，冷启动快、放量快。由于计划组成更少，操作门槛相对低一点，普通人更容易上手，适合经验不足、需要打标签或投放人手有限的商家。此外，极速推广单条计划限定在24小时内投放，投放时间短、频率高。用户可以快速通过学习期，随建随用、运用灵活。如果用户想在开播、场中或结尾处制造小高峰，极速版就能够实现随建随用。

极速版适用于这些场景：

• 开场、场中、结尾等流量节点。

• 需要在短时间内冲高人气的时刻。

• 在投放的前中段起量。

极速版的劣势是人群没有专业版精准，可能比较泛化。同时，广告消耗速度快，成本难以控制。

▶ 巨量千川专业版

专业版较之极速版简单来说，就是更加专业，操作感强，对运营人员的要求更高，适合头部或腰部商家。专业版的优势在于定向优化后人群精准，还可以严格控制成本，避免超出预算，遇到合适的流量能全速抢量，扩大和稳流能力突出。

其劣势是优化程序更烦琐，对优化师的能力要求更高。精准定向后，人群池越来越小，系统推的流量减少，跑量难度更大，有时候可能会出现消耗不动的情况。

比起极速版，专业版多出的选项主要集中在下面这几个方面。笔者以表格方式将之呈现，方便读者对比（见表5-5）。

表5-5

投放方式	包含"严格控制成本上限"选项，可控制实际出价尽量不超出目标出价，放量时间则会相应地延长
行为兴趣定向	可进行人群自定义，精准定位人群
智能放量	支持帮助商家探索选定之外的目标人群
创意设置	有"创意分类"和"创意标签"，便于精准定位人群

有经验的操盘手会将极速版作为辅助工具，配合专业版一起使用。

一般来说，专业版和极速版的比例按照3:1来分配，能兼收二者的长处，达到比较好的效果。

必须要说的是，即便是专业操盘手，也没有办法保证投流永远准确高效，因此这中间需要大家通过大量实践去学习和摸索。对于不知道怎么下手的商家，笔者根据自己的经验给出一些投放策略建议。

▶ 通用的直播间投放建议配比

20%投"进入直播间"，10%投"商品点击"，20%投"直播间下单"，50%投"直播间成单"。商家需要根据行业情况和数据反馈情况进行调整。

▶ 专门提升直播间人气的投法（适用于直播初始阶段）

可以建立 5 ～ 10 条计划，主要投直播间：40% 投 "进入直播间"，40% 投 "商品点击"，20% 投 "直播间评论"。出价高于系统 10% ～ 20%，投放时长在 30 ～ 60 分钟之间，集中投放在刚开播不久的引流期内。圈定 300 万 ～ 1 000 万精准人群，通过 "达人定向" 给自己的直播间打上标签。

▶ 专门提高直播间商品转化的投法（适用于直播成长、成熟阶段）

可以建立 10 ～ 20 条计划，直播间和视频各投一半。直播间方面：20% 投 "进入直播间"，80% 投 "直播间成交"。出价根据预算来判断，溢价可以拉高，投放时长覆盖整场直播。圈定 1 000 万 ～ 5 000 万人群，通过莱卡、达人、智能推荐 3 个方面进行定向。

最后，教大家一个核查用户画像是否精准的小技巧。

在抖店罗盘 "人群画像" 的 "人群特征概述" 中，观察用户的 "购买偏好" 和 "内容偏好"。如果用户的购买偏好与自己的匹配度达到 60% 以上，匹配度就不错，而内容偏好达到 50% 以上比较好。如果出现 "随拍" 用户（即用户的内容观看与购买行为之间的关联度不大，用户没有具体分类），那么定向就出了问题，就要进行定向测试。

再好的内容，只有推荐给喜欢的人才有意义。

某汽车账号在起号阶段，系统不知道其精准用户是谁，就将 40% 的内容投放给了女性，结果精心策划的内容却没有多少人看。希望通过本章的学习，大家能避免这种情况，对投流方式的选择、各种方式的投放策略有基本的了解，然后在实践中根据自己的行业特点和具体数据表现不断地进行优化。

 5.7 案例分析：借助算法机制，赋能营销

2021 年 1 月 6 日，在游戏界深耕多年的国内头部游戏大厂三七互娱开放《荣耀大天使》游戏公测。这是一次酝酿已久的宣发。

果然，上线当日，游戏就空降 IOS 免费榜第 2 名。次日，游戏闯入畅销榜前十，成为一匹闪耀的黑马。《荣耀大天使》迅速蹿红、全网铺开的背后，是一场声势浩大的教科书级的宣发。

1. 瞄准抖音用户群，利用用户重叠度做开发

据《2020 年中国游戏产业报告》显示，2020 年，中国游戏用户规模达到 6.65 亿人，游戏市场的实际销售收入达 2 786.87 亿元，比 2019 年增加 478.1 亿元，同比增长 20.71%。[①]繁荣的游戏市场背后，是实力强大的游戏巨头。三七互娱紧随腾讯、网易之后，稳坐国内游戏行业的第三把交椅，居全球游戏企业前二十，实力毋庸置疑。

我们都知道，短视频用户与游戏用户重叠度非常高，而以抖音为代表的短视频平台背后，是一个巨大的流量金池。三七互娱很清楚，选择抖音平台做宣发，就是利用一个潜在用户群很大的场子来开发业务。

2. 辐射精准用户

三七互娱邀请高人气电竞选手 Uzi 担任首席游戏体验官。作为游戏

---

① 数据来源于中国音数协游戏工委、中国游戏产业研究院发布的《2020 年中国游戏产业报告》。

体验官的知名电竞玩家 Uzi 背后，则聚集着众多中重度游戏爱好者。这样一来，游戏一经发布立刻就能在圈内掀起波澜，引发粉丝效仿下载试玩。团队为 Uzi 量身打造了"三职一体"的搞笑短片，进一步辐射广大游戏玩家。

团队还邀请多位游戏主播加入其"代言团"，为游戏造势。《荣耀大天使》上线当日，几十位主播参与了游戏试玩和直播，达人矩阵联手行动，辐射范围更加广阔，进一步引导用户从欣赏游戏到真实体验游戏的跨越。

3. 开发潜在用户

三七互娱经过缜密分析后，邀请某当红女演员和某实力派男演员担任《荣耀大天使》的代言人。游戏上线前夕，女演员的官宣代言海报就因为"超 A"的惊艳飒爽造型火出了圈。在没有官方推流的情况下，其为海报签名的照片就被推上了微博和抖音热搜，先撬动了一波自然流量。

代言女演员背后是支持她的年轻大众，其中包括不少年轻女性。代言男演员作为演艺圈的重磅实力演员，背后粉丝是成熟的男性群体。两者结合起来，可以辐射从年轻到成熟的不同年龄层的潜在用户群体，为游戏营造大众影响力，增加曝光度。

4. 投放广告，出手不凡

三七互娱几乎将广告做到了极致。

▶ 内容精致到不像广告

在前面的章节中，笔者曾提到过，投流的前提是内容。那么，三七互娱是怎么打造内容的呢？它选择的方式是用剧情召唤情怀，用电影级质感的宣传片杀出游戏圈，凭借一条电影级 TVC[①] 短片，刷新了大家对游戏视频广告的认识。

短片背景设置在一个热闹的酒馆里，众人推杯换盏间，代言男演员饰演的法师披着蓝黑色长袍降临。他将时间静止，和酒馆里的人一一打照面。镜头切换到代言女演员饰演的弓箭手时，她的表情由诧异转为淡定，于是我们知道：哦，是一位老朋友回归了。"你知道我在哪儿，剩下的，你自己决定。"留下这句话，法师转身离去。一个精彩纷呈的魔幻世界，在观众面前徐徐展开。

法师的话更像是召唤，召唤网民们前往游戏世界，探索、冒险和厮杀。高级的电影质感、充满张力的剧情、内容传达出的情怀……让很多人看到广告宣传片就因为心动而下载了游戏。

▶ 顶流吸睛，多素材跑量

定制短片之外，团队调动了堪称顶流的 Top View 广告。

相信大家对 Top View 并不陌生，一些实力大厂推出重量级新品时，就会考虑投抖音的最强曝光产品 Top View，让用户一打开抖音就能看到其广告。在坐拥 6 亿以上日活的抖音上，Top View 意味着亿级强曝光。

与此同时，团队还在抖音中投入了大量视频广告，用抢量的方式进行强曝光。数据显示，在一个多月的时间内，其累积输出 1.4 万组素材进行投放。

▶ 新广告形式 + 福利刺激，加快引流变现

宣发做得如此大张声势，如何进一步提高转化呢？除了用体验官、达人等吸引玩家之外，三七互娱还新颖地尝试了试玩广告。

---

① TVC：电视广告片，目前影视行业最高标准的视频形式。

　　试玩广告作为一种新颖的交互式广告形式，原本源于海外。跟普通广告只能看或者只能戳链接相比，这种广告形式的互动性极强。据相关数据统计，这种广告可以有效提升用户观看时长，并促进转化。而三七互娱通过这种广告形式，在广告中让用户试玩，还在用户试玩结束后，向他们发放游戏礼包，进一步刺激用户下载。

　　此外，三七互娱还购买了搜索广告。在抖音搜索游戏名称，首条视频的下端就有"立即下载"入口，更是进一步完善了内容场景下的整个营销链路。

　　从较长的时间段来看，前期推广如此声势浩大，后期即便不怎么推广，也将长期拥有较大的影响力和渗透力。

　　读到这里，可能有人会问，我没有办法投入这么多资金来做宣传，它对我是不是就没有多少借鉴意义了？当然不是。这种大体量、大规模的宣发案例，它所运用的辐射用户群和广告投放的思路是非常值得我们思考和学习的，无论是实力大厂还是抖音新人。

第 6 章

游戏

用娱乐的方式做营销

思维

○ 成年人知道麦当劳只是快餐店，可是对于孩子来说，那是他们心向往之的"乐园"。好吃的食物、诱人的香味、套餐里附赠的漂亮玩具，再加上店内装修设计呈现出来的轻松娱乐感，让麦当劳成了孩子们总嚷着要去，去了还想再去的地方。

○ 不用做任何广告，但胜过任何宣传——借助娱乐元素做营销，就是这么有力量。

6.1 短视频是小剧场，直播间是大综艺

笔者经常听公司做新媒体的女生吐槽："我真的是为了工作才去看抖音的，但是看着看着就停不下来了。""我为了截屏存资料，长期蹲守在直播间，现在，我一周不在直播间买上四五单，都已经不习惯了。"

日活 6 亿以上，抖音靠的是什么？为什么这么多人喜欢在抖音逛，喜欢看抖音直播？抖音给年轻人带来了哪些乐子？

要笔者说，短视频就像一个迷你剧场，各种节目在这里上演。直播间就是一场大型综艺，各种玩法层出不穷。

1. 短视频就是小剧场

剧场最丰富的是什么？当然是各种节目。

▶ "看见"美好生活

抖音短视频里，有年轻人展示自己下班后的独居生活；有白发苍苍的长者展示自己颇为得意的手艺活（如图 6-1 所示）；有人展示自己在户外垂钓、打鱼、干农活……这里有世间百态，像极了综合频道。

图 6-1 长者展示手艺活

▶ 演绎"生财有道"

怎样在抖音开小店？怎么观察 A 股 K 线？芯片短缺会不会导致汽车涨价？怎样实现财富自由？副业变现难不难，有哪些渠道？（如图 6-2 所示）几乎只要是大家关心的财富问题，抖音上就有达人做相关分享，有的财经知识还以合集的方式展现出来，方便观众了解。这些"节目"汇聚起来，像极了财经频道。

图 6-2 知识博主的变现干货

▶ 普通人的"星光大道"

一位粉丝不多、视频点赞一般不超过两位数的素人在抖音上自白："不知道是不是有很多人跟我一样，不敢在别人面前唱歌。我很喜欢唱歌，但是每当有人出现在我身边，我就会立刻停下来，觉得很尴尬，觉得自己在别人面前唱歌很难听。那次同事夸我唱歌很好听，我突然意识到，一直以来是我太不自信了。原来热爱会得到宽容的鼓励。擅长的事情，就让我用足以配得上它的勇敢来表达。"

短视频发出后，得到了 800 多个点赞，评论区有很多网友都热情鼓励她（如图 6-3 所示）。

而更多才艺不一定有多高超，外表不一定有多光鲜的普通人，也都自信地拿起话筒、穿上舞服，用镜头记录自己对艺术或生活的热爱和执着。这就是普通人的"星光大道"，展现着普通人的"艺术人生"。

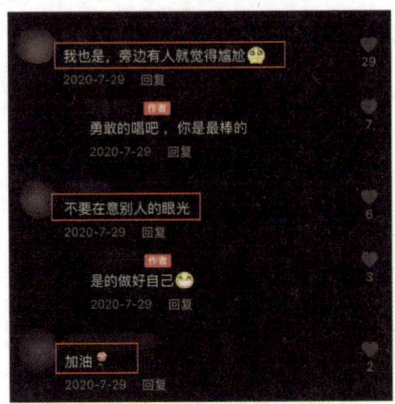

图 6-3 评论区网友的鼓励

▶ "天涯共此时"

抖音绝非只有带货，相反，抖音的世界很广阔，广阔到无所不包。平台上充满了国内外各种大事小事、奇闻逸事，让五湖四海的人们能够"天涯共此时"。图 6-4 展示的是法国艺术作品《凯旋门包裹》的施工过程，评论区则充斥着网友的各种"神吐槽"。

图 6-4 正在被"包裹"的凯旋门

▶ "武林大会"，最不缺英雄好汉

抖音上的人太"秀"了。一条主题为"舞蹈生都如何劈叉"的短视频中，出镜的达人们上演了各种高难度劈叉（如图 6-5 所示）。震惊的网友在评论区感叹："看到最后哭了。""最后那一个我看的时候咬着牙，看一下都痛。"

图 6-5 "舞蹈生都如何劈叉"的短视频[1]

抖音上有才华的人太多了。有农村小伙在废弃的工厂走秀，才华被发现后登上国际 T 台；有人在一小截电线杆上作画，让电线杆直接"隐身"；一架钢琴放在刚开业的医院门口，前来就诊的大妈随手放下蓝布袋，坐下从容地弹了一首《我爱你，中国》……

▶ "故事中国"

伴着院落里的犬吠声、小孩嬉闹声，从买肉、切肉、打肉、腌制到

---

[1] 表演者为专业人士，动作危险，请勿模仿。

水煮……在主播的手下,一枚枚会"飞"的手打牛肉丸就做成了。

不甘于只收到一份专科院校录取通知书的高考生,将自己复读的点点滴滴收集起来,拼凑出高考独木桥前复读学子的奋斗图景,获得46.7万的点赞。

简陋的出租房里,妻子为了帮在工地上班的丈夫省点时间,和丈夫一起熬夜绕铁丝,画面上写着"我前两年不会,现在弄得可好啦"。视频点赞量超过68万(如图6-6所示)。

图 6-6　与丈夫一起绕铁丝

还有记录中国广袤自然风光的航拍长视频,记录中国传统手工艺制作的视频……抖音,俨然是一个记录频道,记录着"故事中国"和沸腾的烟火气。

当然,抖音也少不了"读书"和"百家讲坛",少不了"过把瘾""角儿来了",少不了"道德观察""全网追踪""鹰眼"。此外,这里还有精彩纷呈的"乡村大舞台""乡村剧场""三农群英汇""田间示范秀",

还能让用户足不出户，就"朝闻天下"。

一个抖音，几乎聚集了一整套节目。

它的好处是让普通人发光，明星和素人出身的达人同台表演而毫无违和感。

2. 直播间是大综艺

提前预告、精细打光、精致布景、惊喜嘉宾、惊爆特惠和福利，再加上演技和妆容都很好的主播、评论区的实时热烈评论和直播后的欢庆典礼……

大家有没有发现，直播间越来越像一场综艺秀？

直播间的主播甚至能"成团出道"。下面，给大家讲讲太平鸟的"PB女团"。

长久以来，服装品牌太平鸟就缺少一个深入人心的 IP 形象。在直播间的打造上，为了突出自身特色，太平鸟打造了 PB 女团。P 是 peace（太平）的首字母，B 是 bird（鸟）的首字母，PB 女团在某种程度上，刚好弥补了太平鸟缺少 IP 人设的遗憾。

品牌刻意突出各主播的人设，强化综艺感，从而获得直播营销的差异化优势。PB 女主播的形象气质各异，有的突出甜美气质，有的突出运动休闲感，有的突出时尚大气感，但每一位主播在专业性上都很强。她们在商品展示上不仅会通过试穿来展示效果，还会进行不同的服装搭配，一边传授搭配技巧，一边植入衣服的卖点。

此外，太平鸟直播间的场景打造也很精致。整个场景一眼看过去有商品橱窗的即视感。镜头一般是固定的，但主播会通过走位来展示衣服的细节和全身效果，还会通过手指刮划、拉扯、下蹲等动作来展示材质特点。

关注过太平鸟的用户不难发现，直播间里主播的发丝是飘动的。大家记得吗？大型综艺节目里就常出现烟雾等效果，和这个是一个道理，

都是为了增强视觉效果。

据了解，太平鸟专门成立了网红事业部，用这种综艺感、娱乐化很强的形式进行品牌渗透和产品营销。公司为抖音平台专门配备了一个团队，其中主播大约有 10 位，再加上助播、运营、售后等，整个团队超过了 100 人，堪比一档大型综艺节目的制作团队。不同的是，这个团队内实行分班制，轮流支撑每天 18 个小时的超长直播。

有的直播团队甚至会在直播后举办庆功宴。漫天飞舞的礼花、定制款庆祝蛋糕、热烈隆重的掌声，主播婆娑的泪眼、娓娓道来的心路历程和频频的致谢……恍惚间，让人以为自己看到的是某个节目组的收官庆典。

擅长讲脱口秀的某头部带货主播，他的直播间从不沉闷。擅长讲故事、共情，并用夸张的表情、动作引起观众共鸣的某头部美妆主播，他直播间之外的粉丝团已经声势浩大。他们是主播，也是综艺大咖。

喜欢把直播间打造得像自己家的厨房、卧室或客厅的某位演员主播曾在节目访谈中说："我觉得采用这种沉浸式直播的方式，更多的是一种分享，我分享自己的一种生活方式。我希望来到我直播间的人，都能感受到一种生活方式和一种生活状态，你可以把它想成一场脱口秀，你也可以把它想成一个综艺节目。"

综艺感强的主播很吸粉，综艺化的直播间很受欢迎。

当然，谁都不会忘了，节目的关键时刻，广告总会及时出现，并提示一句："广告过后，马上回来。"

6.2　用游戏思维拆解爆款短视频的娱乐因素

很多人平时做事情都需要制订计划，然后鞭策自己去完成，唯独游戏，不用做任何计划，却总是自愿找出碎片时间来玩。这是为什么呢？

想想看，刷短视频与玩游戏何其类似，所以"刷短视频一时爽，一直刷一直爽"。

1. 提供一个简单目标

不同游戏都有各自的目标指向，比如拼图游戏的目标是将零碎的片段拼凑成一幅完整的图画，而跑步游戏的目标是闯过终点线。

人们刷抖音的时间，经常是在排队的时候、坐车的时候，或者睡前的一小段时间里。这些时间段比较零碎，做其他事情并不方便。刷抖音可以让用户有事可做，有乐子可找，在不花费多少成本投入的情况下有一个小目标。于是，这种打发时间的方式自然而然就受到大众的喜欢。

既然用户想实现的是零碎时间里的简单目标，那么短视频也就必须目标（主题）突出，并且要控制时长。

▶ 主题方面

前3秒号称"黄金3秒"，要迅速引导观众进入主题。可以选择开门见山、单刀直入地切入主题，也可以通过戳痛点、提示利益点、"立flag"、设置悬念、抛出问题、结合热点等方式进入主题（见表6-1）。

表 6-1

引导方式	示例	分析
开门见山	3秒敲定短视频主题，再也不用纠结	简单直接，没有多余的话，迅速吸引对该主题感兴趣的用户

表 6–1　续表

引导方式	示例	分析
戳痛点	短视频运营吸粉难？3分钟教你解决	通过"吸粉难"3个字点出运营者面临的普遍困境，"3分钟教你解决"暗示有解决方案，激发用户的观看欲望
提示利益点	一定要看完！关键时刻能救命	让用户认为观看视频能够得到自己想要的好处。解决问题的方法不宜用过多的字描述，4～8个字较好
"立 flag"	全程看完不笑，我倒立蹦迪	制造冲突，让用户带着"吃瓜"心态观看
设置悬念	这就是我看恐怖片从来不"怂"的原因	原因究竟是什么呢？想知道答案只能继续往下看。利用用户的猎奇心理，令用户带着疑问去观看
抛出问题	如果人类突然消失，地球会发生怎样的改变？	抛出问题，引发思考，令用户带着疑问和思考继续观看
结合热点	你知道明星学霸们的高考分数吗？	视频在高考出分前发布，结合"高考"热点和达人本身的娱乐调性，蹭热点的同时引发用户好奇

▶ 时长方面

遵循"短有引力"原则，时长尽量控制在 10 ～ 20 秒。用户更容易看完时长短的视频。如果视频播放速度比较快，而内容中又含有许多关键内容，如知识点的情况下，用户反复刷视频的概率更高。

如果视频本身有跌宕起伏的剧情，时长超过 30 秒，那么主播可以通过提示关键时间点等来促使用户看完内容。比如，"干货很多，一定要看到最后哦"，又或者"45 秒处有反转"等。

2. 制造冲突和刺激

玩游戏时，会遇到阻碍或困难，又或者为了和其他参与者比拼，经历一番刺激和冒险。爆款短视频便善于通过制造视觉差异和矛盾冲突、营造炫酷视听享受及让高潮前置等方式，来吸引观众。

▶ 案例 1

某短视频的开头处，幼萌画面中破壳而出的粉嫩小恐龙与字幕中的"猛男"一词形成巨大反差（如图 6-7 所示）。随着剧情的展开，用户才会明白，短视频讲述的是父爱。[1]

图 6-7 软萌画面与"猛男"形成强反差

---

[1] 该短视频内容剪辑自日本电影《你看起来很好吃》。

• 分析："猛男"该不该看这种软萌的电影？刷到这条短视频的用户很可能会半信半疑地往下看。结果，随着剧情的展开，用户会看到，破壳的小恐龙错把本来准备吃掉它的霸王龙当作爸爸，激发了霸王龙的父爱，霸王龙反而成了小恐龙的保护者。视频末尾霸王龙的台词"你知道爸爸刚才有多担心吗，你这么不听话就去当别人的小孩"更是戳中了观众的泪点。高赞的评论中，一位男性用户写道："为什么我看到一半的时候，有一样东西从脸上掉下来了？"

▶ 案例2

一段监控视频内容显示，一位服务员下楼梯时不慎摔倒，但她被扶起来后说的第一句话却是：精油碎了吗？

• 分析：服务员自身的遭遇和第一时间关心的只是商品碎没碎（会不会影响工作）之间形成巨大冲突，引发网友感叹生活不易。值得注意的是，这条短视频先将事件结果（服务员摔倒被扶起后先问精油碎没碎）以字幕形式打出，在情感上先给了观众巨大的冲击，然后才回放服务员下楼的过程。也就是说，视频先把最有冲击力的内容放在前面，然后再从头叙述。

3. 有趣

为了增强参与者的体验，游戏中往往包含一些有趣的内容，比如游戏《斗地主》中的搞笑配乐和"我等得花儿都谢了"等催牌台词。这些内容能强化情感连接，让用户开心快乐的同时，既消遣了时间，又释放了情感，甚至还能释放压力。

▶ 案例

2018年，抖音联合七大博物馆推出"第一届文物戏精大会"短视频。在视频中，陶俑们窃窃私语，聊着博物馆注册抖音号的事。渴望借机红一把的文物纷纷拿出自己的看家本领：唐三彩里的胡人献上一支拍灰舞；青铜器秀出自己的98K电眼；兵马俑则化身"rapper"，喊出"我们不红，始皇难容"……这极具颠覆性的内容一经发布后立刻刷屏，很快火遍全网（如图6-8所示）。

图6-8 "第一届文物戏精大会"

• 分析：庄严肃穆的博物馆与文物的"戏精"表演之间的巨大反差，向来作为文化符号的文物"一反常态"的举动，再加上视频中极具现代感和戏谑性的台词，这些都为短视频营造出了很强的戏剧性，并"攒"足了笑点。在叙述视角上，视频由传统的"人讲述文物历史"变成文物为自己代言，给观众带来了很强的新奇感。

4. 积极反馈

玩游戏时，玩家需要通过收到反馈来持续投入游戏，这些反馈可能是排名展示，也可能是积分、道具奖励等。短视频如何对用户进行反馈呢？

▶ 积极回复评论区留言

优先"翻牌"对自己有利的、观众关心的或内容本身有话题性的留言。

▶ 案例

某达人发布的短视频中有一条点赞超过 15 万的热评，内容是"厕所里面有人影在动"。原来"人影"是团队在制作视频的时候不小心留下的一处"bug"，多数观众都没有注意到这个细节。但是，达人翻牌这条揭露"穿帮"的留言后，许多好奇的用户看完视频后就会回过头去找所谓的人影，不知不觉中就提高了视频的完播率和复播率，反而提升了视频的热度。

• 分析：经常出镜的达人，可能会偶尔犯这样的错，比如说错某个词语，或者说出的是"4"，手比画的却是"3"等。这些错误无伤大雅，细心的观众发现并指出后，运营者可以通过让这些评论"上墙"引导其他观众反复观看视频。有的带货达人的评论区会出现一些对发货时效、商品数量的质疑，不要怕，得体地回复反而能赢得看到留言或怀有同样疑问的买家的信任。

▶ 根据观众的需求调整短视频的内容及方向

▶ 案例

某摄影师主播应粉丝要求，录制了一条视频，展示自己的背包里究竟有什么。结果，除了常规的摄影器材外，摄影师在自己的背包里还翻出了一个自己为恋人做的小猪羊毛毡、三四包辣条和四五个未归还的充电宝。最后，摄影师在包里掏出了一瓶面霜，他还对面霜进行了介绍。这条看似平平无奇的视频获得了超过 25 万个赞和 1 万多条评论。

• 分析：粉丝对喜欢的达人往往充满好奇，这条短视频充分回应了粉丝的要求，达人在展示自己细腻的感情和接地气的生活的同时，还顺便对一瓶面霜进行了有效"种草"，一举三得。评论区中，粉丝们对摄影师的生活、情感的讨论更是"炸开了锅"，有效增加了短视频的话题度。

5. 有获得感

如果观众或粉丝认为视频有用，就会对视频产生一种"肯定性认知"，从而放下自己是在打发时间的念头，更加沉浸在短视频中，也更愿意投入时间和精力去重复观看。

▶ 案例 1

园艺类达人"坤哥玩花卉"八成以上的短视频内容都是养花干货。有一些是技能类的，比如怎么应对植物的立枯病、怎么快速除掉杂草、冬季露天怎么养花等；有一些是推荐类的，比如办公室养什么绿植合适，什么喷头浇花更省心，耐三伏天的好花推荐等。到现在，其视频累计更

新超过150集的"怎么养系列",播放量已经超过了1亿。此外,"坤哥"还通过"富知计划"分享一些比较冷门的花卉知识,持续提升自己粉丝的质量。

• 分析:整体来看,通过一条条养花知识视频,"坤哥"大致搭建了一个花卉种植的视频体系。通过频繁并且高质量的输出和互动,他不仅培养了粉丝黏性,也强化了自身在粉丝心中的专业形象。

▶ 案例2

在2018年6月27日的短视频中,涂磊坐在书桌前,笃定地对着镜头说:"任何最终美满的婚姻,夫妻双方在最初都至少会有10次想要离婚的想法,50次想要掐死对方的冲动,100次的你争我闹和1 000次质疑最初的选择。好的婚姻,都是'忍'出来的。"

• 分析:这条短视频延续了涂磊在节目中犀利、笃定的话风,数字化的表达、排比式的语句再加上结尾的心理抚摸,一切都恰到好处,引起了女性观众的共鸣。这条视频点赞量将近200万,评论数接近6万条。

评论区中有来自粉丝的情感困惑咨询,有对于短视频内容附和的声音,也有不少粉丝的个人情感故事分享。粉丝与粉丝间,还有对于情感问题的进一步探讨。这些互动中,有分享、有思考、有关怀。

涂磊的情感类短视频,频频出现点赞量达几十万的爆款,有的视频点赞量甚至达到两三百万。显然,有情感领域专家人设的他,通过阐述情感观、处理感情问题技巧等,为自己带来了很高的用户认可度和粉丝黏性。

6. 故意中断，留下悬念

游戏中的人，总是努力争取名次、排位再上一层，或者越是面临干扰越是不甘心放下。

心理学家契可尼发现，普通人容易忘记已经完成的事情，却总是牵挂没有完成、目标没达成或者因别的因素被迫中断的事情。有些人在中年或晚年依然对年少时的初恋难以忘怀，其实也有这个因素的影响。

在短视频中，很多受欢迎的视频到结尾处故意留下了"小尾巴"或悬念，故意不讲完，引发观众的观看期待，从而得到持续关注。这类短视频结尾的话术通常用"问句 + 感叹句"来表达，比如：

想知道真相吗？下期揭晓！
想知道发生了什么吗？下期发！

6.3 越玩越开心，直播间有哪些留人玩法？

直播卖货本来就是一种娱乐性很强的营销方式。主播一边和观众聊天，一边介绍产品，氛围轻松愉快，互动性非常强。主播可以既是用户（对产品有切身的使用体验），又是产品推荐者，这加深了说服力。两个方面的因素叠加，大大促进了商品的转化率，这是抖音直播带货迅速发展的原因之一。

爱游戏是人生来就拥有的一种天性。用游戏思维来做直播，就是抛开兜售产品的功利想法，先借助娱乐的形式或元素，将直播场景置换为

游戏场景，从而激起观众的兴趣，和他们建立情感连接，继而推动产品的销售和推广。

怎么用游戏思维做直播呢？笔者为大家展示几种有趣、好玩又能留人的直播间玩法。

1. 娱乐话题

2020 年的 4 月 1 日，某主播的直播间因为"卖火箭"而上了热搜。在直播间里，主播还连线了某火箭市场部部长。该部长表示，任何人都可以拍下订单，只要有想发射的东西，且具备发射条件。直播途中，主播一直在提醒观众：如果只是想体验一下买火箭的感觉，观众们可以加入购物车截图留念。她表示："其实卖不卖没有那么重要，这对我来说也是个挑战，我想证明的是直播有无限可能。""卖火箭"虽然是一个多方"共谋"的营销事件，话题热度却为主播带来了高关注和高观看量。

2. 成语接龙

成语接龙是一种很能提升观众参与感的活动，适合刚起步的小型直播间。围观的观众看到别人猜出了自己没有想到的答案后，也会暗自想要"扳回一局"，猜中成语，这样直播间的氛围就会越来越好了。玩成语接龙的时候，主播既可以选择和其他达人连麦，也可以选择和自己的观众互动。

两位达人在直播间连麦进行成语接龙时，达人 A 自称是文化人、读书多，要与达人 B 一较高下，结果两人越到后来，接出来的已经不是成语了。

达人 B：力大无穷。

达人 A：穷了咋办。

达人 B：办了再说。

达人 A：说不出来。

达人 B：来吧咋地。

……

而评论区已经是一片笑声和支援的答案，直播间氛围不知不觉中就活跃起来了。

3. 自黑

"自黑"也就是调侃自己。"自黑"是一种幽默方式，适度"自黑"能让观众感受到主播的亲切可爱。但要注意，绝不能选跟直播主题相关的致命缺点。比如讲不好普通话，放在知识主播身上是可爱和风趣，放在卖声音训练课程的主播身上就是致命缺点了。

4. 秀才艺

"晒"一个讨喜的才艺可以增加主播的个人魅力，还能打破沉默，增加与观众的互动，活跃直播氛围。主播可以让学员点播一首歌，唱给大家听。

在秋叶公司的直播间，唱歌、弹吉他或尤克里里等已经成为一些主播或讲师的习惯了，导致很多员工议论说公司掀起了直播间"才艺内卷"之风。实际上，这些表演不一定要多好、多专业，重要的是秀出来，让粉丝感受到乐趣和诚意。

5. 换装

短视频换装很常见，其实换装也可以运用在直播间里。当然，主播换装动作要熟练，换装的过程中助播要及时配合、与观众互动。

某男明星曾在直播间里上演霸道总裁换装秀，一边换装一边和观众聊天，还不忘耍帅。直播过程中主播凹总裁造型，被粉丝戏称为"潜水服""保镖工作服"等。观众留言："差点没把我笑死。"也有人说："这小伙子好嘚瑟。"观众表面上似乎是在批评主播，但其实已经被主播的幽默和可爱深深圈粉了。有的观众为了看其换装，甚至在直播间蹲守了4个多小时。

6. 《真心话大冒险》

《真心话大冒险》游戏的灵魂在于一个敢问，一个敢说。当然，主播要提前和观众约定，不能问一些低俗或暴露个人隐私的问题。主播可以和观众分享最"沙雕"的事、最尴尬的事等，这可以拉近主播和观众之间的距离。

对输家的惩罚可以有这样一些方法：数青蛙、做方言版自我介绍、学木头人、头上顶盆做深蹲、倒背乘法口诀表，等等。

7. 盲盒

盲盒是近来年轻人中特别流行的玩法，用在直播间里也很不错。主播可以在盲盒中放上不同的产品，有的观众会期待用较低的价格买到惊喜。这种方式既能促单，又能吸引观众停留，还能吸引一批新用户。不过，盲盒并不适合一直玩，一个月玩两三次比较合适。

8. 趣味实验

对于陌生观众来说，主播在讲解商品时本身就属于销售，肯定会使劲地夸产品好，因此，观众天然地会对主播存在不信任感，那怎么能打消观众的顾虑，让其对主播产生信任感呢？

很多主播的直播间经常会做一些趣味小实验。比如，某主播为了证明某产品用的棉是真的，直接选了一块普通棉和其售卖产品所用的棉同时烧掉。如果是劣质棉，燃烧时会冒黑烟，烧完留下的是黑色胶状物；如果是真正的棉燃烧时会冒白烟，烧完是灰，以此来证明自己家产品用的是真棉。

9. 一唱一和

传统的相声分为捧哏和逗哏两个角色，直播间里主播也完全可以和助播一唱一和，相互"吹捧"，把一件本不搞笑的事说得生动有趣。在某明星直播间里，明星和他邀请的嘉宾就很善于相互吹捧、活跃氛围，更重要的是还能强化重点。

比如，该明星在推荐一款零食时，他们之间的对话是这样的。

明星：下面，这是我要推荐给大家的零食！
嘉宾：啊！你把这个都拿出来啦！

这一夸张的回应让本来平平无奇的事情变得神秘，观众会好奇，到底是什么东西这么厉害？

再比如，该明星在介绍产品优惠时，嘉宾会用夸张的回应，把重要的信息再强化一遍。

明星：今天这个藕带，直播间的秒杀价是 1 元包邮，每人只能买 1 件，限量 1 000 份。

嘉宾：1 000 份！1 块钱！还包邮！哎哟哟，这个不用多说了，肯定人人都抢了。

10. 猜价格

上新品的时候，主播可以拿出一款产品，先讲述产品的功效、特点等，然后邀请粉丝和观众在评论区猜产品的价格，对猜得最接近产品价格的观众可以给予一定的奖励。这个互动游戏的好处是玩游戏的同时，"种草"促单两不误，让观众既有乐子，又有购买欲望。

当然，除了这些玩法之外，还有猜歌名、猜电影、猜小吃名、脑筋急转弯、主播比画让观众猜东西等游戏。多采用这些小游戏，能让观众在不知不觉中形成"直播间很好玩"的印象，从而愿意花更多时间看直播。

6.4 因为好玩，所以火出圈的产品家族

"沉睡数千年，一醒惊天下。"继故宫热之后，三星堆博物馆也成功通过创意文创，火出了圈，成为故宫后的又一大热门文化 IP。

1. 三星堆面具冰淇淋：造型绝了

2021 年"五一"期间，三星堆博物馆推出一款"三星堆面具冰淇淋"（如图 6-9 所示）。该雪糕奇特的造型引发网友们狂热追捧。更绝的是，该雪糕竟然有"出土味"和"青铜味"两种口味供消费者选择。

图 6-9 网友晒出的"三星堆面具冰淇淋"

推出首日，2 000 余支雪糕就被热情的观众一抢而空。"五一"期间，该雪糕在博物馆景区内就卖出了几万支，相关话题占据微博热搜多日，随后还不断有网友慕名而来。这款雪糕又被机智的网友称为"花 5 块钱的门票钱才能买到的雪糕"，抖音上甚至出了一些探馆买雪糕的视频。

据了解，不少文博单位都曾推出过文创雪糕：北京玉渊潭公园有樱花雪糕，外形唯美，口味丰富；西湖景区则将许仙和白娘子的形象做成雪糕；黄鹤楼推出了黄鹤楼雪糕，引发游客纷纷手拿雪糕与黄鹤楼留影；敦煌莫高窟推出过"草莓 9 层楼""巧克力石窟外景""牛奶月牙泉"等定制版雪糕。

此外，各大高校也纷纷跟进，推出了各种"高校牌"雪糕，如清华大学的毕业小人雪糕、日晷雪糕、水木清华雪糕，华中科技大学的梧桐树叶雪糕及中南大学的荷花池雪糕等。

对此，网友表示：吃雪糕吃出了知识的味道。

两个月后，趁着产品的热度，团队又推出了"三星堆面具冰淇淋"盲盒版，包含"神秘味""出土味""青铜味""黄金味"4 种口味（分

别对应了蓝花楹、巧克力、抹茶和菠萝味）。借用年轻人喜欢的盲盒游
戏为产品增添乐趣。设计师表示，后续他们还会推出青铜大立人、青铜
鸟头等多种造型的雪糕，并增加青柠、草莓等更多口味。

2. 还原考古场景，推出考古盲盒

三星堆出土的文物本身就带有话题性，因为不少文物要么与神话中
记载的事物类似，要么能很神奇地在现实生活中找到与其极为相似的原
型。比如青铜树就和《山海经》里记载的神树很像，青铜大立人等则被
网友称为"外星人"，而陶猪竟然和《愤怒的小鸟》里的绿猪长得几乎
一样。于是网友纷纷感叹："看考古就像开盲盒，谁也不知道下一个挖
出来的文物是什么样。"

面对网友的感叹，三星堆博物馆立马顺势推出装有真土的考古盲盒
（图 6-10 为盲盒内的缩小版文物），让大家过把考古瘾，盲盒本身的
神秘性和文物的神秘性可谓相得益彰。

图 6-10 盲盒中的迷你文物

除了盲盒本身，购买者还会领到铲子、锤子、眼镜等。购买者需要先用锤子锤开产品外壁，再用铲子挖，一点一点地清理出"考古文物"，直到最后时刻，才能一睹"文物"的风采。

有的人非要收集一套才甘心，然后在朋友圈和短视频里晒图，结果又给盲盒带来了一波热度。聪明的网友还自行开发出多种玩法：用铲子干挖、泡在水里湿挖、挖完顺便玩玩泥巴，等等。在这个过程中，用户体验到了考古人员的乐趣。这提升了用户的参与感，为其带来了趣味性和沉浸式体验。据了解，这款产品一开卖就售罄，足见其火爆程度。

3. 奇思妙想之摇滚盲盒

继考古盲盒后，三星堆又马不停蹄地推出了摇滚盲盒。盲盒中，青铜人像化身摇滚乐队成员。它们戴着青铜面具，神秘而炫酷，色彩绚丽，充满时尚感，一改文物在人们心中"高高在上"的距离感（如图 6-11 所示）。

图 6-11 三星堆摇滚盲盒

设计团队称，这款摇滚盲盒的设计灵感来自古蜀人用音乐沟通天地

的方式，乐队名为"三星伴月"。未来，团队甚至打算为它们推出歌曲和演出。网友评论说："若干年后，考古学家蒙了。"也有人说："这一看就是外星人乐队。"

6.5 话题挑战，独乐乐不如众乐乐

2021年3月，借着世界戏剧日的契机，共青团联合抖音发起了"我要笑出'国粹范'"挑战。著名京剧演员亲自向抖音用户示范京剧老生的不同笑法，网友可能从来没有接触过这么接地气的京剧"科普"，纷纷模仿。最终，这个话题下的短视频播放量达到了26亿。

这个话题活动本质上是用一种娱乐性、接地气的方式普及京剧文化，这种形式让网友感兴趣，有参与度，效果显然也非常好。

我们说独乐乐不如众乐乐，话题挑战就是一种群体性的狂欢。一般来说，话题挑战不仅能调动网友的热情，往往还有意料之外的收获。

1. 抖音挑战赛都有哪些玩法？

挑战赛从内容上说，有8种玩法：手势舞、演技类、特效互动类、合拍类、舞蹈类、换装类、线下打卡（或记录类）、剧情类。

前6种属于模板类，也就是由发起者提供一个模板，比如一段手势舞、一段表演、一个贴纸或一段BGM（背景音乐）等，鼓励其他人进行模仿。图6-12中，发起者正在展示"hello手势舞"，参与者模仿其动作并录制和上传自己的视频作品，就能对其进行"挑战"。

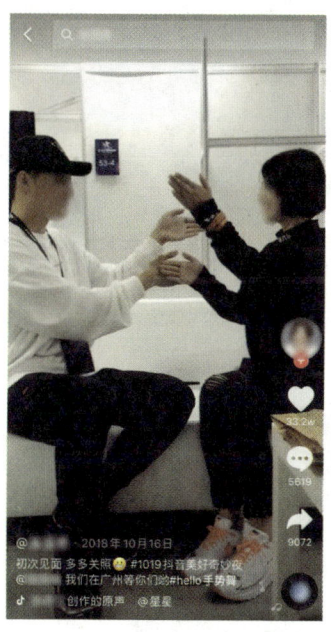

图 6-12 hello 手势舞

后两种属于开放创意型，不为用户指定模板，只要用户参与打卡或围绕话题进行剧情创作就可以。比如播放量超过 12 亿次的话题"打卡520"，要求是带定位分享 5·20 甜蜜瞬间就可以。

2. 具有什么特点的贴纸更受欢迎?

为了使挑战赛效果最大化，贴纸的细节也要注意。应该尽量突出贴纸的这些特点：萌、美、趣、酷。产品或品牌可以作为装饰的一部分出现在贴纸上，但要避免生硬嵌入。

▶ 案例

在推广某游戏期间，运营团队借助女代言人在抖音上推出"化身大天

使守护××"的话题，内容播放量达到9.2亿次，曝光量可以说是非常大了。

当时，官方推出的天使贴纸效果比较炫酷，很受女用户欢迎，这使得她们纷纷在抖音上留下了自己的天使造型短视频。观众在天使贴纸的加持下，再配合音乐做动作，视觉效果非常好（如图6-13所示）。话题引导抖音用户纷纷上传短视频作品并@荣耀大天使，短时间内沉淀短视频11.3万条，其中有不少优质内容。这些视觉效果理想的用户短视频经过二次传播后，又为游戏带来了新一轮的推广，其传播量也非常可观。

图6-13　用户使用天使贴纸进行创作

3. 怎么最大化发挥话题挑战的效果?

▶ 好的话题名称奠定挑战赛的流量基础

我们看到或提起某个话题的时候，最先注意或谈到的一定是名称。

话题名称会影响观众的参与度。运营者可以从这6个角度出发来寻找话题：产品卖点、平台热点、节日热点、传递理念、营销节点、品牌直露（见表6-2）。

表6-2

话题角度	特点	示例
产品卖点	提炼品牌或产品的特色和卖点，融入话题	飞利浦根据冲牙器的产品特点，推出话题"微笑点亮职场"；台铃电动车推出话题"超能挑战跑更远"
平台热点	配合抖音的热点推出话题	茅台酒业结合"国货国潮热"推出话题"国潮国货国吉祥"
节日热点	借助大型节日推出话题	北京欢乐谷在万圣节临近时推出话题"假面糖果节"
传递理念	传递品牌或产品的精神态度等，激发用户共鸣	天和骨通贴膏结合产品的健康理念推出话题"最美不过夕阳红"
营销节点	根据品牌或行业的大型营销节点推出创意话题	京东和海尔在超级品牌日联袂推出话题"换个姿势解锁热爱"
品牌直露	品牌名在话题中直接露出	鲨客品牌推出话题"鲨客洗鲨鲨扫拖超轻松"；好人家火锅底料推出话题"好人家为锅而赞"

▶ 什么样的 BGM 更好

BGM 对话题的流量影响也很大。什么类型的 BGM 更好呢？主要有这 3 种：

- 旧曲新编。借助大家耳熟能详的旋律，进行创意改编或歌词填写，从而让经典音乐为自己服务。大家在使用经典歌曲时要注意处理好原曲的版权问题。2021 年 6 月，蜜雪冰城就以一首旧曲新编的主题曲《蜜雪冰城甜蜜蜜》席卷全网，其歌曲旋律来自经典老歌《哦，苏珊娜》。

- 专门打造。专业的制作人或者机构打造品牌音乐，可以深入传递达人或商家及品牌的个性、特色等。但这种形式的缺点是难度大，音乐如果不够好，可能会降低观众的参与热情。制作时应尽量选择节奏感强的音乐，歌词要通俗易懂，不要植入过多的广告。

- 剧情类挑战赛中的背景音乐。其要点在于，要配合好场景。大家可以回顾一下前述关于爆款视频的音效等内容。

▶ 创造双向互动

话题挑战应该由发起者适当引导，引发用户参与，二者形成互动。推动步骤不外乎先造"梗"，再用话题或活动"引爆"梗，接着让网友们乐此不疲地"玩梗"，导致一个热点营销事件的生成，最后营销方收割流量。

发起者先要制造一个能引发网友兴趣的"梗"。有一位外国网友发了一条粤语视频，结果里面的台词"喂！三点几了，饮茶先"一下子就走红了。据说是因为这句话戳中了很多"打工人"的心，他们欣赏那种风轻云淡，无论发生什么事，也先让自己好好喝口茶的从容。也有网友说，这让自己懂得了要更爱自己。接着，作为对这句话的回应，网友们推出了几十种不同语言、方言版的"饮茶先"。这个随机发起的活动，话题播放量高达 3 亿次。

◐ 话题发起者怎么做到有的放矢

由于话题挑战参与者众、辐射范围广等，有时候活动也可能超出发起者本来的意图。为了更好地利用话题有的放矢，活动方要注意这几点：

➤ 强化引导，避免过度娱乐

一方面，过度娱乐往往缺少真正吸引用户的内涵；另一方面，过度娱乐可能会偏离发起者的最初目的。活动方要通过优秀示范等方式进行合理引导。

➤ 明确规则，持续推进

规则松散容易导致活动失焦。前面提到的例子中，推广京剧时，京剧演员亲自为网友示范何谓笑出国粹范，能以最专业的姿态让网友"get"国粹范。当时，活动发起方不仅邀请了该著名京剧演员，还邀请了其他专业京剧演员分别展示小生、花脸和老生的不同笑法。为什么要如此大费周章呢？因为，有一个清晰的玩法，在很大程度上能促使最终的结果与你最初希望的方向一致，也就是出效果。这样才能让这场活动的文化普及目的落地，否则，就可能变成仅仅是一场娱乐活动而已。

➤ 优化策略，增强后劲

抖音上很多话题存在这样的问题：存留时间太短，容易受到海量信息的稀释。活动方可以通过吸引用户参与、KOL 投放、KOL 借势及奖励机制让话题持续的时间更久一点。

◐ 借助多重传播路径，扩大影响

➤ 借助媒体扩大影响力

除抖音平台上的媒体大号外，还可以积极利用其他平台媒体进行扩散。

➤ 借助 KOL 扩大影响

在合作 KOL 的选择上，选头部 KOL 有时不一定能达到最佳效果，

对于普通商家来说，与 5 ~ 10 位中部、腰部的 KOL 进行合作推广是不错的选择。

➤ 可以利用社交圈扩大影响

可以利用社交圈，通过鼓励分享的方式进行扩散。

最后，运营者们要注意的是，游戏太简单或者太难都不好，太简单会让人觉得无聊，太难会让人望而生畏。难易适中的游戏最容易激发用户的参与度，挑战赛也是这样。内容既需要一定的新意，又要不难上手，这样的挑战赛比较能调动用户参与的积极性。

6.6 案例分析：抖音神曲全网传，蜜雪冰城的娱乐营销

"你爱我，我爱你，蜜雪冰城甜蜜蜜。"

2021 年 6 月初，奶茶品牌蜜雪冰城在抖音和 B 站上上传了自己的主题曲。几天之内，这首只有三句词的歌曲迅速在全网走红。接着，这首歌的电音版、方言版、京剧版，以及不同外语版在全网上层出不穷，款款都爆，堪称"屠流量"。

笔者打开蜜雪冰城的抖音话题页时，发现蜜雪冰城相关视频的播放量已经逼近 100 亿次，而"蜜雪冰城主题曲""蜜雪冰城甜蜜蜜"话题的播放量分别达到了 25.3 亿次和 11 亿次（如图 6-14 所示）。这实在令人叹为观止，毕竟同样做奶茶的其他茶饮品牌相关视频的播放总量才与蜜雪冰城的主题曲话题的播放量相当，甚至多数还赶不上。

图 6-14　蜜雪冰城部分抖音话题

1. 雪王：蜜雪冰城的软萌 IP

打开蜜雪冰城的抖音主页，你总是没法把目光从一个头戴王冠的白胖雪人的动画形象（如图 6-15 所示）上挪开。这个走起路来摇摇晃晃，甚至偶尔还会跌一跤的白胖雪人名叫"雪王"，网友还给它送了一个外号，叫"雪宝"。

图 6-15　蜜雪冰城品牌形象"雪王"

在蜜雪冰城官网的品牌形象介绍页上，雪王的性格栏写着"贱萌""专

注"，爱好方面则写着"唱歌跳舞""看到喜欢的奶茶店忍不住舔嘴巴"等。这么一个头戴王冠、手执冰激凌杖、身着披风的"憨态可掬"的形象，充满浓浓土味的同时，自带一股亲民的气质。

当然，除了亲切和较高的辨识度之外，雪王IP少不了周边。笔者看到，蜜雪冰城官网展现的雪王周边有抱枕、手提袋、马克杯、中性笔及扑克牌等（如图6-16所示），网上还出现了网友创作的雪王表情包。这些周边是对雪王"土萌"形象的进一步延伸。

图6-16 雪王周边

雪王的形象不仅见于大街小巷的蜜雪冰城门店，也是公司抖音短视频屡屡出场的"核心演员"。笔者看到，一条"雪王DJ打碟"的短视频，点赞量超过270万，视频下面的留言超过了12万，留言中，雪王和粉丝们相互调侃，俨然是"一家子"。

借助雪王IP，蜜雪冰城品牌实现了一种看似柔性实则强悍的有力渗透。刷着雪王的逗趣短视频，喝着印着雪王形象的奶茶，还哼着雪王的歌曲……蜜雪冰城已经在不知不觉中深入人心。

2. 神曲炸圈方法论：重复重复再重复

2021 年 6 月 3 日，蜜雪冰城官方在抖音和 B 站上传了蜜雪冰城主题曲 MV，并发布了不同语种的版本。这首只有三句词的歌用了大家耳熟能详的外国歌曲《哦，苏珊娜》的旋律。

乍一看歌词，除了朗朗上口、简单易懂外，似乎并没有多少过人之处。但是，简简单单的重复式歌词，配上耳熟能详的旋律，着实让人有点"上头"。这和脑白金那句广告词"今年过节不收礼，收礼只收脑白金"的流行一个道理——重复重复再重复。不同的是，脑白金是靠电视广告重复台词，蜜雪冰城不仅深谙互联网的营销推广之道，还坐拥万家门店，能实现"自循环"。

实际上，2019 年，这支主题曲就推出了。2020 年 5 月，蜜雪冰城就推出了这首歌的 MV，只不过，令营销宣传负责人王伟龙苦恼的是，当时这首歌"即使硬推，也没有推火"[①]。线上不火，那就从线下铺开。借助万家店的引流优势，光是店内重复播放一年，其辐射人群也非常可观。这种柔性营销的方式，看起来不着痕迹，却实现了有效渗透。而在互联网这一端，蜜雪冰城团队从 2019 年起就开始运营抖音平台，通过短视频和挑战活动等累积了百万粉丝。依靠线下渗透和线上粉丝，终于在 2021 年 6 月，当不同语种版的主题曲 MV 在抖音等平台推出时，立马在网络平台上刮起了"甜蜜蜜"龙卷风。

继官方的外语版后，达人及素人的二创版随即席卷各大网络社交平台。关于网友的 UGC，雪王 IP 及主题曲的策划公司华与华有一个"播传"概念，认为应该"播一个东西让消费者自己传"。抖音网友正是热衷于二创的一群人，众网友一起创作（也包含 MV 火后，来蹭热点的情况），

---

① 内容来自王水写的《蜜雪冰城爆火背后：二创、抖音与"十万铁军"》一文。

形成了互联网传播的长尾效应①。官方则抓住机会，进行持续营销，后面又陆续推出 MV 的衍生视频，比如"蜜雪冰城甜蜜蜜舞蹈""第一次听蜜雪冰城主题曲""唱蜜雪主题曲免单""主题曲 boy 的秘密""雪王 DJ 打碟"等内容。这些举措让这首歌从 2021 年 6 月火到了 7 月。好一个甜蜜的夏天！

所谓土到极致就是潮，蜜雪冰城前有土萌 IP 圈粉，后有神曲炸圈，这波宣传玩得确实"666"。

---

① 长尾效应（Long Tail Effect）：这一概念是由美国《连线》杂志主编克里斯·安德森在 2004 年提出的。指原来不受重视的销量小但种类多的产品或服务由于总量巨大，累积起来的总收益超过主流产品的现象。在互联网领域，长尾效应尤为显著。

第 7 章

跨界思维

找到新价值生长点

○ 这些年，我们没少见过跨界。

　　泸州老窖出过白酒味的香水，3 天内售罄；大白兔推出了奶糖味润唇膏，预售款半秒就卖完；老干妈的卫衣成功走上纽约时装周；饿了么联合服装品牌太平鸟举办展览；博物馆联手抖音推出"文物戏精大会"；手机做得很好的雷军不仅不满足于做家电和日化，还喊出"为小米汽车而战"口号……

○ 看起来众声喧哗、好不热闹，实则硝烟滚滚、杀机四伏，时不时就有企业因为原地不动，被"跨过界来"的闯入者硬生生干掉。

○ 跨界，就是打破鸿沟，重建事物之间的联系，多方向开疆拓土。

○ 抖音，尤其适合玩跨界。

7.1 自带跨界基因的抖音平台

抖音最初是一个音乐创意短视频社交软件，为网友提供麦克风和舞台。不过这款软件没有止步于潮流音乐社区，而是进行了纵深化的全链路发展。

到现在，抖音不仅完善了智能营销平台、数据整合平台，还实现了平台内支付功能，摆脱对其他平台的依赖，实现了链路闭环。

构筑链路闭环的好处在于提升平台壁垒，增强竞争力和话语权。今日的抖音，已经跻身全球软件（非游戏）下载量榜首，更有千亿的市场量，地位轻易不可撼动。

从诞生之初主打音乐社交到兴趣电商链路大体完备，抖音的发展历程正是一部"跨界发展史"。因此可以说，抖音自带跨界基因，而且凭借跨界不断发展壮大。

1. 抖音的诞生：对标 Instagram 的潮流社区

2016 年 9 月，抖音正式上线。当时，作为"头条系"短视频平台矩阵的产品之一，抖音对标的是 Instagram（照片墙），定位为潮流社区，面向爱说唱、爱街舞的潮流青年，口号为"让崇拜从这里开始"。

可是，过于小众的定位并没有让抖音的用户量有大的突破。

2. 崛地而起：全民模仿秀

2017 年 3 月，某相声演员在微博转发了一条别人模仿他唱歌的短视频，视频上带着抖音的水印。这条微博短时间内转发量达到 5 000 余次，评论数超过 1.5 万条。很快，抖音由此获得了一批种子用户。

抖音方面，为了引导用户积极参与 UGC 创作，也是煞费苦心。抖音从规范时长、提供素材、优秀示范这 3 个方面进行了规定和引导。

抖音将短视频的录制长度限制在 15 秒内。15 秒，不长，刚好能集中展示某一个方面的内容或特色。如此，创作难度便降低了，但创作者需要在内容创意上搜肠刮肚。

为了调动用户的创作积极性，抖音甚至贴心地准备了一些现成的素材，如音乐、道具、贴纸、特效及台词等，供用户使用。用户只需要对口型、跟节奏，就能创作出一条短视频作品。

此外，抖音邀请了演技突出的达人和专业的 Hip Hop 歌手为用户进行优秀示范，从而引导用户。

在这样的苦心经营下，用户的 UGC 创作热情越来越高涨。渐渐地，在舞蹈、搞笑、萌宠、彩妆、美食等领域，成长起来一批优秀的素人出身的达人。

2018 年 2 月，抖音用户量突破 1 亿，短视频日累积播放量超过 10 亿。

3. 跨界试水电商：为他人作嫁衣裳

由于平台内自然发展出了一批"种草"短视频，但抖音自身又不具备供应链及物流支撑，搭建支付体系也是一件需要长期投入的事情，于是，在电商化的摸索上，抖音选择与第三方购物平台合作，为其引流。

2018 年 3 月，抖音开始进行购物车功能的内测。点击商品信息后，用户就能跳转到淘宝网站。经历数月的内测后，在 2018 年 12 月，购物车功能正式对红人放开，其要求是粉丝数在 8 000 人以上、视频作品超过 10 条。这一年，超过 6 万名达人、明星及企业号开通了该功能，累计订单数超过 120 万单。

遗憾的是，这一阶段，即便抖音前五十的带货达人促成的 GMV 超过 1 亿元，它也只是在为淘宝作嫁衣而已。

4. 深化电商布局：建立抖音小店

2019 年，抖音在供应链方面发力，重大举措是建立了抖音小店。

抖音小店上线的意义在于，用户可以直接通过抖音平台在抖音小店下单购买，不用再另外跳转到第三方平台。

自己流量池里的流量，终于可以原地变现了。

此外，抖音和第三方的合作也在不断扩大。除了淘宝网外，其购物车还可以跳转到京东、唯品会、考拉海购、苏宁易购等第三方电商平台。

5. 断开直播外链：做大做强后就"分手"

到 2020 年，抖音做大做强电商的野心更加明显，不仅高调签约知名网红，还吸引了大批明星入驻平台直播带货。

在供应链的完善上，抖音与苏宁易购进行深度合作，后者的商品悉数入驻抖音小店，大大扩充了抖音的商品。

在支付体系上，抖音支付逐渐完善。

2020 年 10 月，抖音正式斩断直播间的第三方平台商品链接，直接内部消化直播间巨大的流量。一时间，网络上盛传"抖音和淘宝'分手'了"。

6. 平台内支付：构筑业务闭环

斩断直播间外链后，抖音又设法在支付上构筑业务闭环。原来，抖音的支付是借助第三方实现的，比如微信支付、支付宝支付等，这使得抖音对第三方平台的依赖大，而且需要交手续费。

经过努力，2021年1月，抖音如愿争取到支付功能，摆脱了对支付宝和微信等第三方支付平台的依赖。此举意义重大：一方面，免去了中间的服务费，减少了流程成本；另一方面，牢牢将交易数据锁在了自己的后台，不会再被对手跟踪。

所谓卧榻之侧，岂容他人鼾睡。这一举措的意义还在于，让抖音电商实现了业务闭环。这样，抖音作为一个更加独立的平台，坐拥巨大流量的同时，不必再担心自己的领地有其他竞争者分食，其短视频平台霸主的地位就此树立起来。

从对标Instagram到依靠全民模仿秀突破1亿日活，从一开始的局部试水电商到不断深入，再到构筑业务闭环，抖音的每一步跨界之路，都走得很努力、很仔细。巧的是，它步步踩在了时代的节拍上。

7.2 主动跨界的"抖音+"，这样将势能放大

抖音上，都有哪些行业来跨界？行业跨界难不难？与抖音平台的兼容性怎么样？

答案是：只有想不到，没有办不到。

抖音上的行业跨界有很多，从"高大上"的政务类机构到房地产业，都在抖音做得风生水起，赚了吆喝又收了人心，商家还赚了大钱。

1. 抖音 + 政务

越来越多的年轻人，越来越有想法，也越来越有担当了。他们以自己擅长的、大众喜欢的新媒体作为媒介来传播政务工作。

很多敢试敢干的村干部也开始用抖音新媒体来宣传自己的小村。贵州龙里的村干部，在抖音上申请了龙里县融媒体中心官方账号——新龙里，并且在账号里搞起了农村宣传"新说唱"的短视频（如图 7-1 所示）。这种形式颠覆了传统的地方宣传、形象建设方式，令人耳目一新。视频发布后，很快获得了 10 万多个点赞。其作品多次被官方媒体点名报道、夸赞，称这种新形式的宣传值得学习。

图 7-1 贵州龙里县的农村"新说唱"

相关报道让贵州龙里彻底出圈，不仅带动了龙里特产辣椒和刺梨等新特产农作物，还拉动了龙里旅游业的发展。

和龙里亲切、接地气、关注地方发展的作品风格相比，有的政务号则通过权威性、硬知识或主旋律内容等获得了网友的青睐，比如抖音上的济南市公安局官方抖音号——济南公安。

"济南公安"在国庆前夕推出短视频"跨越时空的对话：这盛世如你们所愿"。视频中，在建立中华人民共和国的过程中牺牲的战士与当代的警察进行了一场隔空对话。

战士：我们胜利了吗？

警察：我们胜利了。

战士：太好了，我真想看看新中国是啥样。姐姐，那新中国，大家都能吃饱肚子吗？

警察：吃得饱，吃得好。

战士：那，都能和亲人们团聚吗？

警察：在一起，家家团圆，特别幸福。

战士：那他们冬天能穿上干净的棉衣裳吗？

……

战士：我真想看看咱们的新中国，现在是啥样。

警察：你看，我们现在的生活是这样的。（五星红旗升起、人民欢庆、高铁飞驰而过……）

视频在国庆前夕发布，纪念英烈的同时展现了中华人民共和国的美好图景，激起网友的爱国热情和自豪感，获得100多万个点赞和5万余条留言，观众的留言中满是感动（如图7-2所示）。

图 7-2 "济南公安"短视频作品"跨越时空的对话"

此前，"济南公安"以警察身份推出的"110不是万能的""便衣警察救助被骗女孩""揭露免费充电宝骗局"等内容也获得了几十万到1 000多万不等的点赞量。可见政务号结合网友需求，推出既带有一定剧情，又包含硬核知识的短视频是很受网友欢迎的。

类似的单位、部门可以从这几个方面出发打造政务号：

• 走亲民路线，通过幽默风趣的内容宣传政务，以接地气的风格赢得网友们的青睐。

• 打造个性化人设，比如龙里村热心建设乡村的干部和村民等，形成自己的特色。

• 结合社会事件，引导正确舆论，传播正能量，如"济南公安"推出的防骗系列短视频。

•结合时事或传统节日、纪念日等，弘扬主旋律，激发网友的爱国情感。

2. 抖音 + 综艺

抖音无论是短视频还是直播间，都不乏带有浓郁综艺感的内容，而正儿八经的"综艺"在抖音也很受欢迎。

2021 年 10 月 15 日晚 8 点，延续以往的星光璀璨，"抖音美好奇妙夜"再度携众明星及抖音达人降临。这一年"抖音美好奇妙夜"的直播主题为"每个人都是某个人的光"（如图 7-3 所示），共有 30 多位明星和 100 余名达人亮相。

这场综艺秀式的直播中，一些备受欢迎的抖音达人为观众带来舞蹈、歌曲、脱口秀等表演，还有不少传统文化创作者登台展示传统文化的魅力。

图 7-3　"抖音美好奇妙夜"话题页

通过搭建这样的舞台，抖音展示了普通人的闪光点。而这种综艺晚会形式的直播，在抖音已经举办过多次。通过这样的集中展示，抖音在"聚势""造势"的同时，又实现了"秀势"。

- "聚势"即将明星及达人聚在一起，不以明星为核心，而是突出所有人的"美好"，实现"美美与共"，形成巨大的内生力。
- "造势"即以这个重大的盛典为固定节日，形成节日 IP，塑造影响力，并在跨平台联动的过程中吸引新的用户群体。

- "秀势"即展示抖音的"抖文化"魅力，并实现文化、价值观的输出，强化影响力。

3. 抖音 + 影视

作为短视频平台，抖音上影视的相关内容也非常丰富。影视内容的背后，是巨大的影视流量。

2020 年初，受特殊情况影响，院线电影紧急撤档，字节跳动迅速买下《囧妈》的首发版权，让用户在抖音等平台上就可以看到院线电影，这波操作既赚好感又赚流量，抖音对影视作品的流量不可谓不在意。在"抖音电影榜"中，抖音平台为院线电影和网络电影分别打造了排行榜，点击相应的电影，能看到预告片、专题、相关抖音热门短视频等（如图 7-4 所示）。

图 7-4 "抖音电影榜"中的电影详情页

抖音上有不少解说影视作品的账号，比如"毒舌电影"，目前的粉丝数超过 6 000 万；"布衣侦探"，粉丝数达到 2 600 万；"乌鸦电影"，粉丝数超过 1 140 万等。这些专注于电影解说的账号，多用 3 个短视频作品讲完一部电影，每条短视频的长度在 2 ~ 6 分钟。图 7-5 展示的是解说短视频中注明的"已获授权"的说明。

图 7-5 电影解说短视频中的授权说明

还有一些账号专门剪辑影视作品、制作片段供观众速览，比如"女帝剪辑"等。2020 年，一部 1982 年拍摄的经典老电影《牧马人》，因为几条剪辑短视频在抖音走红，单条剪辑视频的播放量超过了 166 万（如图 7-6 所示）。短视频的走红引发网友跟风模仿剧情。最后，影片男主角的饰演者在抖音上与网友隔空互动，女主角的饰演者也同框现身。

图 7-6 在抖音走红的老电影《牧马人》

在抖音上，影视短视频走红的同时，也涌现出一些"微短剧"。在抖音短剧榜（如图 7-7 所示）上，古风、甜宠、乡村、家庭、情感、搞笑、励志、青春等不同题材的优秀短剧都榜上有名。

图 7-7　抖音短剧榜

此外，直播看电影的形式在抖音上也十分走俏，这类直播间的场观数据往往还很不错，有些主播还会顺便在直播间挂上一些零食。

4. 抖音 + 旅游

一个人或一个抖音账号的走红，甚至能带动一个地方的旅游业。

2020 年 11 月，抖音上的一位摄影师记录下了藏族男孩丁真的微笑视频，结果视频大火。这时，理塘政府部门很快出手，邀请丁真作为理塘县的旅游形象大使。

当月 21 日，丁真用自己的账号发布了短视频介绍家乡，视频中有

配乐，但没有台词，字幕也仅有一句话：

　　"四川理塘，我的家乡，也是我的远方。"

　　视频中展现了辽远、广阔、逶迤起伏的高原，具有很强的视觉美感（如图 7-8 所示）。这条短视频发出后，获得 100 多万个点赞。4 天后，丁真为四川甘孜州代言的宣传片《丁真的世界》出炉，火遍全网。宣传片中的雪山、草地、白塔、冰川、赛马等，也深深刻入网友的心里。某旅行网站的数据显示，随着丁真的走红，"理塘"热度大涨，对理塘的相关搜索量暴涨 620%。

图 7-8　丁真短视频中的家乡理塘

　　在"抖音美好奇妙夜"直播的"抖音年度高光时刻"环节中，一名丁真的粉丝表达了自己对丁真的家乡理塘的喜欢："看了你的视频后，我就去了你的家乡理塘，那里的风景真的很美，我把你的家乡介绍给了我的朋友们，大家也都很想去，我希望你和你的朋友们也能来我的家乡湖南做客，也希望能看到更多有关你的家乡的视频。"

怎么借助新媒体振兴地方旅游业呢？抖音已经有那么多成功案例，我们只需要学习和模仿成功者的"套路"就可以了。

▶ 第一步，先找到自己的特色

当地的特色是什么？好看的风景、好吃的食物、颜值出众的人，还是具有传承意义的手艺？

顺便说一句，特色就是独特的记忆点。标签不是记忆点，特色才是。

▶ 第二步：结合当下热点，做出大众喜欢的内容

比如上面我们提到的展现地方风光，通过有特色的人宣传当地特色等。独特的产品、淳朴的民风、宜人的风景、失传的手艺，这些大众向往而又无法直接接触的东西，都能吸引关注。还有很多农产品，强调原产地的优势，自产自销，通过直播带货的形式推广也非常值得学习。

▶ 第三步：打造影响力事件，引爆话题

找到真正适合当地特色发展的风格，坚持输出，有一定的成果以后，积极向有一定影响力的官方媒体主动展现自己的成果，获取新一轮的曝光。

继续输出、持续曝光、链接更多资源，从而让话题越滚越大，带来新的流量和关注，形成良性循环。

5. 抖音 + 地产

在抖音，有人愿意在直播间买一套房吗？买房还能像买一盒纸巾那

样简单？房子属于价格高、非标准化的产品，对于购房者而言，影响购房的因素有很多，包括地段、户型、楼层、朝向等，网友下单时要相对慎重一些。电商直播未必能成为房地产行业的销售渠道，但如果是作为品牌宣传的渠道，却有着得天独厚的优势，下面就说说碧桂园的例子。

碧桂园善于用短视频传播理念，将"房子"的概念融入家庭观念、家庭情感中。有不少短视频，虽然有广告或品牌植入，内容却很感人，在抖音上传播度非常大。碧桂园在某条视频作品中，提出恋人与夫妻间的争吵、分离、沉默、添麻烦、留遗憾等问题，并引导观众围绕爱情中的矛盾进行讨论，激发了观众强烈的共鸣。该条视频的点赞量超过55万，有一条高赞评论写着："每份爱情都来之不易，一定要好好在一起。"

此外，碧桂园善于结合节日推出话题、制造声量。比如其在春节期间推出的话题"家圆团圆碧桂园"，到现在已经有7.5亿次播放量了；话题"抖出最美全家福"有11.8亿次播放量；话题"碧桂园为家而绽"的播放量达到2.7亿次；七夕推出的话题挑战"此生相遇便是团圆"，播放量达到5.4亿次。同时，碧桂园还结合企业精神等推出"奋斗最青春"的话题，该话题的播放量达到52亿次。

在直播上，碧桂园喜欢用大手笔的投入扩大声量。2020年"五一"期间的"5爱5家直播购房节"上，碧桂园邀请某著名主持人和某明星站台，同时在全国设置29个分会场同步直播，与多个区域的总裁（或营销总监）连线，亲自推销。推广的项目覆盖了16个省，70多个城市，观看人次超过800万，获得了巨大的曝光量。

"抖音+政务""抖音+综艺""抖音+影视""抖音+旅游""抖音+地产"……不同行业与抖音的"联姻"，能擦出不同的火花。一些传统行业也积极通过抖音，寻求新的生意增量，比如在抖音同步直播的玉石交易会、图书展等。

这节内容有没有给你新的启发呢？

7.3 抖音跨界人，活出不一样的精彩

既然有跨界的行业，必然就有不同行业里跨界的人。

众所周知，抖音是一个去中心化的平台，网民活跃在这里，凭借内容脱颖而出。这一机制决定人人都可能是那个脱颖而出的人，有机会成为一个小的中心点。

处处都有成为中心的可能，由此，边缘和主流的区别就被消弭了，素人和名人的区别也被拉小甚至削平了。《2020 年中国网络表演（直播）行业发展报告》显示，截至 2020 年末，主播账号累计超过 1.3 亿，主播的身份非常多元，包含明星、网红、素人、商家、企业高管乃至政府官员等。

1. 抖音上的跨界企业家

2021 年 4 月 23 日，也就是"世界读书日"这天，当当网创始人李国庆开始了自己的抖音直播带货首秀，带货商品以图书为主，这场直播的成交额为 60.95 万元。

实际上，企业家在抖音带货已经不乏其例，比如格力的董明珠曾在抖音、快手、京东分别做过直播，累计带货成交额超过 10 亿元。

为什么企业家会积极参与直播？他们的直播为企业带来了什么？

一方面，企业家在抖音带货可以挖掘新的生意增量，直接增进企业的销售额。以服装行业为例，一些品牌调研发现自己的抖音买家和淘宝

买家的重叠率较低，那么在抖音带货就意味着巨大的增量市场。

另一方面，企业家带的不仅是货，也是企业本身。企业家通过个人魅力，能为企业和品牌形象代言。比如上面提到的李国庆，带货是为了推动自己创办的读书平台。服装厂老板郭长棋在抖音分享人生感悟、商业经验、家庭生活等，成功地将一家低调的服装工厂推到了网友面前。这家由郭长棋一手创办的工厂在做服装批发生意的同时，也为一些大牌男装提供代工服务，但知道的人并不多。而经过直播，如今其抖音上的粉丝已经有 300 多万。笔者通过第三方数据平台看到，其直播间场均销售额在 100 万元以上，实际上，其衣服的单价一般也就在百元内，能达到这样的成绩，与郭长棋在抖音上打造的个人人设是分不开的。

2. 抖音上的跨界明星

最开始，抖音主动邀请明星入驻，并借此进入大众视野。而在 2019 年前后，随着抖音平台越来越受欢迎，越来越多的明星主动入驻抖音进行"破圈"，甚至进行直播带货。现在，抖音平台不仅吸引了"天后""天王"，还成就了众多明星直播带货的跨圈红利。

积极活跃于抖音直播间的某明星参加一档热播综艺时，遭到朋友善意调侃：你明明琴棋书画样样精通，却选择从商。这里的"从商"就包含了该明星做得高调又火热的直播电商业务。

另有某明星联合一些在主流媒体中活跃度没有那么高的明星搭建直播工作室，一起拍摄短视频或进行联合直播，制造网络声量，从而吸引新的粉丝群体。事实证明，明星联合的力量是巨大的，其本人现在不仅坐拥几千万抖音粉丝，其直播间更是一度吸引近 50 万观众在线观看，创造过超过 2 亿元的单场 GMV，现在稳定的直播场均成交额也在 900 万元左右。

明星带货的优势是明显的。

- 第一，明星身份为之积累了巨大的流量与粉丝基础，自带话题，影响力是普通人无法比拟的，前期启动比普通人更容易。

- 第二，明星以自己的影响力和名气为商品背书，观众对此更有信任感。

- 第三，明星的特色、记忆点突出，便于打造带货标签。比如，有的明星向来犀利，对产品质量把关也很严格，打出的是"严选"口号；有的明星大气豪爽，高单价产品出单顺利；有的明星是化妆师出身，有丰富的美妆经验，以此形成特色；等等。

3. 抖音上的跨界网红

抖音在吸引名人入驻的同时，也捧红了众多素人出身的达人，这些达人走红后，也开始积极跨圈。有的唱歌达人成功晋升为签约歌手；有的头部带货网红逐渐现身于综艺节目，风头不在一线明星之下。

有一名"00后"男孩，由于出众的颜值和治愈系微笑迅速在抖音蹿红并吸粉千万。后来，作为抖音网红的他登上《快乐大本营》，并出演电视剧《我在未来等你》，俨然由一名网红达人变为了明星。

网红破圈，可以进一步扩大影响力，提高自己的"身价"，同时，将"网红经济"慢慢转变为"长尾经济"。

4. 抖音上的跨界农民

"巧妇9妹"是一位普通的农妇，却通过抖音积累了430万以上的粉丝，在抖音卖水果卖出了3 000万斤。她的抖音主页赫然列着：一个普通的农

妇，在大家的支持下，获得全国十大人物带货奖、2018中国三农人物奖、全国最美家庭奖、全国文明家庭奖……每年卖出超过3 000万斤水果。

"丽江石榴哥"因为摆地摊时用流利的英语向外国游客推销石榴而在抖音走红，现在他已经在抖音积累了730多万粉丝。在一条高赞视频中，网友留言称他是"五菱之光的外表，法拉利的发动机"。

纵观抖音上的农民，他们以真实的人设获得了网友的认可，并为自己的小生意赋能，这带给我们哪些启示呢？

• 农民本身朴实自然、不造作、接地气，这很受网友的欢迎，也容易受网友信赖。

• 农民种植的农产品绿色有机，在当地价值难以凸显，在抖音上卖却有相当的优势，比如没有打蜡的高山苹果、甜脆可口无添加的香瓜等。很多都市人就喜欢绿色有机的蔬果。

• 农民群体对社会有贡献，收入却微薄，以致越来越多的乡村年轻人背井离乡去城市打工，农村人口流失严重。农民通过抖音，增加群体关注度的同时，也通过带货给自己带来财富的增长，给乡村经济带来新的活力，让乡村焕发生机。这符合国家的政策方向，因此笔者长期看好这一方面。

从企业家、明星、网红到农民，他们都在抖音活出了自己的精彩。除此之外，还有传统手艺人、企业高管、普通白领、家庭主妇，甚至学生等，都在抖音上获得了自己的舞台。普通人只要找准特色、做好定位、持续输出优质内容，就有机会在抖音上脱颖而出。

7.4 纵向跨界，用抖音电商打通整个供应链

纵向跨界该怎么理解呢？

纵向跨界就是垂直打通产业链的上下游，实现全链路高度纵深化发展。

这个路数背后的逻辑是，先从某个点切入（比如抖音从潮流社区做起），然后完善自身（抖音在供应链、支付体系、交易闭环等方面下功夫），直到打通上下游，打通前端—后端—终端整个链路。

开发全链路，是为了不轻易因为某个环节而被打败，同时还能在最大程度上提高效率、节省成本。

1. 怎么理解全产业链？

就产业链自身来说，通常分为前端、中端、后端。

前端对应设计研发，中端对应生产制造，后端对应销售推广等。

产业链的每一个环节，都涉及众多细分业务，比如后端包含宣传、展示、销售、售后服务等。普通企业，一般是从一个或若干个业务切入的。下面说说兰研的例子。

2021 年 7 月，兰研品牌创始人许晓兰在"蝉妈妈直播电商大会"的发言中提道，兰研的成功离不开对"人设、产品线、产品结构、粉丝维护、电商基因"[①] 这 5 个关键要素的把握。其中，兰研的产品线铺设和全链路发展模式非常值得借鉴。

---

① 内容引自腾讯新闻《下半年直播该如何发力？兰研许晓兰分享抖音直播高阶玩法》。

◉ 根据自身优势，从产业链后端业务切入

兰研创始人许晓兰最初就是趁着在家备孕，开始利用自己的朋友圈人脉做起了微商。微商对应产业链后端的销售推广环节。

对于众多创业者来说，从单一业务切入是正常能力范围内可以做到、成本比较低、风险比较小，同时也比较容易做好的。

◉ 建立企业，丰富产品线

后来，兰研的微商团队发展到 1 000 多人。积累了客户和销售经验后，许晓兰才开始建立企业，进行自主研发。

其产品从美妆护肤开始，后来生意越做越大。兰研开始在护肤、内调、洗护、传播 4 个方面同时发力。这时，品牌产品线越来越长，逐渐围绕"女性的美"这一主题形成了自己的品牌矩阵。

在发展壮大的过程中，该企业逐步由最初的微商团队发展为集研发、生产、销售为一体的综合型公司，也就是"前端—中端—后端"的全链路布局。

这种发展模式，就是一种典型的纵向拓展跨界形式。

2. 纵向跨界有哪些好处？

◉ 拓展既有业务，发挥整合价值

对原有业务的拓展，能沿用以往的成功经验，利用以往积累的资源，将其整合价值发挥到最大，甚至能对原有产业带来革命性的影响。

兰研的企业建立在客户资源和销售经验的基础上，独立企业的建立可以放大这种资源。

再比如"老爸评测"在自己建立的家长群中，从组织测甲醛仪器的漂流活动开始，已经在逐步培养自己的用户。后来，"老爸商城"建立后，这些家长们又成为商城的用户。

在这个过程中，人群资产被充分利用，并且用户的消费周期得到了有效延长。

▶ 减少中间成本，提高生产效率

业务整合后，能够减少经济成本和沟通的时间成本，极大提高生产效率，增加企业产出。

凡是和外包公司打过交道，或者对接过外包业务的人都知道，有些在企业内部很容易就能沟通解决的问题，和外包公司沟通起来却非常复杂。甚至某些时候，即便一再留意，还是容易出现一些疏漏。一个企业，如果某些重要业务需要依赖外部，则可能被扼住喉咙。目前国内一些科技企业就面临来自国外的威慑和打击，这是前车之鉴。

抖音最初从 2018 年的导流至外链（相当于为其他电商平台免费引流）到 2019 年上线自己的商店，就是为了不让自己引来的流量白白流入别人的田里，而是直接内部消化、就地变现。

▶ 构筑竞争壁垒，掌握话语权

打通产业链能提升自己的竞争壁垒，使自己在领域内更具有优势和话语权。

笔者在某美妆品牌直属的直播间里发现，该品牌售卖的某款面膜不是自己生产的，而是委托其他工厂生产的。结果，这件事引发了众多消费者的不满和质疑。在商品评价中，笔者看到很多消费者对此怀有疑问，将矛头指向了代工生产。正常情况下，品牌面膜不大可能出现买家说的"洗衣液的味道"，但是由于这是代工生产的，面对质疑，品牌方很难为自己辩解，而这样的事件，会大大影响品牌的形象（如图 7-9 所示）。

图 7-9 代工生产引发的质疑

再举一个正面的例子。

某游戏大厂，最初只做游戏推广业务，收入主要来自销售分成。有了一定经验后，面对庞大的市场，该销售团队开始自主研发产品，其2014 年推出的某产品在 80 天内创造了 3 亿元以上的流水。通过自主研发的产品进行掘金后，该公司开始布局全链路发展，逐渐实现"研发—运营—用户"的完整链路，成为领域内排名靠前、实力雄厚的大厂。2019 年，该企业单是海外营收就突破了 10 亿元大关。

 横向跨界，在抖音里做整合营销

横向跨界，就是整合与原来的产业链上下游不相涉及的其他跨领域业务，从而实现"多点开花"。

本章开头提到的泸州老窖与香水品牌气味图书馆的合作，乍一看不禁会让人怀疑这样的"碰撞"是否真的会产生火花，毕竟这两家企业的业务完全不相干，搭在一起的"画风"有些奇怪。但是首批"顽味"香

水3天售罄的战绩和香水的话题热度带来的旗舰店成交量941%的猛增却是不争的事实。

横向跨界，常常能带来"1+1 > 2"的效果。其作用在于：

- 实现优势互补。
- 有效聚合资源。
- 达到一定规模后，有可能实现彻底颠覆。

▶ 案例1："越界"卖产品

某名校出身的图书主播用图书来引流，卖图书不赚钱，甚至会倒贴钱，但该主播通过直播时另外再卖化妆品等其他商品把钱给赚了回来。

- 分析：卖图书充分利用了主播既有的知识精英人设和粉丝资源，但图书的成交额毕竟有限。"越界"搭配卖产品，一方面可以聚合原有的粉丝资源，另一方面可以利用高客单价产品增加变现空间。

▶ 案例2：越界"搞业务"

某知识达人在抖音凭借测评走红后，开始了变现之路。他开发了自己独立的商城，专卖自己检测合格的产品，为自己的检测团队进行自我造血。背靠信赖自己的广大粉丝，为他们提供其需要的合格产品，这正好解决了消费者和产品供应商之间信息不对称的问题。正因此，他的商城中的商品销量颇为可观。此外，该达人还组织"检测仪漂流"活动，以租赁检测仪的方式为有需要的消费者提供服务。

- 分析：测评达人卖商品有可能给人一种既当裁判，又当运动员的感觉。但是，这个案例中，该达人的商城运营良好。

越界"搞业务"想要搞得好，得具备这样几个条件：

①粉丝足够信任达人。

②达人的产品本身质量足够好。

③粉丝的确对这些产品有需求，而其他人不一定能提供。

满足这几点时，越界"搞业务"就会越搞越好。

▶ 案例 3：丰富品牌矩阵

"樊登读书"在抖音建立了众多账号，包含"樊登""樊登读书APP""樊登读书精华""樊登读书冷知识""樊登读书新父母""樊登读书情绪馆"等（如图 7-10 所示）。账号超过 100 个，粉丝过亿。

图 7-10 "樊登读书"品牌矩阵（部分）

• 分析：很多品牌在抖音上都会有意识地搭建自己的品牌矩阵，其中很重要的一点原因是，想要突出不同媒体的特色，并以此吸引不同的人群，不同的账号优势最终叠加，达到更好的多方面渗透的效果。

▶ 案例 4：在头部直播间植入产品

某新品牌将自己的小龙虾产品交给一位头部主播来卖。一盒 600 克的小龙虾日常售价是 79 元，给主播的价格压到了 40 多元，同时每卖出一份产品，主播可以拿到将近产品售价一半的利润。当晚，直播间卖出了 15 万份小龙虾，该品牌也一下子被众人所知。

• 分析：新品牌利用头部主播的名气和影响力，打响了品牌，相当于省了一大笔广告费，头部主播则获得巨大的利润空间。新品牌与头部主播跨界联合，彼此成就。

除了这类联合，还可能存在不同品牌或企业间的联合。这些联合需要具备这几个条件：

①有利益共同点。

②有品牌或调性上的契合。

③具有非竞争性，但在市场匹配上具有较高重合度。

④合作双方的战略方向是一致的。

▶ 案例 5：不同领域的主播联合

一场知识分享的主题活动中，活动方将不同领域的抖音主播集中起来，进行先后的联合直播。

• 分析：众多主播联合直播，能汇聚资源，让在各自领域具有影响力的大咖在一起营造更大的声量。"抖音美好奇妙夜"等直播活动正是通过这样的方式打造了有影响力的 IP。

▶ 案例 6：线上线下合围

某头部公司于新产品上线当晚，在上海、杭州、广州、重庆 4 座城市的 5 处地标建筑上，同一时间播放了其产品的巨幅广告。与此同时，

该产品的线上宣传片也在全网引爆。

· 分析：线上和线下联动、不同城际联动，能在短时间内制造巨大声量，引发关注、引爆话题。

我们可以看到，这些跨界之所以成功，主要在于其在原有条件下，引入了新的业务或元素，让它们之间碰撞出了新的火花，并能在合作或者整合的过程中将松散的资源聚合起来，形成规模效应，最终产生更大的效益。

纵向跨界是产业深度的增加，横向跨界是领域扩张和地盘扩大。

对于普通人来说，我们可以借用横向跨界的思路，组合不同元素，带来新的价值，比如用"读书＋直播"打造阅读分享功能的IP，用"授课＋社群"打造私域等。细心的读者或许会发现，"读书＋直播"与"授课＋社群"，实际上又蕴含着打通产业链上下游的纵向跨界思路，即"前端＋中端"或"中端＋后端"。

有的时候，这两种跨界是相互包含的，至于哪一发展阶段需要以哪种方式为主，则由你的实际情况决定。

7.6 案例分析：主持人跨界带货，涂磊的头部主播之路

2021年6月1日到18日，涂磊五登抖音带货榜，均场GMV达到800万元，带货能力不逊于头部主播。平时的明星榜中，我们也总能看见他的名字。

主持人或者明星跨界做直播的并不少，但是最终留下来的寥寥无几。有的主持人因为卖的货价格太高没有人买，结果成交金额惨淡；有的明星没有把好产品质量关，结果直播间卖出假货；有的明星对产品不熟，介绍产品的时候不知道该怎么宣传，甚至报错价格。

可是这个戴着黑框眼镜，不说话时看起来一脸严肃，分析起问题来又头头是道的电视节目情感导师，竟然在抖音直播间迎来了事业的又一个春天。

1. 跨界做直播，人未上场，场子先热

在涂磊入驻抖音前，抖音已经流传着不少关于涂磊的视频片段。由于涂磊在情感电视节目中金句频出，很多节目的视频片段就流传到了抖音上。一些素人引用这些视频素材，借此表达自己的观点；一些企业号则援引这些视频，增加自身内容的说服力，顺便圈一波粉。所有这些，为涂磊从主持人跨界到短视频直播带货做好了铺垫。

毕竟，你去或者不去，场子就在那里；何况，你还没上场，场子就已经热起来了。

2018 年 5 月 20 日，涂磊发布了一条女儿求拥抱的短视频，从内容上来看，这显然并非是刻意设计的。这条短视频可能只是记录一下生活，展现工作之外日常状态下的自己。但是这条短视频在"5·20"这一天发布，内容虽然简单，却得到了几十万的点赞，评论数超过了 2 万条。点赞量靠前的留言中，粉丝表达了自己对电视节目中涂磊的喜欢。显然，电视节目带来的曝光度和作为主持人积累下的人气让涂磊顺利完成了短视频账号的启动。

一般来说，启动阶段这么顺利，那接下来只要好好做内容，凭着做节目带来的人气，涂磊就能逐步积累更多的粉丝。涂磊的选择便是如此，他踏踏实实地做和他的情感导师身份完全一致的情感垂类内容，在抖音上持续输出情感向短视频，并帮网友解决情感困惑。

2. 跨界后，人设没有变，但比之前丰富了

2018 年涂磊刚入驻抖音时，在多数短视频中，他都是身着正装，操着播音腔正襟危坐。展现在抖音用户面前的，仿佛是电视节目《爱情保卫战》中那个冷静犀利的主持人涂磊。

后来，涂磊开始参加一些挑战赛之类带娱乐性质的活动，展现出自己"萌"的一面，正是在那之后，他的人设开始丰富起来。这时他的涨粉速度也越来越快。

就这样一步步积累，涂磊从情感垂类榜单冲进了明星榜，到现在已经拥有 4 900 多万粉丝。笔者特意对比了涂磊早期与后期抖音短视频的风格（如图 7-11 所示）。

涂磊早期视频封面

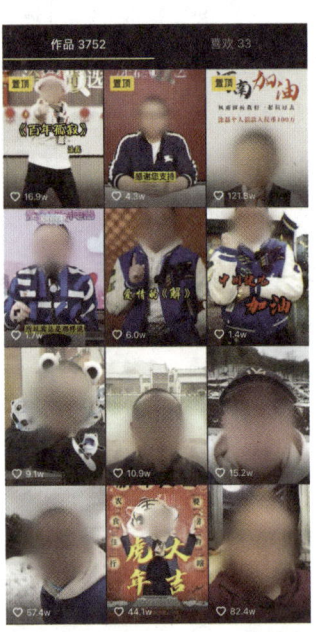

涂磊后期视频封面

图 7-11 涂磊的抖音短视频

- 从着装来看，涂磊经历了从以穿正装为主，到后来自如地穿着衬衫、T恤、卫衣、羽绒服甚至毛衣等出镜的变化。

- 从场景来看，涂磊的短视频背景经历了从以书桌前、书架前为主，到后来室内、室外各种场景都有的过程。

- 从内容来看，他的短视频前期多聚焦女性情感问题，当然其中也掺杂了小部分他的生活记录，比如他和女儿的互动等，透露出自己温情的一面。而后期，涂磊明显放得更开了，不仅参加了一些娱乐挑战赛，还录了很多剧情短片，分享了自己下厨、运动等生活片段。这时，呈现在观众面前的是一个邻居或朋友式的涂磊。

涂磊从之前单一的情感导师的形象，在经历逐渐的变化后，展现出可爱而亲切的一面。与此同时，涂磊的人设也更加丰富了：一位值得信赖的情感导师、一位温柔有爱的爸爸、一位会做饭拖地的体贴丈夫、一位靠谱的带货主播、一位搞怪逗趣的普通人……涂磊与观众的距离也就越来越近了。

3. 跨界主持做直播，优势多多

从 2019 年到现在，我们曾目睹不少主持人踊跃进入直播间试水，因为传统主持工作虽然不错，却面临一些发展局限。

- 首先，群众的关注度有限。一方面，不同节目的收视率差距大，主持人的曝光度也会受影响；另一方面，一个节目的主持人，其影响力可能多半围绕着这个节目，而被圈定在了某个固定领域内。这样一来，关于主持人自身的内容传播往往是有限的。

- 其次，主持人的人设一般是比较单一的。如果涂磊不在抖音分享自己的短视频，大众对他的印象可能会一直停留在犀利情感导师或主持人上。

- 最后，变现途径有限。主持人当然可以凭借自己的影响力参与一

些商业活动，拿到与自己身份匹配的出场费，也可以通过代言等方式，扩大自己的影响力，并进行影响力变现，但总的看来，变现途径都是比较有限的，尤其缺少直接与粉丝互动的机会。

直播正好给了主持人进一步扩大影响力，拓展变现途径的平台。涂磊从 2018 年入驻抖音，到 2021 年 1 月才开播，蓄力近两年，显然是有备而来。而主持人跨界做直播，身份和经验带来的好处在涂磊身上得到了彰显。图 7-12 展示了涂磊答疑解惑时的直播现况，观众的评论互动特别积极。涂磊的表现也十分出色，具体表现在以下几个方面：

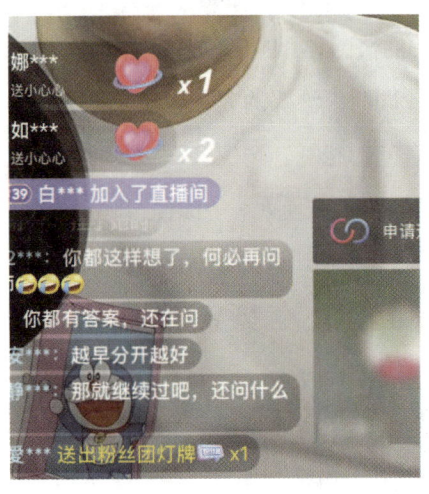

图 7-12　涂磊与粉丝连麦，答疑解惑引发热烈讨论

● 镜头感和场控能力

涂磊在直播中，跟在节目上表现出的一贯的冷静犀利不同的是，多了一些亲切和温暖。他经常对着镜头和观众开玩笑，也和镜头外的直播团队工作人员开玩笑，显得十分亲切和自然，丝毫不造作。在一场直播中，员工把 3 箱牛奶（共 30 盒）写成了 54 盒，导致很多观众下错单。涂磊很自然地借用自己的导师人设，半开玩笑似的"罚"员工在镜头前向观

众道歉，缓解了现场的尴尬，气氛一下子就活跃了。

▶ 以理性形象服人

就跟主持电视节目时为嘉宾一板一眼地分析情感一样，涂磊在介绍产品的时候，很擅长为用户理性讲述产品的好处，比起其他主播的花式推销，这反而更能让观众"get"到产品的卖点。比如在一场美妆专场直播中，涂磊在助播介绍完产品后，进行精要的总结，他说："这款是美白的，这款主要是抗衰老，这款……我只说重点，不说废话。"

▶ 喜欢用数字说话

涂磊经常会在镜头前展示真实的产品后台库存，用具体真实的数据，表明产品的销量和受欢迎程度。在给观众造成购买紧迫感的同时，也以真诚的态度赢得了观众的信任，从侧面推动了产品的销售。

在一场服装专场直播中，涂磊为了直接说明某裤袜的保暖性，现场用测温仪进行了测试。数据显示，数分钟后，直播间所售的裤袜的温度为33.6摄氏度，而普通裤袜的温度仅为30.7摄氏度（如图7-13所示）。

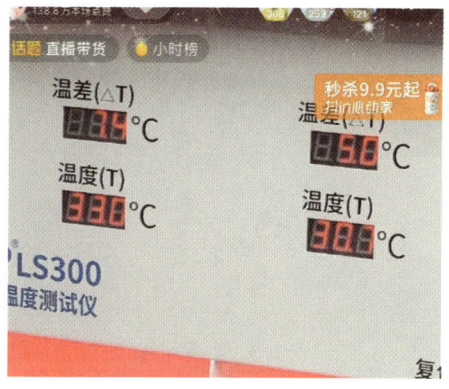

图 7-13 裤袜保暖性对比测试

▶ 与粉丝建立高度信任

主持人或明星做直播，最害怕的莫过于没有把控好产品质量，在损害粉丝利益的同时影响了自身形象，透支了自己的信任度。基于涂磊的情感导师身份，粉丝与涂磊之间建立的是比普通消费者和导购或者粉丝和主播之间更深的情感连接，这种连接为直播间带来了更高的转化率。

在一场护肤品专场直播中，一位观众询问孕妇能不能使用直播间正在推荐的某款美颜润肤霜。他的回答是："从安全性上来说，问题不大，但是我不建议女士在怀孕期间使用这些化学品，你尽量忍一忍。"这种合理、贴心的建议更强化了粉丝对他的信任。

笔者从抖查查提供的数据中看到，涂磊在带货能力、观众互动力、UV 价值力和流量留存力方面远远超过了同行业水平，观众互动力领跑同行业近 30 分，其他三项指标则直接达到行业均值的 2 倍以上。开播至今，涂磊已经带货 100 多场，店铺口碑分始终保持在高位，并且处在持续增长的状态。

涂磊从顺利启动抖音账号，尝试不同短视频风格并丰富人设、逐步积累粉丝，到"慢跑"进直播间，在这个过程中，我们看到的是他对发展节奏的把握，与用户建立的深层连接和依赖个人可靠形象、踏实态度实现的持续直播变现。

第 8 章

社群

从用户停留到用户留存

思维

○ 抖音短视频让人人都有可能红 15 秒，可是，15 秒之后呢？

○ 带货直播间的停留拉到 3 分钟以上，足够优秀了吧？但 3 分钟之后，是继续投流买用户还是继续撒红包福利？

○ 在这个连保鲜膜都会过期的时代，一切都转移得太快，观众尤其如此。

○ 点赞不够，要转粉。停留不够，要沉淀。是的，你得把观众留下来，设法让他们变成你的粉丝，然后把他们聚集起来，这样一来，一个闭合的可循环消费通道就打通了。这就成为你的社群。

○ 该怎么理解社群？社群是具有相似特征或追求的人组成的圈子，这个圈子具有强大的聚合力。社群思维，就是经营好这个圈子，持续变现。

8.1　没有留存，迟早也会没有停留

曾经，"来了老弟""沈大师"等成为现象级热点，引发众多明星模仿。可现在，他们依然时不时更新视频，却已经很少有人谈论他们了。

前面的章节中我们提到过，抖音是一个去中心化的平台，去中心化意味着，单凭个人 IP 而想要永远霸屏，几乎是不可能的。

1.　仅仅靠广告？太烧钱！

前阵子，一位做抖音的朋友向笔者吐槽：以前砸钱投流量，感觉还玩得动，现在流量越来越贵了，投流的钱恨不得要占到 GMV 的一半。

没有亲自做过直播的朋友，可能对此无法有深切的体会。

实际上，投流费用、福利费用、直播团队工资、引流品投入费用，再加上场地租金、水电费、材料损耗费、直播团队补给费（我们为直播团队准备了零食、水果）等，加起来真的是一大笔钱。

2021 年 8 月 3 日，某夫妻档头部带货达人成功实现单场直播破亿。就在网友和许多商家纷纷猜测他们的收入有多高时，他们站出来，用一条短视频说明了那场直播给自己带来的收入情况。

上一场我们的总业绩是一个亿，很多人就在问我们到底挣了多少。

这其实是比较隐晦的，我的家人也让我不要说，怕又招黑。但我觉得也没事儿，很多粉丝也想知道，那我就告诉大家。

上一场我们总共卖了一个亿，退货率是32%，因为有的人冲动消费了，有的人买重复了，就退了。退了32%，只剩下6 800万元。其中，有2 000多万元都是官方补贴品，0佣金。

然后就剩下4 500万元。这4 500万元里，有的商品是我们倒贴钱卖的，有的商品是0佣金的，有的是有佣金的。综合下来，佣金率大概是10%，那就挣了450万。

450万元还行，对吧？但这一次，我们多了一笔很大的开支，这一次我们投流了，投了178万元呀！真的心疼死我了！之前的大场我们最多投20万元，平常一分钱不投。但这次没办法，参加这种活动必须投。减掉这178万元，就还剩272万元。

然后还有福袋，这也是一项很大的开支。你们知道，我们播了十多个小时，福袋从来没有断过，而这一次的福袋放的都是值钱的东西。福袋的成本是150多万元，就还剩下122万元。

还好我没有加入公司，不用跟公司分，只需要跟我的兄弟姐妹分一些就可以了。是的，我这个"土狗"一天挣到了100多万元。

可能很多人又会骂我了，但我真的不想骗你们。我不想说，最终我亏了、我倒贴了，我觉得我说不出口。但是我有了这个钱，有了这个破亿的数据，我又有资本可以做大场了，价格方面也可以更给力，因为官方和品牌方更愿意支持我们了。真的很感恩所有人的信任，没有你们，我们啥也不是。

有人以为别人直播卖货都那么简单，随随便便就是几百万、几千万，甚至上亿的成交额，但是他们不知道的是，这背后的流量成本有多大。

我们的抖音媒体矩阵，熟悉秋叶 Excel、秋叶 Word、秋叶 PPT 的读者大概知道，这都是有几百万粉丝的抖音大号。但是我们的直播间要是能有 60 个人同时在线，我们的主播都得开心到起飞了——这还是在有流量投放的情况下，没有投放的话，粉丝再多，直播间都没有多少人来看。

有很多不会投流的公司，简直就是给平台送钱的。此前朋友圈疯传的一张图片就是，一个账号，卖 1 元的课程，投放了 10 万元，结果只成交了一笔订单，一场就赔了 10 万元（如图 8-1 所示）。

图 8-1　花 10 万元做投放，结果成交额仅 1 元

虽然这个案例是否真实还有待考证，不过直播投放亏钱亏到哭的案例比比皆是，这并不是什么新鲜事。

当然，直播做得好的人，会有自己的免费自然流量去带货，不会依赖投放，但对于一个新手主播来说，你在抖音开播时，若完全不投放流量，那么起量是很慢的，也很难。

想必大家已经看清楚了，所有成本中，最烧钱的就是广告投放。

笔者和不少做直播的朋友交流了一下，大家普遍操心的问题就是流量越来越贵了，投流成本越来越高了。

一味烧钱买流量，等于倾团队之力，为平台打工。

2. 一心靠内容？难持续！

既然投放成本高，而短视频等作为免费的引流工具，用好了是不是就省了一大笔钱呢？

理论上是这样的。但是，仅仅靠内容，真的很难持续。

秋叶抖音新媒体矩阵中的几个大号，点赞量高的可以达到几十万乃至上百万（如图 8-2 所示），但是光鲜的成绩背后有大家想不到的艰辛。

图 8-2 秋叶抖音新媒体矩阵中的短视频

我们的短视频，经历了不断迭代的过程。

比如，2018 年，刚入驻抖音时，我们使用统一的纯色封面、醒目的大字标题来突出主题（如图 8-3 所示），再加上一个知识点的实操演示，一条短视频就做好了。如果内容受欢迎的话，就能得到十几万点赞。

图 8-3 初入抖音时，"秋叶 Excel"的短视频封面

后来，抖音上这样的硬干货内容越来越多了，观众的口味也越来越"刁"。我们的团队开始想方设法把知识点融入剧情中。

在剧情上，团队花了不少心思。我们的内容公式可以提炼为：定位垂直 + 人设固定 + 剧情反转。

• 定位垂直就是说，我们的内容对应的群体是渴望进一步掌握职场技能的人群，于是视频内容中相应地加入职场技能干货。

• 人设固定意味着剧情中每个角色的定位是不变的，例如"秋叶 Word"中的职场小白辛莱德、霸气优雅的实力担当 Word 姐和总是刁难

员工的老板等，每期视频故事都不同，但角色总是固定的，观众熟悉并喜欢上他们后，就会一期期地"追剧"。

• 剧情反转一般是在结尾，这样能够调动观众的情绪。我们在抖音视频中，大量运用了反转，观众的反馈也非常好（如图 8-4 所示）。

图 8-4 结尾处，"小美"学会了一个知识点

感到庆幸的是，我们一直在坚持输出干货，所以我们在细分领域比较受粉丝认可。但也不得不说，抖音的短视频流行趋势一直在变，这也导致我们内容团队的创意输出压力越来越大。

剧情虽好，可观众"贪杯"啊！

从 2018 年到 2021 年，我们的主创团队为了想出一个个创意和剧情，真是头发都要掉秃了。我们专注做新媒体多年，尚且感到这么艰难，如果是经验不多的商家来玩抖音，想要靠着持续输出优质内容来撬动免费流量，那真的是很不容易。

3. 二八原则，教你留住好用户

仅仅靠广告，烧钱；一心靠内容，难持续。切记，没有留存，迟早也会没有停留。

那么，有没有什么办法，让流量变成"留量"？

有，那就是做社群。

社群带来的好处非常直观：

- 营销更精准。

- 沟通更方便。

- 有信任势能加持，转化率更高。

愿意进入你社群的粉丝，是对你的产品或服务更有消费意愿的人，他们对你的产品或服务乃至口碑已经有一定了解，这为后期转化打下了基础。在社群里，你或者你的团队可以直接与粉丝交流，而不用弯弯绕绕，交流路径大大地被缩短。此外，在社群中，你与粉丝或粉丝与粉丝之间多了一层信任关系，而信任势能可以推动更多转化。

那么，是不是所有人都适合进你的社群？要不要做一番筛选？

经济学中，有一个"二八原则"理论。这种理论认为，80%的收益或者说利润是由20%的用户贡献的，这些用户就是你的关键用户。稳住这20%的用户，你的持续变现就有了很大的保障。

互联网经济兴起之后，"杀熟"现象也越来越普遍。比如我们公司就有员工抱怨，他经常点同一家外卖的午餐，结果发现就算是同样的地址，配送费却越来越贵。我们做社群运营，一定要避免有这样的思路，对熟人不能越来越轻慢。给大家几点建议，留下好用户。

▶ 设置门槛，初步筛选用户

如何挖掘出潜在关键用户，提高转化率呢？

一种常见做法是建一个为期3天、5天或7天的低价或免费的社群，事先进行目标人群筛选，只让感兴趣的人进入社群。

运营团队在群里进行几次分享，引导用户购买高定价的产品。举个例子，如果要向大学生推荐美国留学的课程，首先就要做人群筛选。面对那些不打算让孩子留学，或者家庭实力不够支持孩子留学的家长，即使你的话讲得再动人，也无法形成购买。

不要把时间浪费在非目标人群上。

在这种情况下，团队要优先选出有意愿、有财力的家长和学生群体，针对这一群体进行产品的重点介绍。团队可以通过设置付费门槛，来过滤掉大部分没有购买意向的人。这个付费门槛不需要多高，一般在9.9元以内即可。

▶ 用价格进一步细分用户

有些人觉得，便宜的产品容易打开市场，但便宜还有哪些影响呢？我们谈一个大家都知道的例子。

蜜雪冰城创立之初，靠着售价1元钱的超高性价比冰激凌打开了市场，吸引了流量，这种平价策略延续至今。比起其他奶茶品牌的奶茶动辄二三十元一杯的价格，蜜雪冰城一杯奶茶的价格通常在5～9元之间。在其产品中，一款卖得不错的"黄桃果霸"，大杯装，原料为黄桃果肉，价格仅为7元。这样的价格，在奶茶品牌中，具有很大的优势。

但是，大家也要留意，喜欢便宜商品的用户的忠诚度可能并不高。伴随平价而来的品牌升级困境有可能长期存在。蜜雪冰城其实也希望打造高端品牌，但那些尝试都无疾而终。

秋叶品牌在社群方面就用价格对用户做了区分。

我们的用户，有很多都是领域内有一定成绩而渴望突破的人，几千乃至一万多元钱的报名费对于他们来说，没有那么贵，但时间对于他们来说，很贵！

简单地说，他们花钱就是为了买时间。

我们通过价格区分（百元档、千元档、万元档），过滤掉了那些参与主动性不强或者本身还没有打定主意的人，集中精力和资源为用户有针对性地打造适合他们的高效高质的社群。

比如百元档的变现营，专注于帮用户用业余时间赚取零花钱，实现副业变现；万元档的 IP 营，则致力于帮用户打造个人 IP，提升其在所属领域内的影响力和知名度，为其带来个人价值的增值和赋能。分档就是在我们和用户都有心理预期的前提下，帮用户实现他的付出所能达到的最佳效果。

后来，这些学员的付出都结出了丰硕的果实。

8.2　抖音粉丝，导入微信还是留在抖音？

社群的具体形式是成员群，比如各种粉丝群等。我们如果仔细留意一些头部达人的抖音主页，就会发现他们中有些人的主页上留下了微信粉丝群的入群办法，这是一种明显的导流。

如果我们在抖音有了一定的粉丝积累[1]，是将粉丝导入我们用得比较多的微信群，还是直接留在抖音的粉丝群呢？我们先分别看看。

---

① 建议粉丝量在 1 万以上再考虑引流，以免账号被降权。

1. 抖音粉丝群

粉丝群的开通是抖音争夺私域流量的一个重要举措，有很多好处。比如，可以方便达人实现粉丝成员的统一管理，推动成员跨地域互动聊天，延长用户在线时间，及时发送直播通知，加大直播间流量等。当然，最重要的是，粉丝群为抖音商家沉淀了用户，减少了商家跨平台进行流量转移的可能。抖音粉丝群的上限是 200 人。

下面我们来看看抖音粉丝群的功能。笔者留意到，抖音粉丝群中不仅支持常规的发送图文消息、视频及红包等功能，还有很多扩展功能。

• 粉丝群展现在抖音主页，直播动态和短视频可以自动同步到粉丝群。

• 达人可自行设置粉丝群入群条件，对申请入群者的关注天数、活跃度及粉丝团等级等做出要求，可以筛选掉一些纯粹的"吃瓜群众"。

• 粉丝群的聊天支持显示信息的已阅读数，可以方便运营者看到消息的实时触达人数，便于运营者管理。

• 粉丝群中，支持邀请群友在虚拟的"朋友房"中一起看视频或一起唱歌（如图 8-5 所示）。这类似虚拟影院和卡拉 OK 厅，娱乐互动功能大为拓展。

综合来看，抖音群的娱乐功能是一大特色，群内的直播提醒等功能也便于增加粉丝的黏性，其与直播间的联动性很强，引流十分方便。

2. 微信粉丝群

由于微信的用户基数庞大、功能完善等，很多人都习惯使用微信

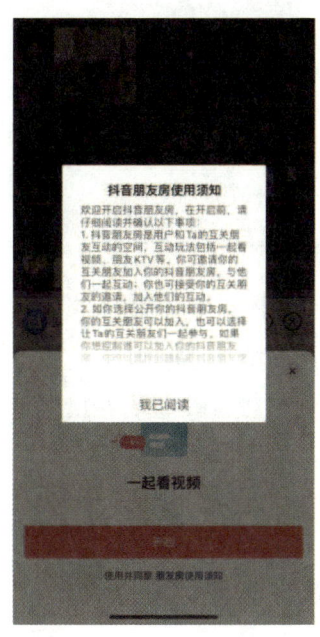

图 8-5　抖音粉丝群中的"朋友房"

群，因此微信群是目前所有平台中，社交属性比较突出的一个。微信群
有以下几个特点：

　　• 入口相对隐蔽，有一定的私密性。微信群的入口可以以二维码形
式置于微信文章中，但这个二维码是有时限性的。用户也可以经由他人
拉入群的方式入群，这样用户来源是可以追踪到的。比如，如果群内有
人刷屏发广告，是可以追溯到这个人是由谁邀请进入群中的。

　　• 微信群的群成员有限制，目前最多是 500 人。

　　• 由于微信的通讯作用，它成了手机后台占用时间较长的软件。而
抖音用户可能只在刷抖音时才会打开该软件。所以通过微信群引起群成
员的注意（@ 相应的人）比抖音更容易。

　　综合来看，和抖音粉丝群的娱乐性、与直播间的强联动相比，微信
群的社交属性更突出，因此微信群适合一些带有话题性的内容，比如围

绕"阅读""户外运动""时间管理"等在群内做一些分享等。在微信群里直接卖货不太合适，除非入群的人与建群者之间只是为了买卖东西，需求匹配很高。

那么，究竟应该选择哪种粉丝群呢？

笔者认为，二者没有绝对的高下之分。微信群可以作为与粉丝的社交延展，而抖音群同样可以实现这一功能，且抖音群本身就自带营销属性。商家可以根据自己的产品情况（是否延展出社交属性等）、粉丝群体特点（泛娱乐性还是偏向知性）等进行选择，或者在精力允许的情况下，两个都用。

8.3　让粉丝主动入群的技巧

怎么让观众加入你的粉丝群呢？有的达人为了快一点充实自己的粉丝群，一遇到粉丝关注自己，就发私信给对方，邀请其入群，这样妥当吗？

笔者不建议大家一一私信粉丝，邀请加群。

因为这样做的话，有两个方面的影响。一方面私信太多，你的工作量剧增，但转化效果不一定理想。另一方面，你不清楚粉丝的意愿，贸然私信对方可能会影响你在对方心中的形象，有的时候甚至可能引发粉丝的举报。

怎么做比较妥当，又有效果呢？下面给大家几点建议。

1. 利用好评论区

评论区是天然的广告位，非常适合做引导。

怎么引导更有效呢？直接留言说"欢迎大家加入粉丝群"固然不错，不过在这种情况下，消费意愿不一定强的"吃瓜群众"也可能因为偶然"路过"而进群。

如果你想让进群的人更精准，可以在评论区留言，说"有问题可以私信"。这样，真正有意愿的粉丝就会主动联系你，而你可以借此直接过滤掉意向性不强的围观群众。

2. 利用好主页的背景头图

如果你想导流，但又不希望做得太明显，可以在背景头图上留下联系方式。

粉丝基础比较稳定的达人，也可以在简介中鼓励粉丝入群。

3. 利用好直播互动

和其他静态的引导方式相比，通过直播将直播间观众转化为粉丝群成员要容易一些。

具体说来，可以从下面几个方面着手：

▶ 经常进行话术提醒

主播可以经常提示"欢迎加入粉丝群""加入粉丝群，提前了解优惠哦"等，强化粉丝对入群这一动作的印象，从而主动入群。

▶ 抬高身价

主播要主动提示粉丝，想加入粉丝群，必须符合一定条件才行，抬

高入群粉丝的身价。

比如："我看很多宝宝说想进我们的粉丝群哈，是这样的，因为人太多，我们肯定是要审核的。大家想进群聊可以先加粉丝团，等粉丝团等级达到 5 级，就可以申请入群了。主播会在群里跟大家聊天，有直播和福利也会第一时间通过粉丝群通知大家。"

当然，这适合有一定粉丝基础和影响力的主播。

◗ 提供专属福利

可以提示大家，入群的粉丝享有专属福利，比如，普通粉丝团成员买一发一，而粉丝群成员买一送一等。

◗ 巧妙转移阵地

如果直播时观众的互动意愿很强，那么主播可以借机表示：

"感谢这位小伙伴的支持，我们也是非常非常在意大家的想法的。这位伙伴待会儿可以到粉丝群提一个问题，我保证给你回答。"

这样，为了进一步与主播互动或者获取信息，粉丝就会主动入群。

◗ 留下悬念

主播可以在直播内容上形成连续性，比如首场直播内容是讲知识点的，那可以只讲上半部分，预告下一场直播讲下半部分，以此吸引粉丝入群。或者第一场直播预告第二场直播的福利，提醒大家不进群的话容易错过下一次直播福利，从而吸引粉丝入群。

8.4 让粉丝群保持活跃的技巧

我们讨厌什么样的群？

广告满天飞。或者，经常发1毛钱红包，一堆人抢。或者，有事时刷屏询问，没事时潜水，完全不看群消息。

这些群的问题在于人员鱼龙混杂，群信息噪点太多，人与人之间没有连接。

我想要提醒大家的是，社群 ≠ 倾销渠道。

在这个时代，用户身上最有价值的是什么？是注意力和时间。

换句话说，你能占据用户多少时间，就意味着你有多重要。因此，大家要注意你对用户不能只是发商品信息、直播通知，一定要有价值、情感的输出等。

▶ 主播按时"冒泡"、互动

进入粉丝群的粉丝，都是喜欢、信任主播的人，甚至有的人把主播当偶像，形成强烈追随的意愿。所以主播要在群里及时与粉丝保持互动，比如每天一次或者每周两次，提高与粉丝之间的黏性。

▶ 不定期给予小福利

对于一些直播中的优惠产品，主播或运营可以提前在群里告知，还可以不定时给粉丝群发放红包、送些小礼品等，让群成员形成这个群有意思、很值得、氛围很好的印象。

▶ 设置仪式感

比如，对于刚进群的成员，主播或群管引导大家集体表示欢迎，让

新成员有归属感。比如，晚上集体说晚安。或者，主播直播前引导大家集体给主播加油鼓气等，让群成员有一定的集体感和仪式感。

▶ 提供帮助

如果群内有人询问，即便对方没有透露出明显的购买意向，也要及时答复。热心答复可以唤起成员的好感，从而使成员下单。

▶ 多样化引导

助理要通过规范化的程序引导成员。

- 早晨发布当日活动安排、预告等。
- 每场直播前进行互动热身，并提前透露有什么福利等。
- 直播结束后引导下单的人晒单，讨论产品的体验感等。
- 设置群打卡、签到等，并给予表现积极的成员相应的奖励。

▶ 维持纪律

如果群内有人发与群无关的内容或者刷屏发广告，要及时劝阻或将发广告者"请"出群。

最后提醒大家，如果有必要，社群迭代工作也要做好。如果粉丝群的气氛一直调动不起来，可以考虑建立"快闪"群，对群员进行分类、分群，引导热情积极的粉丝进群，让群成员对你的产品或服务等有更深入和更直观的了解。

还可以根据用户的属性成立不同的群。比如，根据用户的发展状态成立"快闪群""预备群""成长群"等，或者根据用户的需求成立"福利群""变现群""干货群""分享群"等。

8.5 抖音＋社群，有哪些"种草"新玩法

有很多人运营粉丝群一段时间后，发现群内的气氛怎么都调动不起来，发的商品没有一个人询问，没有一个人回应。这是怎么回事呢？

社群里怎么"种草"效果最好？

1. 全程默契互动，捕捉潜在用户

从建群开始，到产品售卖结束，都是运营期。在这个过程中，除了组织分享、答疑之外，运营人员还需花费大量时间在群里与大家互动，并及时跟进有购买意向的成员。

一旦发现某个成员有想要进一步了解商品的表现，就可以立即切换成私聊模式，引导成员下单。

如果条件允许，运营团队最好能组织大家填写一份入群问卷，用来了解每个用户的情况，并且给用户打上不同的标签，便于后续一对一私聊时灵活调整话术。入群问卷不宜太长或太细致，一般不超过10道题，每道题都对应一个用户标签。

2. 启动多轮销售战

"种草"不一定是某一次就能完成的，但"种草"一次就会有一次的效果。多轮销售可以这样玩。

▶ 打响第一战

心理学中有一个"首因效应"，指的是第一印象会影响后面的认知。"种草"要想有效果，第一次就要让用户感受到价值，产生信任感。比如，可以通过免费课程等，让用户直观感受产品的价值。

▶ 刺激犹豫者，促成第二轮销售

第一批尝试过的人中，会有人给出好的反馈。运营者充分调用、展示这些好评，就会刺激第一次"种草"时犹豫着没有立即下单的人。

▶ "爬楼者"自行下单，成就第三轮销售

由于每个人的时间安排不同，"种草"时没有及时看消息的群成员可能会在稍晚的时候"爬楼"，这样就会促成第三轮销售。

▶ 分享第一批买家的成果，刺激第四轮销售

展示出第一批买家的成果，这样就会打消一部分人的顾虑，促成第四轮销售。

▶ 优秀学员作品点评、经验分享，促成第五轮销售

挖掘有特点、有能量的学员做分享，比如写作分享、案例拆解等，形成口碑，让大家看到好榜样。

3. 四单策略

"种草"有方，得学学四单策略。

简单地说，四单策略就是在不同阶段让用户从小件开始下单，不断

增加消费。

第一单，吸引用户自主购买一个小产品；第二单，通过一对一私聊向用户推荐一个精准产品；第三单，用户向其他用户推荐；第四单，用户成为我们的"员工"，为其他用户提供服务。

▶ 第一单：引发好奇

用户在这个阶段对产品或者社群可能并不了解。此时运营团队可以先把用户吸引过来，用一场直播或一次分享解决"知道"的问题。可以通过品牌卖点和场景痛点，给他们"种下"好奇心，即"种草"。运营者可以通过"种草"，让群成员知道这个品牌很好，并了解这个品牌是做什么的，在什么场景下用它很适合，让用户对某个产品产生好奇心。

这时，用户出于尝试的心理，受到某个点的触发后会先购买一个小产品试用。

▶ 第二单：精准推荐

过一段时间后，可以通过一对一私聊了解用户的使用情况，了解用户还有哪些需求希望得到满足。在用户的反馈比较正面的情况下，向用户进行精准推荐。推荐的产品应该是比较重要，也符合用户需求的。

为了营造紧迫感，可以采用表 8-1 中所列的方法，并运用这些话术。

表 8-1

方法	相应话术
涨价预告	明年学费会涨 688 元，现在买真的划算。
限时优惠	原价 999 元的课程，这 3 天宠粉送福利，只要 399 元，只有 3 天时间！请您抓紧机会，在群内报名哦！

表 8-1　续表

方法	相应话术
送优惠券	您好！您问了这么多，我相信您是真的对我们的产品感兴趣。这张优惠券送给您，一张可以抵扣 200 元现金，优惠券数量有限，请您及时兑换。您如果觉得我们的产品好，记得帮忙推荐给朋友哦！

同时，用户的反馈可以作为案例介绍给其他潜在用户。

▶ 第三单：邀请分享

一段时间后，如果用户的评价依旧不错，那么向用户发出邀请，请他向自己的朋友推荐产品，你将为他发放小奖励或让他获得一些特权，比如优先购买、折扣优惠、下单返现等。这时用户就成了产品的推广者。

▶ 第四单：利润分成

用户在推广产品方面积累了一定经验后，可以向用户直接支付一定薪酬，用于发展和维护更多推广者和用户，打造新的故事等。

分利润的好处在于，一件让所有人得利的事会更容易成功，并且这种成功更加持久。

4. 群体促销玩法

除上述促单策略之外，还可以借助社群的集体优势，推广一些活动，如：选品策略分享、价格组合优惠、拼团、砍价、X 元 Y 件、抽奖等。品质较好、价格较高的产品比较适合用选品策略分享、价格组合优惠、抽奖等活动方式进行推广销售；平价日用品则比较适合用价格组合优惠、拼团、砍价、X 元 Y 件等活动进行推广销售。

- 选品策略分享就是由组织者或意见领袖、活跃用户分享自己的选品心得，突出哪些产品在哪些方面满足了自己的需求。分享重点是站在用户的角度，击中用户的痛点。

- 价格组合优惠就是通过满减等方式，打包推广产品，让用户觉得商品实惠的同时，商家也能有更高的 GMV。

- 拼团就是组织群内成员报名，规定满多少人报名能以更低的价格让他们获得商品或加赠服务。

- 砍价就是让一件商品大大低于日常售价出售，但前提是需要有一些人帮这位用户砍价。这样，活动会触达更多用户，会借助传播获得广告效应。

- X 元 Y 件也是一种打包售卖产品的方法，就是规定花多少钱可以买几件产品，这样畅销品可以带着滞销品一起卖。

- 抽奖。谁都希望自己是幸运儿，随机抽选下单的用户进行抽奖，奖品可以是高价值产品，也可以是为用户免单等，让用户对参与活动有惊喜感，会刺激用户持续关注。

这些促销手段，相信大家在不同的平台、不同的场合都见过。笔者要强调的是，这些方法主要适用于日常有持续需求的产品。

以抖音庞大的日活用户为基础，叠加抖音的私域群落和灵活的"种草"方法，通过圈层的带动促成商业转化，就能实现长尾效应。

8.6 案例分析：3 天抢建 50 个群，超头部大号罗永浩的社群玩法

对于商家来说，公域流量越来越贵，私域就成了各方努力争夺的"香饽饽"。

罗永浩依靠个人影响力，入局虽然不算早，但很快就在抖音上拥有了大量粉丝，到现在，其粉丝量已经超过 1 800 万。

2021 年上半年，抖音开始强化平台的社交属性，并低调推出了粉丝群。罗永浩行动迅速，在数日内建了 50 个群。现在其粉丝团人数已经超过 200 万，粉丝群将近 60 个。

罗永浩的私域运营有哪些令人称道的地方呢？

1. 划定入群门槛，让粉丝有"身份感"

罗永浩对粉丝群的门槛进行了严格设定，申请入群的粉丝必须在关注天数、活跃度等方面达到要求。

笔者还注意到，罗永浩的粉丝群门槛其实在不断增高，从最初的 3 级粉丝团成员关注即可入群，到现在入群门槛已经提高到"关注群主超过 60 天、活跃粉丝、9 级粉丝团成员"。

这个门槛相比于抖音其他头部主播来说，也是比较高的。这意味着，在社群建立之初，他就先进行了第一道把关，选择的是关注自己的老粉。其好处就是筛选掉偶然关注自己的人，保留长期关注自己、主动性更强的粉丝。这样粉丝黏性会更强，并且入群的粉丝会有一种身份感，他们会在意自己"在群内有位置"这件事而不愿意轻易离开。

2. 跨平台导流，沉淀粉丝

在罗永浩的抖音账号主页上，清楚地列着"+ 公众号'交个朋友福利社'点击菜单 – 进直播群，扫码添加官方小助理就能加入我的粉丝群"。

显然，罗永浩并不满足于抖音的五十几个粉丝群，而要用其他平台进一步巩固自己的私域。通过"抖音 + 微信"，最大化地留住自己的粉丝，扩大私域。

3. 细分粉丝群，精细化管理

罗永浩对私域流量进行了精细化的利用。

其微信粉丝群分为酒水、珠宝、美妆、母婴、旅游、数码、服装 7 大类。

每一类下包含若干个群，各个群都有专业助理进行管理。对粉丝分类并进行垂直管理，再通过私域进行无渠道精准营销，这个私域变现操作确实很厉害。

4. 丰富的粉丝群活动

只会"种草"的群，真的没意思。

笔者统计了一下，在罗永浩的粉丝群里，助理有这些动作：

• 早晚问候。

• 进行直播间产品预告。

• 爆款推荐，不只是推荐产品，而是对产品的功能等有深入介绍。

• 科普问答，比如美妆群里的护肤知识，数码群里的鼠标、游戏机型号知识等。

- 组织奖励活动。

- 采集心愿，群里会发布一条链接供大家填写自己希望在直播间买到的产品，参与者留下自己的联系方式，当心愿商品进入直播间时，能收到短信提醒。

- 鼓励晒单，部分晒单者可以获得一些小奖励。

可能由于罗永浩最初在数码领域积累了较大的影响力，其粉丝群有一种往高端方向走的感觉：买比较高端的产品，进行专业的产品讨论（功效、设计等），并围绕产品进行一些科普。群内的用户活跃度很不错。这些活跃粉丝群的办法也很值得借鉴。

5. 强化人设，魅力黏粉

从公域的影响力到公域和私域"通吃"，罗永浩和他的朋友们显然深知扩大品牌影响力，并进行长久变现的社群运营逻辑。

2020 年 12 月，罗永浩直播间售出的品牌羊毛衫被举报是假货，罗永浩不仅及时发布"羊毛衫为假货"的声明，主动公布检测结果，还拍了道歉短视频，并给了用户 3 倍的赔偿。

这种真诚的态度让用户有被尊重、被重视的感觉，罗永浩类似的举动还有念错产品名时弯腰鞠躬道歉、转发用户差评等，结果，粉丝对罗永浩有了更深的信任。一名粉丝对假羊毛衫一事评价说："老罗是个体面人，跟他买东西更加放心。"

第 9 章

品牌

让你的品牌更强大

思维

○ 说起冰箱，我们立刻会想到海尔；说起咖啡店，立刻想到星巴克；说起国产手机，那肯定少不了华为；说起PPT，很多朋友说会想到秋叶。当然，说起"抖音一姐"或"抖音一哥"，我们也可能会立刻想到×××。这就是品牌的力量。

○ 毫无疑问，品牌是打开市场大门的一把金钥匙。本章中，我们就结合抖音聊聊品牌思维和品牌推广。

9.1 抖音新爆品，打造品牌的利器

营销圈一度流行这样一个段子——

新的消费品牌要想崛起，可以按这三步来：

先找 KOC[①] 在小红书发 5 000 篇测评；

然后在知乎铺上 2 000 篇问答；

最后把产品送进头部主播的直播间，同时在抖音的中腰部主播中进行带货推广。

三步下来，一个新品牌的雏形就有了。

这个"三步走"战略又被营销界的一些人称为"新消费品牌崛起的三板斧"。

笔者在此不再论证这个说法的合理性，只想提醒大家注意这样一个情况：抖音等用户基数大、日活跃人多的平台已经成为许多新消费品牌的引爆点。

比如 2003 年前后，借助淘宝而打响的服装品牌裂帛、韩都衣舍等。

近几年，借助抖音直播，认养一头牛、完美日记、花西子、鸿星尔克、太平鸟等国货品牌快速突破原有圈层，实现破圈效应，不断刷新自己的销售纪录，甚至引爆话题，成为社会焦点。

这些新消费品牌，用很短的时间，就跑出了传统品牌需要数年甚至

---

① KOC（Key Opinion Consumer）：关键意见消费者，指能影响自己的朋友和粉丝产生消费行为的消费者。

更久才能跑完的路，其成绩令很多传统企业艳羡不已。

在前文中，笔者曾举出几条抖音爆品案例，并分析过适合抖音推广的新品往往具有这些特点：

- 新品本身有优势。
- 新品本身有市场。
- 新品本身有新意。
- 相关话题有讨论度和热度。

那么，品牌如何推动新品，将新品打造成爆品呢？下面我们一起来看看"筋膜枪"的案例。

▶ 案例

2020 年，一款名为"筋膜枪"的产品突然登陆各大直播间，大大小小的达人纷纷"种草"，这款产品一时间火爆全网。某品牌 899 元一把的筋膜枪，在罗永浩的一场直播中卖出了 5 000 多把，销售额超过 489 万元。可是，在 2019 年上半年，几乎还没有多少人知道这种产品。它是怎么突然出现，又在短时间内就火起来的呢？

筋膜枪是国外传进来的一种产品，最开始是作为运动康复器材被使用的，后来才在健身圈子里流行开来。国外的筋膜枪品牌，比如 HYPERICE，一把筋膜枪售价三四千元。一款这么贵的小众产品，怎么打开销路呢？普通人面对高定价的陌生产品，大概率是不会轻易购买的。那怎么办？他们的选择是，把筋膜枪免费送给 NBA 球星和健身教练使用。

随着这些有影响力的人群使用产品给产品带来的曝光度，HYPERICE 的筋膜枪慢慢被人熟知了。而国内的厂商看到 2019 年前后，电动牙刷的火爆之后，意识到国人对电动生活用品的喜爱，就想着把筋膜枪也引入国内。

但是，他们非常聪明地偷换了概念。

在国外，筋膜枪的定位是健身后的肌肉放松器械，相对更加专业、高端。国内厂商则将其生产的筋膜枪定位为日常按摩与肌肉舒缓的工具，称人在疲惫的时候使用一下，可以在放松身体的同时释放压力。这样一来，原本的小众品、高端品就变为了大众品、日常品，价格于是就低到了一千出头乃至几百元。

接着，各个直播间、大大小小的达人开始推荐这款产品。而国内的筋膜枪产品，价格从百元左右到三四千元不等，满足了不同人群对产品的需求，如一位消费者所调侃的那样，筋膜枪已成为"年轻人的一张中产门票"。

为什么它能这么火？可以总结为以下几点：

▶ 新理念

笔者在前文中谈抖音爆红的产品要有"新意"时曾提到"新理念"。"筋膜枪"名字新奇，外表也很不一样，价格又不是特别贵，所以会引发人们尝试。

实际上，很多品牌通过引入新概念等成功打造出了新款爆品，比如元气森林推出的气泡水饮料凭借"0 糖 0 脂 0 卡"理念，满足了消费者对高品质健康饮料的需求，打动了消费者。

▶ 大众化定位

国外的筋膜枪聚焦于运动训练后的恢复，受众很窄，而国内的筋膜枪聚焦按摩，适用于日常生活。在国内市场热捧电动生活用品的情况下，筋膜枪也顺势赶上了风口。

▶ 压低成本，用低价打开市场

有人分析，筋膜枪的技术含量并不高，跟曲线锯是一个原理。除了制模费，成本主要在营销上。这样一来，厂商可以尽量压低生产成本，用低价日常品获得差异化竞争优势。

▶ 性价比

国内的筋膜枪，对标的并不是HYPERICE等三四千元的筋膜枪产品，而是按摩椅等。这款产品小巧、便于携带，跟上万元的按摩椅比起来性价比非常高。

▶ 新场景

以前一般都是中年人、老年人才会使用按摩产品，但如今年轻一代也十分关注健康。淘宝网2019年发布的一份报告显示，"90后"人群对健康的投入很大。筋膜枪的购买者中，超过半数的人是"90后"。而经过抖音宣传后，筋膜枪销量增速高达300%。

▶ 密集推广

某明星曾带头"种草"筋膜枪，称其为自己的"养生电锤子"。这款产品还登陆了罗永浩等头部达人的直播间，甚至进入热播综艺。而中部、腰部的达人、博主更是收到密集的推广邀请。一位有百万粉丝的达人表示："有很多家筋膜枪厂商找我。同行都在接广告，圈里有人开玩笑说，谁没接到就表示自己还不够红。"

类似的推广也发生在电动牙刷上。有人分析，2019年前后，为了推火电动牙刷，某厂家光是在KOL推广上，就分出了4个推广组。每个组对自己对接的达人（或博主）进行数据跟踪、分析，然后调整投放。

这还能干不出成绩吗？

如何推出爆品，你学会了吗？

9.2 抖音地标，打造网红打卡地

"不倒翁小姐姐"在抖音走红后，大唐不夜城被推向全国，也推向了世界，城市的旅游热度同比增长 400% 以上。因为在抖音走红而晋升为网红打卡地的地方还有很多，比如重庆的轻轨穿楼、厦门鼓浪屿的土耳其冰激凌店、武汉的循礼门花市……流量不仅制造了爆款产品，也为城市注入了新的活力。

2020 年 5 月，巨量引擎推出"2020 美好目的地计划"；8 月，该计划来到所选的首座滨海城市象山，成功将原本知名度没有那么高的地方打造为网红城市。这是怎么做到的呢？笔者带大家一起来分析一下。

▶ 话题推动

官方推动"象山最美海岸线"话题，鼓励达人、网友前来打卡。多位头部、中部、腰部达人参与话题创作，并激起网友来旅游打卡和创作的热情，沉淀出大量优质 UGC 内容。话题视频的整体播放量达到 13 亿以上（如图 9-1 所示）。

一位有 9 万粉丝的女性达人用电影般唯美的短视频（如图 9-2 所示）表达了自己对象山的喜爱，其短视频文案如下：

北纬30°，象山亚帆中心，从宁波站开车出发一个半小时，不用门

票就能收获一整片大海。"大音希声"大概就是这样吧。此刻无言，和
灯塔一起安静伫立，吹着海风、听着海浪，看帆船划过海平面，心情慢
慢从紧绷变得放松。在细节处抓住夏末的浪漫，植物、阳光、海浪，还
有风。被自然包容、被万物治愈，畅快呼吸、放肆欢笑。在这里，我不
想谈三五成群的快乐，也不想谈拍照打卡的角度，在这里，就算是一个人，
也有一个人的温柔小宇宙。

图 9-1 "象山最美海岸线"话题活动及作品

图 9-2 电影感唯美短视频

一条时长不到 1 分钟的短视频，营销感减到最弱，却通过场景描述

（海风、海浪、帆船出海）、镜头刻画（蓝天白云、风吹起的长发、海面白帆）对观众们进行了深度"种草"，引发网友评论："这也太美了吧，我去象山的时候好像没有去这里，搞得我又想出去玩了。"而话题下，这样的短视频创作还有不少。

一位有 500 多万粉丝的旅行垂类达人则通过为象山粉丝庆祝生日的宠粉方式，在吸引网友围观的同时，间接在短视频中植入象山的风景、捕鱼活动、特色小吃等，也起到了很好的传播效果。

▶ 歌曲助力

由象山本地的音乐人改编诞生自象山小岛的《渔光曲》，通过经典的旋律唤起网友的情怀和记忆，展现当地渔家民俗特色。

▶ 改造传统节日，打造新的节日 IP

"开渔节"是象山本地的传统节日，包含"祭海""开船仪式"等活动。为了进一步激发网友线上参与，主办方在线上组织了"全民花式晒海鲜挑战""晒出象山第一网肥美海鲜"等活动，为传统节日赋予了新的能量。

▶ 精准推送

据了解，当地旅游中心与巨量引擎合作，将话题内的优质视频定向投送给长三角地区关注旅行的人。这些人在兴趣倾向上更容易产生旅行行为，同时地理位置较近，方便前往，在"有兴趣"和"可行性高"两方面都不错。因此，流量转化为实际旅行行为会更有效。

通过这样精细的活动设计和流量利用，象山成功晋升为网红打卡地。

笔者据此为大家总结了地方打造网红打卡地，应具备的条件清单（见表 9-1）。

表 9-1

因素	分析	示例
推出营销点	一地有一地之特色，要突出特色，形成营销点	象山抓住"北纬 30° 最美海岸线，925 千米海岸"作为营销点
打造话题活动	话题本身具有一定吸引力，活动要有要求、有规范、有奖励	"象山最美海岸线"话题，实地打卡或口播讲述均可
音乐、故事赋能	如果当地有故事(神话传说、名人故事)或有歌曲，可以更好地调动网友的情绪	象山是《渔光曲》的诞生地
打造 IP	选取有特色的人、事、节日、特产等，形成 IP	象山"开渔节"，根据年轻人的喜好特点，丰富传统节日内容
人群定向	对地方旅游群众进行分析，发现共性，有目标地进行投放	象山选择长三角地区关注旅行的人进行视频投放，精准触达人群
达人参与	尽量覆盖头部、中部、腰部达人等相关的垂类达人	象山话题活动邀请不同粉丝量级达人的同时，也邀请了诸多垂类头部达人，如旅行、摄影、奶爸等定位的达人，覆盖人群更广

表 9-1 续表

因素	分析	示例
多种活动	除话题活动外，还可组织多种挑战赛等	"全民花式晒海鲜挑战"
适合拍照	网友打卡，一为猎奇，二为"晒"。一定要有充足的场景让他们把手机或相机里装满照片	象山的海岸白帆、日出、晚霞、沙滩等均适合拍照

最后，笔者想提醒大家，地方借助抖音做推广时，一定要做好流量承接工作。某条巷子意外在抖音走红后，巷内曾出现水泄不通、保安难以入场维持治安的情形，这会影响游客的旅行体验。

具体地说，要做好基础设施建设、丰富商业业态、提升综合服务能力、公开景区承载力信息，并提前准备应急预案。

流量虽好，有效承接流量的能力也必须具备。

9.3　打造品牌矩阵账户，用共振发声

在本书的第 7 章第 5 节中，笔者简要提过"樊登读书"在抖音上的矩阵账号。其账号超过 100 个，粉丝过亿。

通过搭建品牌矩阵，品牌以差异化定位吸引不同人群，这样能实现多方面的渗透。具体地说，矩阵的好处有以下几点：

- 多账号带货，增加收益。
- 提高产品爆款概率。
- 矩阵联动，互相引流，提高曝光度。
- 降低单个账号的风险。
- 满足消费者个性化需求。
- 渗透不同人群，实现精准营销。

那么，怎么打造品牌矩阵呢？

笔者建议：有品牌的，就做品牌矩阵；暂时还没有形成品牌的，就做团队矩阵。对这两种情况，我们分别来看一看。

1. 团队矩阵

● 爆款 IP+ 多方向账号

先打造一个爆款 IP，然后围绕这个 IP 多方向设计账号，形成矩阵。

比如抖音明星达人涂磊充分利用自己的影响力和知名度，打造"涂磊"为头部大号的同时，开发了"涂磊苛选客服""涂磊小助理"等账号。papi 酱则拥有"迷你 papi 酱""papitube"等账号。

● 团队账号 + 独立人设

团队账号和独立人设账号可以同时存在，互相引流。

比如，"大狼狗郑建鹏 & 言真夫妇"夫妻组团号本来是郑建鹏的个人号，这个号火起来后改为夫妻俩的团队号，与此同时妻子"言真"则保持独立的账号。

类似的还有"天津一家人"，这家人除了团队号之外，爸爸、妈妈、金刚、金刚妻均有独立的账号。通过家长里短的搞笑剧情，这家子构建出一个幸福和乐的家庭形象，因此很受网友欢迎。

▶ MCN 机构矩阵

MCN[①] 机构矩阵在抖音比较常见，有的机构围绕某个方面做出了特色，有的机构则多点开花，辐射不同垂类人群。

视玩佳传媒旗下有 40 余位达人，包括"懂车侦探""玩车女神""家有懂车妹"等，形成以汽车垂类为特色，也涉及娱乐、母婴等多领域的矩阵格局。

洋葱视频旗下有 50 余位达人，总粉丝量达到了 1.45 亿。其中，"七舅脑爷""代古拉 k""办公室小野"分别有 2 000 多万粉丝，"孟婆十九"等则有百万粉丝等。总体来看，该公司旗下达人涵盖头部、中部和腰部，涉及搞笑、美妆、汽车等多个垂类。

杭州微念科技则捧出了超级 IP"李子柒"，该 MCN 机构旗下达人抖音总粉丝超过 6 500 万，其中"李子柒"一个 IP 就有粉丝 5 500 万。

▶ 独立人设，相互客串

独立的抖音号之间也可以相互客串、引流。

比如抖音上的家人团"疯狂小杨哥""疯狂大杨哥""疯狂小杨嫂""杨妈""杨爸"。每个人都有独立的人设，相互引流。

也有一种情况是账号间通过频繁的互动，给外界一种 CP 感，比如"东北人（酱）在洛杉矶"与"小野不听话""Jagger 介个桔梗"等主播网红经常互动，相互出镜、评论、艾特（@）等，形成了独有特色的"东北团"。

---

① MCN（Multi-Channel Network）：即多频道网络，一种多频道网络的产品形态，是一种新的网红经济运作模式。这种模式将不同类型和内容的 PGC（专业生产内容）联合起来，在资本的有力支持下，保障内容的持续输出，从而最终实现商业的稳定变现。

2. 品牌矩阵

▶ 母品牌 + 子品牌

华为公司以"华为"母品牌为主，"华为终端""华为5G""华为商城""华为企业业务""华为终端云服务""华为云与计算""华为云"等多个账号围绕具体业务板块进行独立设置。

其好处是做大母品牌影响力的同时，辐射各板块的精准用户。

▶ 品牌 + 门店或店员

服装厂商霞湖世家除"霞湖世家"主账号外，还有"霞湖世家 郭雨婷""霞湖世家 蓝威龙""霞湖小郭""霞湖小汤圆""霞湖世家衬衫分号"等多个员工号，每个账号都有独立人设。

▶ 品牌 + 达人

华为旗下有女程序员账号"华为小当家"等。

秋叶旗下除业务号外，还有IP大号"秋叶大叔"等，业务板块也孵化出了一批达人，如"Word姐""表哥小植""老板""PPT小美""辛莱德"等。

▶ 多个子品牌

秋叶旗下的"秋叶Excel""秋叶Word""秋叶PPT""秋叶PS"等抖音号形成矩阵，并按照办公软件进行了细分，账号定位和内容更加垂直，辐射人群更加精准。

▶ 案例："樊登读书"矩阵号量产下的差异化运营

"樊登读书"在抖音的矩阵粉丝超过1亿，它具体是怎么运作的呢？

①大规模孵化账号，形成规模效应。围绕"樊登"IP 和"樊登读书"品牌，该公司创建了 100 多个账号，有按照内容划分的"樊登读书冷知识""樊登读书新父母""樊登读书情绪馆""樊登读书百货店"等，有按照区域划分的"樊登读书北京运营中心""樊登读书襄阳运营中心"等。

总体形成这样的格局：

1 个超级 IP + 1 个核心品牌 + 多方向账号 + 多门店账号。

当 100 多个账号同时运营时，用户有意无意中就可能"刷"到它们，其影响力一下子就扩大了。

②剪辑海量素材，批量化生产作品。由于樊登本人有大量课程、演讲等视频，为了快速给 100 多个账号供给内容，团队充分利用现有素材。通过简单的筛选和剪辑，就批量化生产出大量内容。这些内容经过分类，如亲子、情感、职场等，就上传到不同方向定位的账号中。

整个内容生产过程快速、高效，并且兼顾了用户的差异化需求。

③选择性投放，打造超级爆款。大批量投放视频后，一定会有优质内容胜出，成为小爆款，还有些视频的曝光则可能不太理想。

团队根据这些视频的数据表现，选择其中表现好的进行投流；投流中表现优秀的，则继续投流。

爆款视频就这样被打造出来了。

9.4 FACT 经营矩阵：释放品牌影响力

2021 年上半年，抖音联手贝恩推出了《抖音电商商家经营方法论白皮书》，提出"FACT"经营矩阵：F 即 Field（商家自播），A 即

Alliance（达人矩阵），C 即 Campaign（营销活动），T 即 Top KOL（头部达人）。

其中，商家自播和达人矩阵是稳定日常销量的主要手段，营销活动和头部达人则是实现规模化销售的有力推手。

1. 商家自播

2020 年到现在，越来越多的商家加入了自播大军，自己为自己代言，用更低的获客成本获得更高的成交额。商家自播的好处显而易见，相关内容在第 3 章第 2 节中曾做过具体分析。

抖音官方给出的数据是，2021 年 6 月，抖音商家自播的销售额是 2020 年同期的 7 倍以上。

具体来说，商家自播怎么做，才能把"蛋糕"做大呢？

▶ 以品牌或商家人设的打造为突破口

商家自播靠内容，什么样的内容更容易被网友接受呢？

答案就是——使内容"人设化"。符合品牌或商家调性的人设有助于用户快速建立起对商家或品牌的感性认知，留下记忆点。

国产品牌太平鸟通过打造"PB 女团"积累了大量粉丝，实现了粉丝数的迅速增长和突破。

霞湖世家则通过品牌创始人分享人生经历、事业经营心得等方法，为品牌吸引了将近 300 万粉丝，把一家原本不为多数人知道的服装代工工厂推到大众面前，通过直播创造月销超过 700 万元的好成绩。

▶ 综合调用资源，多样开播

商家自播，可以调用的资源很多，比如可以根据业务板块的不同、地域划分等打造品牌矩阵，再依靠矩阵力量，在重要的营销节点进行"百店同播"等，打造影响力。太平鸟运营抖音直播间初期就是依靠这种打法胜出的。

商家更懂得产品的调性和特点，直播时可以实现宣销合一。直播场景可以根据营销主题进行灵活搭配，从而突出产品卖点（如图9-3所示）。

图 9-3　某户外品牌在沙漠直播卖冲锋衣

▶ 商家自播能力自查

商家自播，一手数据掌握在手，因此很容易据此调整优化。笔者为大家整理了商家自播的能力自查表（见表9-2），供大家参考，具体优化技巧则可参考前面的相关章节。

表 9-2

维度	关注要点
货品	产品组合有层次（价格、功能、覆盖人群等）
内容	结合品牌调性打造人设；在吸粉与变现间找到平衡点
主播	专业性、综艺感、学习力、粉丝维护能力
直播间	视听效果、话术、互动氛围、福利优惠
售后	商品质量、无夸大宣传、物流、客服
数据	复盘自己的数据；对比竞品数据
投流	投流不是必选项，但商家必须具备判断投流效率的能力
社群	粉丝群、社群活动、跨平台引流

2. 达人矩阵

如果想在较短时间内制造较大声量，联合达人矩阵进行推广是一个有力的手段。各个达人的形象定位存在差异，渗透的圈层和人群存在差异，通过达人矩阵可以进行不同圈层与人群的深度渗透，从而在较短时间内获得尽可能多的流量。抖音称达人矩阵是"生意增长的放大器"就是这个道理。

这方面的典型示例是某知名美食女主播。

该女主播的品牌在进行推广销售的过程中，通过与超过 2 000 位达人进行合作的形式，让品牌的渗透和销售效果达到了最优。当然，这个巨大的合作团队聪明地进行了差异化定位和推广。该女主播方面，主要维持稳定的人设，其短视频主打精致田园化内容，目前还没有进行直接的商业带货。其他达人则通过各种更加直接的带货形式，推动商品的销售。

投放未必要选头部达人，合适的中腰部达人也能为商家带来很高的转化。2021 年 7 月，某品牌的"玻尿酸补水修护原液"进入抖音护肤榜前 50 名，这主要得益于短视频带货。这款产品与众多腰部达人合作，投放视频 1 700 余次，最终产生 400 万元左右的成交额。

当然，与达人合作之后，商家需要跟踪效果。品牌或商家可以通过抖店罗盘中的工具跟踪达人的合作数据，重点可观察的数据有两个：达人的转化率、每一商品的展现次数。

商家可将达人的转化率与同类商家的转化率进行对比，如果情况比较理想，可以考虑增进合作；如果对比结合不太理想，则需考虑调整合作产品、话术等。如果调整后转化效果依旧不理想，那么说明达人粉丝与商家的受众重叠度可能不够高。

至于商品展现次数，如果展现和转化都很高，那么是比较理想的合作；如果展现次数高而转化低，需要考虑合作产品、话术的调整等；如果展现次数低而转化高，则说明该达人具有较大潜力，可以进一步合作；如果展现和转化都不尽理想，则表明两者可能匹配度不够。

3. 营销活动

在日常性商家自播和达人矩阵推广的基础上，有主题、有节奏的营销活动则能够带来流量聚集效应。比如，很多达人主播的直播间会进行一些类似品牌专场的直播活动，这就是一种典型的营销活动。有主题的活动能更加精准地吸引目标用户，实现规模推广变现。

经营活动有平台大促、营销 IP 活动、行业活动及其他主题活动等。

▶ 平台大促

指在消费者有消费预期的时段集中进行的促销活动，特点是活动力度大、活动品类多、参与购买的消费者多等。典型的平台大促，有"双11""年货节""618电商节""818新潮好物节"等。

太平鸟在2021年的"38大促"期间，抓住平台大促氛围启动超长直播，最终成交额达3 800万元。

▶ 营销IP活动

主要指集合平台资源与品牌优势，共同打造的"品牌日""新发仪式"等，特点是特色突出、话题鲜明，具有较好的联动效应。

2021年的抖音开新日，华为与抖音联手进行了一次颠覆自己以往营销方式的小场景营销。直播过程中，华为手机产品线总裁与明星和科技类KOL进行圆桌对话，通过一边聊天一边展示的方式，展现出了华为产品的诸多优势。活动最终获得全网2.5亿的曝光量，为华为带来了一大波热度。

▶ 行业活动

指在不同行业内部有较大影响力的活动，特点是集中于垂类，激发细分领域商家和达人的活力，为行业带来集中的曝光度。

比如服装品类中不同季节的新品发布会和时装周，图书品类的"4·23世界读书日大促""开学季大促""暑假大促"，生鲜品类的"品质生鲜周"等。

▶ 其他主题活动

比如品牌新品发布会、品牌专场直播、品牌宠粉日等，在抖音平台上也十分常见，是商家和品牌方经常组织的活动。

注意，所有的营销活动都需要掌控好节奏，提前筹备。在筹备期、预热期、活动当天及返场阶段采取相应的推动措施。具体可以做以下准备：

- 筹备期主要需要确定合作对象、合作方式，并划分选品定位（对爆款、高客单价产品等进行精准锁定）。
- 预热期则需要根据前期的筹备内容进行大范围活动宣传和内容投放。
- 活动日当天应该做好氛围营造工作，同时，预计到后台的爆单可能，要做好客服、物流等配套服务。
- 返场阶段可通过短视频等再次"种草"，激发用户购买，同时沉淀一批潜在用户。

4. 头部达人

除了营销活动，头部达人也是品牌宣传和销售活动的有力推动者。大量直播间的数据证明，头部达人直播时和头部达人下播、其他主播接替上播后，成交额的对比是比较大的，这证明了在其他条件差不多的情况下，达人的个人影响力在促进成交上仍然发挥着很大的作用。

有的头部达人不仅能带动大众商品的迅速"爆单"，还能将一些知名度相对没有那么高的新品牌推上热销榜，让其得到迅速推广，被大众所熟知。罗永浩的直播首秀，就将之前大众还不够熟悉的"信良记小龙虾"推上了热销榜。

与头部达人的合作分为混合场和专场两种。

▶ 混合场

上面提到的小龙虾与罗永浩的合作就属于混合场，它的形式是把一种或多种产品放在头部达人的直播坑位中，推动活动商品成为爆品。

▶ 专场

专场就是头部达人为某个品牌或商家举办的专场直播，这种形式不仅能推动商品销售，也是对品牌的一次集中推广和产品展示。

网络上有时传言某明星或头部达人收天价坑位费，一方面可能是因为这位明星或达人人气高；另一方面也因为在这种形式下，明星或达人往往会为产品或品牌背书。

品牌或商家在选择合作的头部达人时，不仅要考虑达人的知名度和人气，还要考虑达人与自身品牌形象的契合度、达人粉丝与品牌受众的重叠度等。

9.5 做好品牌店铺的"店面装修"

品牌或商家做自播时，难免会碰到店铺设置上的问题。有的店铺商品很多，分类却不清楚，要想找一件商品需要花很长的时间，用户哪有这样的耐心呢？

那么，怎样设计店面，才能便于用户浏览，并且能将产品卖得更好呢？我们一起来看一看。

怎样进入"装修"后台呢？方法很简单：先进入抖店商家后台首页，点击"店铺"，选择"店铺装修"即可（如图9-4所示）。

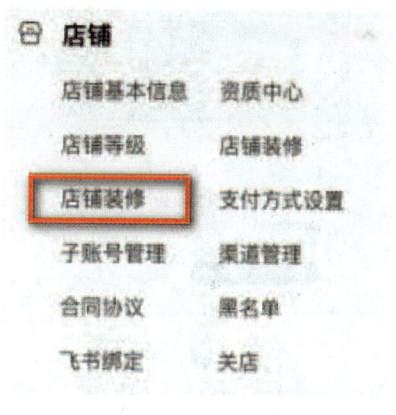

图 9-4 "店铺装修"入口

我们可以对店铺头图、精选页及分类页进行优化（商品页目前暂不支持"店铺装修"操作）。

1. 店铺头图

系统默认会对头图进行高斯模糊[①]，因此很多商家会选择纯色图作为头图。

有的商家则直接采用海报截图，这样经过系统的模糊处理后，头图色调与海报还是一致的（如图 9-5 所示）。

头图大小规范为：宽度 1125 像素，高度 633 像素，图片大小不能超过 5 兆。

展示时，默认露出中间高度 474 像素部分。

接下来，就是商家橱窗页的 3 个主要页面，包括精选页、分类页和商品页。我们逐个来看看。

[①] 高斯模糊（Gaussian Blur）：也叫高斯平滑，是在 Adobe Photoshop、GIMP 等图像处理软件中广泛使用的处理效果，通常用它来减少图像噪声以及降低细节层次。

图 9-5　华为官方旗舰店的头图与海报

2. 精选页

精选页主要包括海报、精选商品、优惠券等（如图 9-6 所示）。

图 9-6　欧莱雅官方旗舰店的精选页

▶ 海报

用来展示活动或商品，最多可以设置 5 张。有多个海报时，海报会显示为轮播效果。商家可以手动选择要不要展示海报标题，主标题为必填，不能超过 8 个字；副标题为选填，不能超过 12 个字。

海报的规范主要有：宽度为 750 像素，高度在 200 ~ 1 000 像素之间；使用多张海报时，海报的尺寸要保持一致；每张海报的大小不能超过 5 兆，格式为 jpg 或 png。

要想让一张海报出彩，可以从这几个角度着手：

• 可以用形状或字体的大小突出重点，当产品有多个卖点时，重点突出其中一个。

• 文案介绍卖点时，从用户角度出发，精要简洁。

• 海报装饰要符合产品特点，不留多余的装饰。

• 明快、大面积的色彩，带来视觉的冲击力。

请大家看看，图 9-7 所示的两张海报，亮点在哪里？

图 9-7　海报欣赏

海报可以不跳转，也可以选择跳转商品或自定义页。

▶ 精选商品

指商家精选的热销品或新品，一般是主推品。

精选商品的数量要求是 4 ~ 30 个，数量要为偶数。标题为必填项，要求是 1 ~ 8 个字。精选商品一般双列呈现（如图 9-8 所示）。

图 9-8　adidas 官方旗舰店精选页商品

▶ 优惠券

主要用于刺激用户，提高转化。优惠利益点的展示还能提高商品的点击率。商家使用了优惠券比没有使用的情况下，GMV 可能多出数倍。

商家最多可以添加 10 张优惠券，页面展现时，最多同时展现 4 张，点击"全部优惠券"可以查看所有优惠券。优惠券可以手动选择要不要展示标题，主标题必填（不超过 8 个字），副标题选填（不超过 12 个字）。

优惠券适用范围上，有商品优惠券和全店通用优惠券之分。前者适用于指定商品，后者适用于全店商品。

优惠券优惠方式有 3 种：店铺折扣券、店铺直减券、店铺满减券。举几个例子：

店铺折扣券：6.8 折。

店铺直减券：无门槛减 20 元。

店铺满减券：满 300 减 30 元。

一些商家的后台数据显示，优惠券领取率越高，用户下单转化率就越高。

注意，优惠券和海报板块位置可以互换。

3. 分类页

分类页的设置是为了便于用户有目的地浏览和寻找自己感兴趣的商品。

分类页设置的注意事项有以下几种：

▶ 分类

系统允许添加 5 ~ 20 个一级分类。建议大家不要分太多类别，7 ~ 9 个类别比较适中。

▶ 标题

必填，1 ~ 5 个字。每个类目的标题要清晰，形式尽量保持一致，数量也一致，这样界面会更加清爽。

不同类目间要按照一定的逻辑顺序进行排列，比如热销品、新品、高利润品、搭配品等。高价产品尽量不要放在靠前的分类中，以免用户"望而生畏"，认为店铺商品价格高过心理预期，而直接离开。

图9-9展示了adidas官方旗舰店分类页中的"爆款推荐"商品。

图9-9 adidas官方旗舰店分类页的"爆款推荐"商品

▶ 商品

每个类目可以添加4 ~ 40件商品。

笔者建议在店铺商品中设置5件以内的超低价商品，用于引流，比如数码产品中放入次新机，服饰中放入9.9元包邮的袜子等。

此外，还有商品页、自定义页等，修饰方法可参考上文。

案例分析：从二线品牌到行业龙头，飞鹤奶粉如何鹤舞九天？

2008 年以前，婴幼儿配方奶粉行业的发展几乎是一路高歌猛进，三鹿是其中的龙头企业，身价直逼百亿。然而，三鹿的"三聚氰胺事件"后，包括几个知名品牌在内的 22 家企业的产品中都被检测出含有三聚氰胺，中国乳业顷刻间几乎集体陷入泥淖。在国人的愤怒与声讨中，三鹿倒闭了。

动荡不安之际，国产品牌飞鹤所生产的奶粉却通过质检，是当时为数不多独善其身的企业之一。此后，飞鹤在国产奶粉品牌中迅速崛起，并通过差异化定位逐渐超越外资品牌，成为国内市场奶粉销量榜的第一名，并长期保持在抖音母婴热度榜的前列。

从二线品牌到行业翘首，飞鹤是怎么做到的？

1. 直面行业痛点，打造全产业链

2000 年前后，中国的乳制品产业相比于国外，要落后许多。在奶源上，当时的乳企要么向农户收集牛奶，要么在奶站集体取奶。前者的牛奶采集过程分散，牛奶质量和新鲜度得不到保证；后者则无法控制牛奶的营养，在防疫方面也存在监管漏洞。

面对行业痛点，飞鹤当时的厂长冷友斌决定，打造奶粉产品全产业链，"建世界上最好的牧场，用世界上最好的牛奶，做世界上最好的奶粉"。当时，国内很多乳企甚至搞不懂"全产业链"是什么意思，他们都在努力营销，拼命争夺市场。

与之形成对比，飞鹤从"种好一棵牧草"开始，在资源比较匮乏的情况下倾全力投入资金养牛、种牧料，开启了飞鹤发展史上最艰苦卓绝和波澜壮阔的一段路——绿色农场、生态牧场及智能化工厂的建设之路。

▶ 从源头抓质量，自建农牧场

2003 年，飞鹤开始筹备建立自己的牧场，到 2017 年已经有 30 万亩牧草，牧场存栏量在 6 万头左右。牧场作物包括燕麦、青贮玉米、大豆及紫花苜蓿，一年可以加工 20 万吨饲料，专门喂养牧场奶牛。

为了提升奶牛的产奶质量和产量，飞鹤培养了专业的养牛团队。据了解，他们特意为奶牛定制了"营养餐"，奶牛的饮食比例按照科学配方合理配制，一头牛每天的伙食费竟然高达 140 元。

为了减少污染，确保制作出新鲜营养的奶粉，新鲜牛奶由消毒处理后的全封闭低温运输车运往奶粉加工车间，整个流程严格控制在 2 个小时以内。

▶ 智能化工厂：让每罐奶粉来源可追溯

同时，飞鹤还建立了生产加工管道化、封闭化、自动化的智能化工厂，由于在这方面的着力研发，2016 年，飞鹤入选了国家智能制造项目。

其牛奶经过检验后才会送入生产线，再通过各种工序处理变为奶粉。奶粉加工过程中，有二十几道检验程序。每罐奶粉包装上都印有二维码，扫描后可以追溯奶源、加工厂等。

全产业链建设耗时长、投资大、资金回笼慢，企业资金链一度因此紧张。面对外企 48 亿元的收购意愿，飞鹤高管一致认为"没有把中国的婴儿奶粉真正做成国人信任的产品，就是不甘心"[①]，咬咬牙继续坚

---

① 内容出自苏勇所写的《"鹤"舞东方——访飞鹤集团董事长冷友斌》一文。

持下去。后来的事实证明，通过全产业链严格把控产品质量是再英明不过的决策。

2. 母乳研究领行业之先，为品牌升级奠基

2008 年成为飞鹤发展的重大转折点。

这一年，三鹿被曝出奶粉质量有问题，检测后发现奶粉中违法添加了三聚氰胺。事件发生后，国人对国产奶粉品牌的信任降至冰点。很多家长不惜去澳大利亚、日本买奶粉回来。

▶ 差异化竞争，争夺一线市场

当时，行业内多数企业不得不走向三四线城市，主攻下沉市场，凭借大促销卖产品。

而飞鹤在通过质检后，随即开始"厚积"后的"薄发"，加大生产，向一线市场发起攻坚战。为了能与一线市场的外资品牌抗衡，飞鹤进行品牌升级，根据中国母乳"黄金标准"研发高端奶粉。

飞鹤花大力气建立联合科研平台，在哈佛大学成立"飞鹤—哈佛医学院 BIDMC 营养实验室"。此外，飞鹤还建立临床喂养实验室，开国内乳企之先河。

公司有针对性地采集不同地域的母乳，建立母乳数据库，开展母乳成分研究，为的是让产品尽可能接近母乳，让宝宝饮用更健康、易吸收。

同时，飞鹤改进制作工艺，加强了对质量的检测和监控。

2009 年，飞鹤开始迅速占领市场，奶粉销量翻了一番，市场占有率由之前的 2.7% 提高到 7.3%。

▶ **推出高端品，扩展利润空间**

跻身一线市场后，结合自身科研实力和市场需求，飞鹤推出高端奶粉"星飞帆"。

这款奶粉多次连续摘得有食品界"诺贝尔奖"之称的"世界食品品鉴大会"金奖。飞鹤奶粉过硬的产品质量让购买过它的年轻父母口口相传。

与之相应，飞鹤的业绩持续上涨，2016 年时，飞鹤全年营业收入达到 37.24 亿元；2017 年，营收达 58.87 亿元；2018 年，营收突破百亿元，达到 103.92 亿元，其全年营收中，高端奶粉占了半数以上。

2018 年，飞鹤成立行业内首个乳品工程院士工作站。飞鹤还参与国家科技部项目和研究课题，与国家奶业科技创新联盟建立"婴幼儿配方奶粉全产业链创新中心"。

2020 年，飞鹤获得日本 JIPM 评委会颁发的"全球卓越制造大奖"，这更为飞鹤增加了在全球的影响力。

3. 国产飞鹤 VS 外资企业：以"适合中国宝宝"的定位构筑竞争壁垒

如何能在外资企业强势占领国内市场的情况下扳回一局？

消费者选购外资品牌，想买的是"安全"，飞鹤在"安全"之外，制定出了"更适合国人"的差异化定位。

"中国人和外国人的体质有差异，中国人比较容易缺铁、缺锌、缺钙。就拿铁的含量来说，中国人的标准下限是 0.42，美国人的标准下限是 0.15，这就是体质差异最有力的证明。基于此，我们实施'四一战略'，聚焦婴幼儿奶粉领域，打造最适合中国宝宝的奶粉。"[1]飞鹤总裁蔡方良称。

---

① 内容出自蒋钊所写的《飞鹤，把控质量从全产业链着手》一文。

背靠坚实的母乳研究和扎实的产品开发，在外资品牌雄踞一线市场的情况下，"更适合中国宝宝体质的奶粉"定位赢得了持"一方水土养一方人"信念的国人的认可。

2019 年，飞鹤一跃成为中国婴幼儿奶粉市场销量第一的品牌，将进口奶粉品牌远远甩在身后，营收达到 137.22 亿元，比 2018 年增长 32%，净利润的增长更是达到 75.5%。

4. 线上线下跨界营销，渗透年轻妈妈群体

艾媒咨询[①]数据显示，2020 年，中国妈妈群体的年龄分布中，"90 后"妈妈占到 60.1%。

跟上一代人相比，这些年轻妈妈是互联网的"原住民"，对奶粉质量有严格的要求，也很乐意通过互联网查找产品信息和分享感受。

为了吸引年轻一代的妈妈群体，飞鹤积极整合线上线下资源，进行了多种跨界营销。

▶ 明星代言 + 综艺露面

飞鹤邀请国际影星作为代言人，并通过电影、电视剧、热门综艺节目等进行跨界营销，渗透年轻用户。

▶ 亲子活动 + 育儿讲座

围绕年轻妈妈关注的亲子生活、亲子教育问题，飞鹤每年举办 30 万场亲子主题活动，并开展多种育儿讲座。

---

① 艾媒咨询：第三方数据挖掘与整合营销机构，始步于 2007 年，是中国第一家专注于移动互联网、智能手机、平板电脑和电子商务等产业研究的机构。

▶ 品牌自播 + 挑战赛

飞鹤更是全面打通电商渠道，并积极在抖音等平台组织营销活动。

在抖音上，飞鹤的直播场次已经超过 300 多场，并结合全民任务、挑战赛等吸引年轻用户参与互动。

短视频方面，飞鹤则通过创作关于奶粉知识、育儿科普的抖音短视频及创意微纪录片，进行品牌影响力的渗透。

最终，通过丰富多样的跨界整合营销，飞鹤的品牌热度长期维持在抖音母婴类热度榜前列。

总结一下飞鹤成功的关键：全产业链让飞鹤在乳品企业脱颖而出，领先全行业的科研开发为飞鹤的品牌升级插上翅膀；差异化的企业定位让飞鹤成功击败外资对手，以民族企业身份屹立于中华大地；线上线下跨界营销进一步开拓了年轻消费者市场。

大品牌就这样一步步"养"成了。

第 10 章

迭代思维

天下武功，唯快不破

○ 抖音有一个显著特点——变化特别快。

○ 热点每天都在变，上周发生了什么已经没有多少人记得；营销活动不断推陈出新，
互动性越来越强、营销性质越来越隐蔽；直播迭代更是异常迅速，就在一些企业
刚投身日播的时候，另一些团队已经马不停蹄开展 7×24 小时直播；刚摸清了算
法，规则又开始变了……

○ 为什么一切都变得这么快？
因为，只有不断用"新的"东西去刺激用户，才能不断吸引他们的目光。

○ 创新有两种，一种是颠覆式的，一种是迭代式的。颠覆式创新需要大量积累和投
入，而迭代式创新可以在较小的投入下获得阶段性成果，迅速抢占市场，再进行
下一步的产品优化。

○ 在诸多不稳定性因素的影响下，迭代式创新成为一种普遍的选择。

 **短视频内容要迭代**

或许不少抖音内容创作者对自己都有过这样的灵魂拷问："我曾经一条短视频有几百个赞，现在为什么不行了呢？"

是啊，为什么呢？

因为观众口味变了。抖音上这么多创作者，其创作内容如果一直保持不变，粉丝很容易产生审美疲劳。内容不迭代，创作者迟早会被别人迭代。

内容创作者从上手到做出成绩，要经历哪些阶段呢？

1. 阶段一：不知道自己不知道，所以盲目发短视频

这是很多人的共同经历，就连头部达人、大品牌也是这样的。

创作者在起号阶段要尽量找准定位，定位主要包含内容定位和用户定位两部分。

内容定位即"讲什么"；用户定位即"讲给谁看"。定位确定后，坚持做垂类，深度垂直，并且保持短视频内容或逻辑上的连续性。

与此同时，新手要注意训练自己对框架结构的把握。好的短视频往往遵循表 10-1 所示的框架结构。

表 10-1

结构要点	分析	示例
重点提前吸引注意	一般情况下，一条 15 秒的短视频尽量要在视频的前 3 秒钟内设置亮点，时长达到 3 分钟以上的短视频，也需要在视频的前 10 秒钟抛出有趣的观点，吸引用户的注意力	你不在家时，你家的猫都在干什么？ 一部手机上，到底藏了多少万个细菌？
逻辑清晰卡点要准	对于内容比较丰富的短视频，比如好货分享类、好物推荐类、专业讲解类、剧情短片类、街头采访类等短视频，需要把内容逻辑化、步骤化和列表化，重要节点可以用音乐、文字、表情包进行突出提示	某剧情短片中，女主角以为自己帮助的人是面试官或领导，每一次误会时，剧情立刻反转，画面会在女主或惊喜或失落的表情上停顿，强化喜剧效果
结尾互动引起共鸣	引导表达，激发用户的分享欲或二次创作欲望	你在生活中遇到过类似的情况吗？ 工作中还有哪些让人崩溃的瞬间？

2. 阶段二：知道了自己不知道，开始模仿

盲目发的视频没有任何起色，创作者开始意识到有问题。于是找了

一些教程、学了一些方法，开始模仿领域内的优秀玩家。

作为一名合格的"高端借鉴工"，不能照搬照抄他人的内容，需要对内容进行深加工和创新，让借鉴的创意和形式真正为我所用。

● 创新呈现形式

创新呈现方式需要创作者懂得举一反三。比如，如果借鉴他人的文字版内容，那么，在进行视频创作的时候，除了在文字上加以创新和修改，还可以选择其他方式，比如把纯文字的内容改成人物台词，通过人物出镜的方式去呈现。

此外，还可以通过加入热门音效、搞笑画面、应景配乐等丰富短视频的形式。

● 创新内容

如果要借鉴的内容是一段旁白、讲述道理的内容，那么可以通过一个故事去展现这个道理。以"坚持就是胜利"这个道理为例，在实际的视频创作过程中，创作者可以通过讲述一个"某男生坚持三年，终于抱得美人归"的故事来诠释这个道理。相比于单纯的说教，这样的故事呈现方式往往更贴合用户的需求，更能引发用户的共鸣。

● 创新框架搭建

创新框架搭建也是借鉴他人的内容，并对其进行加工创新时经常会采用的一种方法。比如，如果有一个作品的大框架非常好，那么在实际的制作过程中，创作者可以将这个大的框架分成几个小版块，并且对每个小版块都进行详细的解释。

以一条讲解制作短视频方法的短视频为例，可以把这种方法再具体

细分为视频拍摄方法、视频剪辑方法、文案添加方法、音频添加方法、封面制作方法几大块。相比于所借鉴内容的笼统化，这样细分过后的内容，往往更具有吸引力。

3. 阶段三：知道自己知道，寻求创新

通过模仿摸清了观众的口味和短视频的制作技巧，比如追热点、转场、特色音效等，创作者开始创新，尝试不同方向，并且根据数据反馈调整方向。

这一阶段，创作者要如何突破自己呢？可以按以下这几步来：

▶ 把握平台流行趋势

比如抖音剧情类短视频经历了从最初的"旁白＋演绎"，到"直接演出＋内容导语"，到"第一人称记录、十几秒处高潮或反转"等变化，创作者也要据此调整自己的创作。

▶ 关注 MCN 机构大号和抖音官方创意周报等透露的趋势变化

MCN 机构资源丰富，往往有来自官方的准确可靠的内部信息。创作者若能跟踪其旗下热门达人的优质短视频，并对其进行拆解分析，也能对趋势有大的把握。

那么，热门 MCN 机构有哪些呢？笔者整理了一份热门 MCN 机构清单，涉及搞笑、剧情、游戏、影视、科技、美妆、颜值、二次元、情感等多个垂类，供大家参考（见表 10-2）。

表 10-2

机构名称	达人抖音粉丝总数	代表性垂类	代表达人
奇光 MCN	7.86 亿	搞笑 / 颜值 / 随拍	岳老板、爆笑两姐妹、凌云
游良传媒	3.87 亿	颜值 / 搞笑	梅尼耶、高雨田大魔王、呆妹儿小霸王
无忧传媒	12.08 亿	颜值 / 随拍 / 剧情	大狼狗郑建鹏 & 言真夫妇、麻辣德子、彭十六 elf
乾派文化	5.63 亿	科技 / 剧情 / 游戏	科技公元、暴走大测评
睿吉诺文化	4.03 亿	剧情 / 游戏	坏蛋杰瑞、桂平光哥、咏梅追剧
有好戏	1.93 亿	影视娱乐 / 二次元	毒舌电影、灰炮真探、硬核肉叔
二咖传媒	3.03 亿	剧情 / 美妆 / 颜值	毒角 SHOW、wuli 哥哥、东北人（酱）在洛杉矶
渝欣文化	4.60 亿	游戏 / 颜值 / 剧情	林颜、草莓果冻、果然
大禹网络	3.33 亿	二次元 / 剧情	一禅小和尚
古麦嘉禾	6.38 亿	剧情 / 美妆 / 情感	破产姐弟、喵小兔漫画、城七日记

● 找对标达人的视频评论区中的"槽点"，转化为自己的创意

比如，某达人曾推出以"独生子女 VS 兄弟姐妹"为主题的短视频，发布当天迅速获得了近100万的点赞量。这则短视频比较了独生子女和有兄弟姐妹的孩子在日常生活中面对的不同遭遇和状况，以搞笑的对比方式获得了用户的喜欢。而评论区中，点赞特别多的评论写着"有些东西不抢着吃，它不香""生动形象，虽然我不和我弟抢吃的，但总是抢电脑"等。显然，观众的关注点在于兄弟姐妹之间的"争抢"，而你可以通过搜集类似的素材，再进行夸张和放大，从而推出创新内容。

● 分析自己最受欢迎的一类视频，找出观众的关注点，深入挖掘，从中开发新选题

比如，如果你的一条讨论"儿童教育"话题的短视频火了，你可以分析：观众是否喜欢看孩子和家长作为主人公的短视频？自己是否可以进一步拍摄与亲子内容相关的视频？然后确定人物和场景。

有了人物和场景以后，再构思事件，进行事件扩展。比如选取"孩子与父母"这组人物关系，选择"做家务"这个场景，可以扩展出若干个事件，比如孩子帮父母洗碗、父母指责孩子不做家务、父母教孩子做家务等。

有了具体的事件以后，可以根据事件编写出对话和动作，作为剧情短片进行演绎。再回头看看前面扩展的人物关系和场景，如果你能把每一组人物关系、每一个场景都进行扩展，最后得到的素材数量会超乎想象。

通过这样的方法，你的创作内容可以不断延伸，短时间内就可以生产出许多观众关注的内容，还能根据观众的反馈快速调整方向。

4. 阶段四：不知道自己知道，成为引领者

只有头部才能达到这个阶段。

如果有一天，你发现自己发了一条视频后，类似的模仿视频也跟着来了。恭喜，这时你可能已经成为领跑者了。接下来你需要不断创新，用前面的方法不断开发新内容，坚持跑在前面。

引领者的创作除了要注意技巧性之外，还要专注于人设和特质的反复渲染和强化。比如"樊登读书会"的主讲人樊登通常给人一种亲切、博学的感觉。那么，其所有的创作内容无论怎么创新，还是会围绕这一人设展开，始终让他保持平易近人、值得信赖的形象。这样，一个难以被取代的记忆点（或符号）就印在了观众心里，从而为后续的变现投下了丰厚的信任基金。

10.2 产品要迭代

产品迭代基本上已成为商家的共识。

有人说，恐怕只有农产品不用迭代吧。此言差矣！农产品也要换包装、换文案，这不也是一种迭代形式吗？

实际上，不管是什么产品，围绕用户核心需求推出一个新的内容或产品（原型）后，接着往往就要迅速通过各种创新手段对其进行迭代乃至最终的颠覆，从而让它适应不断变化的市场环境，并开辟出自己的疆土。

1. 研发产品的过程中，触发用户的新需求

在创新研发的过程中，你很可能会通过原型产品触发用户的某些其他需求。

比如，抖音最开始是主打音乐社交的，通过打造娱乐化的社群，抖音平台逐渐发现了其中的商机，继而引入外链进行商品引流，最后摸索上线了抖音小店。

这个过程中，用户的商业需求是被逐渐挖掘出来的，接着通过自我更新和构筑链条闭环，抖音就满足了用户的扩展需求。

2. 小批量、多批次生产，资源向爆款倾斜

一方面，在抖音上，产品从推出到抵达消费者手中的环节被大大缩短，因此一款产品推出后能以较低的成本在短时间内被送到消费者手中；另一方面，商家在抖音上获客成本较低，采集用户反馈信息通常更加迅速。这样一来，一款产品好不好，好在哪里或者哪里还需要改进，就能够最快地被发现。

于是，很多企业，比如服装行业，开始根据用户反馈进行小批量、多批次的生产。

抖音上的网红女装品牌太平鸟有超过 600 人的服装设计团队，用来支撑每年巨大的服装新款数量。众多的新款推出后，会迅速在各门店进行差异化上架销售。接着，他们会将不同款式服装生产量的决定权交给消费者。对于买家喜欢的爆款产品加大生产，对于不太受买家喜爱的滞销品则减少生产，通过这样的方式占领消费者市场。目前，太平鸟长期跻身抖音女装销量榜前列。

3. 从用户使用场景挖掘需求，调整产品 SKU①

很多用户需求其实就隐藏在用户的使用场景中。

良品铺子入驻抖音之初，并没有意识到礼包和单件零食有太多的差别。但是，运营一段时间后，团队通过对直播间观众的转化数据进行分析，发现观众更青睐包含多品类的混合礼包。于是据此推出多款混合礼包，其中很多都成了直播间的爆款。

笔者通过第三方数据平台发现，在其旗舰店销量前十的产品中，仅仅高蛋白肉脯是单品礼盒，其余 9 款热销商品均为混合礼盒，具体信息见表 10–3。

表 10–3

名称	详情	优惠价
国潮 CP 零食礼盒	经典版包含混合零食 14 袋，分量大；潮味版包含混合零食 10 袋，主打年轻人喜欢的口味。赠送国潮帆布袋	188 元
福气临门零食组合	含混合零食 24 包，荤素搭配	169 元
全星全意零食组合	含混合零食 21 包，荤素搭配	139 元
限定惊喜零食组合	包含 500 克肉脯和坚果，共 9 包	128 元
哥哥同款高蛋白肉脯	包含 500 克肉脯	31.92 元
果顽强坚果礼盒	含混合坚果 12 包	158 元
幸运的小豆柴	含混合零食 32 包，荤素搭配	124 元

---

① SKU（Stock Keeping Unit）：即商品的销售属性组合。

表 10-3　续表

名称	详情	优惠价
热辣肉肉组合	含混合零食 13 包，荤素搭配，以荤为主，主打辣味	88 元
15 周年限定礼盒	含混合零食 23 包，荤素搭配	129 元
吉牛勇进零食大礼包	含肉类零食 11 包，包装为设计师定制款	139 元

不难发现，良品铺子在产品组合上有以下这些特点：

• 混合装礼盒迎合了用户喜欢品尝多元零食的需求和用户分享零食的社交场景，因此很受欢迎，成为店铺的爆款。

• 不同混合礼盒均有自己的特色，比如分量、口味、赠品、设计、综艺热点、以荤（素）为主、荤素平衡等，满足了用户多样化的需求。而高蛋白肉脯作为单品，凭借在热播综艺中的直露和"高蛋白肉脯到位，哥哥训练不累"的口号，销量猛涨。

• 产品在价格上做了区分。比如，30 ~ 50 元价格档，有爆款高蛋白肉脯。礼盒的价格层次也有区别：80 元左右的，有"热辣肉肉组合"；120 ~ 139 元档的，有 5 款；158 元、169 元、188 元也都对应不同的礼盒。产品价位基本在 200 元以内，但产品间的价格层次依然拉开了，便于观众选择。

4. 只要没过时，老产品新包装，依旧能推

前面的章节中，笔者和大家讨论过抖音上的诸多"模仿"，比如，抖音小店是对线下门店的模仿，直播间试吃试穿是对商场试吃试穿的模

仿，抖音短视频是对剧场节目的模仿，抖音直播间是对综艺的模仿……
模仿为什么会成功呢？

因为模仿抓住了一个成功的原型，并且用新的创造性形式赋予了原型新的生命。

那么，我们回到老产品这个话题上。

一款产品之所以能成为爆款，表面原因会有很多，比如达人都在推，大家都在用，等等，但从深层次讲，是因为其背后隐藏着的需求。比如，试吃试穿的推销方法在商场行得通，本质上来说是因为这满足了人们对直观感受、直接体验产品的需求，所以当试吃试穿的人换成主播后，原理类似，所以方法依然行得通。

老款产品怎么带来新的生意增量呢？前提条件是市场存在需求。比如，红包没有过时，群众对发红包的形式依然是认可的，所以微信红包能火。改变的只是形式，老产品也是这个逻辑，只要需求在，产品就有市场。

那么，怎么赋予老产品新的生命呢？

▶ 新的定位

可以从人群、需求、地域等方面进行重新定位。比如，筋膜枪在国外很小众，因为其定位是运动恢复器械，主要面向 NBA 球员和健身教练等。但在国内其定位改为放松按摩产品后，立刻被"90 后"及更多的人群接受了。

▶ 新的文案和包装

江小白卖的是酒，其他酒类品牌卖的也是酒。为什么江小白一下子就火了，并且渗透进年轻消费者的圈层了呢？答案是江小白用新的文案

和包装，赋予了一瓶酒温度（如图 10-1 所示）。

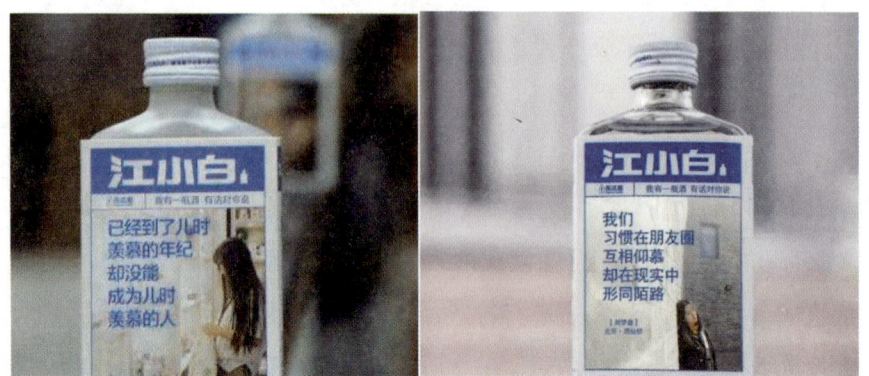

图 10-1 江小白的外包装文案

 **10.3 直播间玩法要迭代**

很多朋友在做直播时，都特别渴望求"稳"。于是，笔者经常听到这样或那样的咨询，比如"为什么流量时高时低""为什么最近流量拉不上来"，等等。

一般来说，没有经过多少调整的直播间，经过一段时间的运营后，流量多半会下滑。

为什么呢？

因为直播间的新粉可能已经变成老粉了，大家开始厌倦旧形式了。而且，这样的直播间和开播时间久、直播时间长，并且一直在求变的直播间相比，由于后者已经经历了反复的迭代，两者会在场景、主播状态、设备、话术等方面拉开很大的差距。

那么，要从哪些方面进行迭代呢？下面展示几个优秀的案例，供大家学习。

▶ 案例 1：大希地直播间

2020 年，大希地看到直播电商的崛起，于是也积极投身抖音直播。

但是，大希地做抖音直播之初，并没有意识到这个电商平台和传统电商平台的不同，于是，在很多方面都沿用了以往的经验。比如，在产品上，他们就用之前在其他电商平台卖得好的组合，套餐中送鸡米花、鸡块等。就连直播团队，最初沿用的都是天猫直播团队。

可是，过了一段时间后，他们发现不对劲，用户的反馈告诉他们，以往的经验并不适合抖音的生态。于是，直播间开始进行迭代升级。

①直播场景迭代。最开始，大希地启用的是厨房实景，后来又换为 KV 背景板、绿幕等，但整个背景略有些沉闷。最终，团队升级到现在的场景——食研室工厂实景。主播在镜头前讲解，背后的食研室流水线上，工人在现场作业，画面整洁干净、有科技感，同时场景感很强。

②直播设备迭代。据了解，最开始直播间采用的是麦克风收音，但这样的设备收音效果一般，主播很费嗓子。后来，团队把摄像设备自带的麦克风换成了专业麦克风收音设备。效果是，主播不仅保护了嗓子，而且直播时长更久了。

③直播服装迭代。最开始，大希地直播间主播的着装主要讲求合适、妥当。后来，团队开始根据活动和场景定制围裙、厨师服、工厂服（如图 10-2 所示）等，增加趣味性。这样一来，整个场景让观众更有沉浸感了。

④直播道具迭代。很多直播间团队都喜欢通过白板等简单的道具丰富自己的营销形式，大希地团队则学会了通过氛围手牌营造抢购气氛。

⑤爆品讲解迭代。团队最开始讲解一款产品的时间在 10 分钟左右，结果，用户流失非常快。经过摸索后，团队将爆品的讲解时间缩短到 3 ~ 5 分钟，这大大促进了转化。

图 10-2 穿工厂服的主播

⑥直播间团队迭代。前期，天猫直播团队和主播同时做抖音直播，后来他们发现两者节奏不同，于是成立了专门的抖音直播团队。现在，该团队包括 4 名主播、3 位运营、2 位投手等，团队人数超过 20 人。

▶ **案例 2：罗永浩直播间**

罗永浩的直播间向来就备受关注。对其直播间观察得比较多的朋友不难发现，这个直播间也经历了多次迭代。

①直播的视觉呈现方式迭代。罗永浩最开始做直播时，一个重要特色就是用手拿着板书介绍产品的卖点和价格，背后则是一个货架（如图 10-3 所示）。接着，又在纯文字的基础上增加了图片。后来，团队对这种简单直接的方式进行了升级，将其变成了投屏，在保证画面简洁、突出产品的同时，带给观众更好的沉浸式感受。

②多机位拍摄。一般的直播间只有 1 ~ 2 个机位，兼顾全景和近景。罗永浩团队经历不断的升级后，为直播间布置了多个机位，全景、近景、产品特写及俯拍（如图 10-4 所示）都兼顾了。

图 10-3　罗永浩直播间初期的"板书 + 货架"展示方式

图 10-4　产品俯拍

③用搭配突出产品。直播间都卖产品，怎么样让自己卖的产品更有吸引力呢？团队在这个方面也下了一些功夫，摸索出用其他搭配来衬托产品的方法。比如，卖醋的时候端上一盘螃蟹，最大可能地勾起观众的食欲。

④短视频同步跟上。罗永浩团队会一边直播，一边切视频短片。比如，

将直播间"翻车"的、幽默的段子剪辑发布，吸引观众涌进直播间。

总的来说，直播间的迭代是一个大工程，涉及的细节很多。我们在进行升级时要把握这样一个原则，那就是从各个方面对用户进行强化刺激。

▶ 视觉刺激

上面提到的视觉上的优化，都是为了强化刺激。可行的办法有很多，比如为了说明一款防水羽绒服的效果，直接将水倒在羽绒服上（如图10-5所示）。

图 10-5　展示衣服的防水性

▶ 声音刺激

直播间里，主播可以适时和其他助理人员一起喊口号，营造紧张刺激的氛围。当喊口号成为"标配"时，有的主播索性把锣鼓搬了上来（如图10-6所示）。

图 10-6　主播鸣锣刺激用户下单

▶ 数字刺激

往往类似"我距离 22 点下播只有 9 分钟了""日常价 499，直播间折扣价 299，便宜了将近一半""只剩最后 10 件"等含有数字的话术会对观众有较强的冲击性。但是这种话术观众听多了怎么办？有的主播直接将倒计时表展示出来：只剩 24 秒了，大家看着办吧（如图 10-7 所示）。

图 10-7　主播用秒表进行抢购倒计时

▶ 福利刺激

直播间的其他刺激，比如礼物刺激也是越来越强、愈演愈烈。从送

手机、奢侈品女包到小汽车，从送 1 台汽车到 160 台汽车（如图 10-8 所示）……疯狂的福利拼杀背后，是一场流量狂欢。

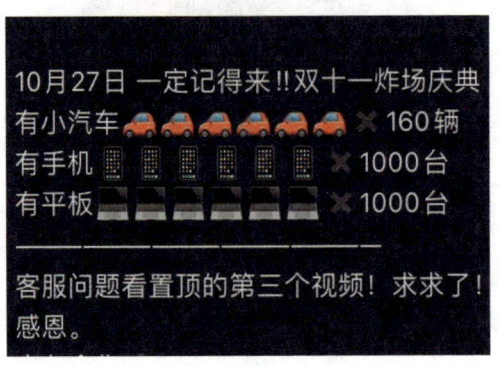

图 10-8　某头部主播直播预告文案

 **10.4　计划要迭代：只能管用三个月的算法新鲜期**

用上半年的方法为下半年的抖音号投流，行吗？

难！算法与人永远是博弈关系。懂的人多了，中心化就会越来越严重。算法当然不允许这样的现象发生，所以它一直在更改。

那我们能做什么呢？当然就是不断更新我们的计划了。说到计划迭代，这里先让大家了解一下计划的衰退现象。

一个前期"跑"得很好的计划，后面可能不行了。为什么呢？因为计划是存在衰退期的。

1. 计划也有衰退期

先来了解一下计划周期、创意周期和产品直播周期的概念。

▶ 计划周期

一个计划有 7 ~ 10 天的周期表现，学习期、保障期过了之后，展现量会下滑，ROI 也会出现波动。

▶ 创意周期

一个创意有 2 ~ 3 周的周期表现，过后观众会产生视觉疲劳，点击率会下降，哪怕投以高价也难以"跑"动。

▶ 产品直播间周期

产品直播周期则表现在一段时间后，直播间表现力衰退，互动数据、产品转化下滑，巨量千川的展现和自然流量也会跟着下滑。

实际上，计划刚投放的 3 天内，系统会给予流量扶持。一个计划内会包含若干创意（即短视频和标题的组合），每条创意的探索时间是 3 天左右。创意不要放太多，也不要放太少，5 ~ 15 条之间比较好。

过了学习期、保障期后，数据就可能出现下滑。

2. 商家的运营策略

商家该如何应对可能下滑的数据呢？

▶ 定期复制表现好的计划，并且根据数据加以调整

商家测试投放后，计划会有各自的表现。应该从中筛选出表现更好的计划模型。笔者建议可以保留部分已经过了学习期，跑量不错的计划，其余的计划则需要新建。商家也可以根据数据的实际情况，调整老计划中的某几个因素，复制其他因素，这样就能快速生成新的计划。

▶ 定期更新不同风格的创意素材，提升点击率

商家平时应多学习、借鉴头部达人的创意，储备创意素材库。定期复盘讨论，总结观众的偏好特点，并结合场景、热点等推出观众喜欢的素材。

▶ 做好产品及服务的更新迭代

产品或服务的组合是否有效解决了用户的痛点？产品或服务的搭建是否能有效延长用户的生命周期？产品或服务系列是否满足不同层次的用户或用户不同阶段的需求？这些都值得考虑。

直播风口下，观众的喜好可能不断在变，商家应及时推陈出新。

▶ 优化直播脚本

同一个脚本用一周可以，但一直用下去肯定不行。随着开播经验的积累，脚本必须不断迭代升级。

 **10.5** 团队要迭代：从入门到高级

搭建直播团队，需要多少人？新成立的直播团队为了节约运营成本，很多岗位人员都可以身兼数职。而有一定财力基础的品牌则可以配置专人专职的团队。按照直播间资源投入状况及营销目标，可以把直播团队配置分为入门版、基础版、高阶版、进阶版和旗舰版 5 个级别（见表10-4）。

不同的团队配置，有不同的运营策略。

表 10-4

配置	主播	运营	编导	助理	选品	客服	场控
入门版 （2 人）	1 人	1 人	—	—	—	—	—
基础版 （4 人）	1 人	1 人	1 人	1 人	—	—	—
高阶版 （6 人）	2 人	1 人	1 人	1 人	1 人	—	—
进阶版 （8 人）	2 人	1 人	1 人	1 人	1 人	1 人	1 人
旗舰版 （11 人以上）	2 人 以上	2 人 以上	1 人	2 人	2 人	1 人	1 人

1. 入门版：2 人团队

指在组建直播团队时，只保留直播团队的核心人员。

直播新手在直播初期并没有很高的流量要求，也没有明确的变现目标，只需要自编、自导、自演、自播，就能够完成直播工作。这时，可按需配置入门版的直播团队。

团队最少需要两个人：1 名主播和 1 名运营。入门版直播团队的职能分工如下。

▶ 主播

负责熟悉商品文案、策划及撰写直播讲话稿、准备自身服装及直播

间道具、引导直播间用户关注、介绍直播间促销活动、介绍及展示直播间商品、用户答疑、营造直播间氛围，以及对直播内容进行复盘总结等。

➤ **需具备特点**

镜头感、综艺感、能吃苦、敬业。

▶ **运营**

负责选品、定价、制定促销方式、竞品分析、直播平台活动运营、研究直播平台运营规则、策划直播间的促销活动、撰写商品文案、上架及下架商品、调试直播设备、监测直播效果、配合主播表演，以及对直播内容进行复盘总结等。

➤ **需具备特点**

对招商、选品、场控、数据分析等都要十分了解。

可以看到，入门版直播团队，由于人数少，每个人都身兼多职。

入门版直播团队运营策略有以下几点：

• 短视频吸引粉丝＋定期直播。在输出优质的短视频内容的同时，需要以定期的、高频率、低时长的模式尝试直播。例如，每天 12 点或 19 点开始进行为时 1.5 小时左右的主题聊天式直播。此时，直播不必追求带货效果，主要是熟悉介绍商品的方法，但需要注意直播间用户的反应，以了解采用什么样的介绍方式能够引起用户的观看和交流兴趣。直播时长虽短，但主播可以穿插抽奖活动，引导直播间的用户关注账号、为直播间点赞。

• 逐渐增加直播方面的工作量。随着对直播流程和带货模式的日益熟悉，主播可以逐渐延长直播时长至 2 ~ 4 个小时。不过，由于团队人数少，每场直播时长不宜超过 4 个小时，直播间的商品也可以增加至 2 ~ 5 款。

2. 基础版：4 人团队

如果要在入门版团队的基础上增加人员，最好配置有助于提升直播内容的人员，即编导和助理。基础版直播团队需配置 1 名主播、1 名编导、1 名助理和 1 名运营，团队的职能分工如下。

▶ 主播

负责熟悉商品、熟悉直播话术、介绍直播间促销活动、介绍及展示直播间商品、用户答疑、营造直播间氛围，以及对直播内容进行复盘总结等。

▶ 助理

负责上架及下架商品、调试直播设备、引导直播间用户关注、配合主播表演、提醒主播、传递直播间样品等。

助理在直播过程中的作用主要体现在这 4 个方面：

- 引出话题。
- 在主播忘记某个关键的信息时进行巧妙提醒。
- 与主播一唱一和。
- 互动引导，如引导关注、分享、填写信息、加入购物车、评论互动、下单，以及为粉丝送礼表达感谢等。

▶ 运营

负责选品、定价、制定促销方式、直播平台活动运营、研究直播平台运营规则、策划直播间的促销活动、撰写商品文案，以及对直播内容进行复盘总结等。

▶ 编导

负责研究竞品、策划主播人设、策划商品介绍节奏、策划及撰写直播讲话稿、直播前沟通和预演、监测直播效果，以及对直播内容进行复盘总结等。

此外，编导还可以根据直播营销需求，策划和制作各类宣传片和外景片，并负责拍摄脚本的撰写、摄像、后期剪辑、特效包装等工作。

◉ 基础版直播团队运营策略

➤ 调整短视频方面的工作

减少短视频的发布量，将工作重心放在直播带货上。同时，在短视频内容上，逐渐改为发布精彩、有趣的直播片段型短视频，以吸引短视频平台用户转化为主播或直播间的粉丝。

➤ 优化直播内容

在直播内容上，直播团队可以根据直播间的用户画像及目标用户群的画像，逐渐优化直播过程中各个环节的互动内容，包括但不限于直播间的开场设计、抽奖设计、介绍商品的节奏、推荐商品的话术、评论区引导、直播前的宣传引流策划、直播后各个平台的扩散策划和话题策划等。

➤ 调整直播时长

直播时长可以保持在 4 个小时左右，直播间推荐的商品也可以增加到 7 ~ 10 款。

3. 高阶版：6 人团队

当直播间拥有一定的用户基础之后，直播团队可以根据业务需求、团队人员实际情况等因素，适当增加团队人员的数量和岗位，以便提升直播营销的效果。

高阶版直播团队需配置 2 名主播、1 名编导、1 名助理、1 名运营和 1 名选品，团队成员的职能分工不变，仅新增 1 名选品。

▶ 选品

负责了解用户需求、招募品牌商和供应商、选择商品、开展价格谈判、维护供货商关系，以及协助处理售后事务等。

在直播间，粉丝购买主播推荐的商品，是从"好奇"到"信任"再到"信赖"的过程。而这个过程，需要在选品人员的支持下才能顺利完成。

在这里，笔者教大家一个小技巧：经常有促销、有新品，可以让用户持续保持新鲜感。

▶ 高阶版团队运营策略

➤ 尝试设定团队工作目标

直播团队的工作目标可以定位为稳定提升直播间的带货能力。为此，直播团队需要齐心协力做好用户需求识别工作和选品工作。

➤ 延长直播时长

由于团队配置了 2 名主播和 1 名助理，每场直播的时长也可以适当延长至 6 小时左右。直播期间，2 名主播也可以轮流直播，减轻每个主播的直播压力。

➤ 把握好直播节奏

为了增强用户对直播间的黏性，每场直播应该进行多次抽奖送福利活动。一场为时 6 个小时的直播，主播推荐 20 款商品即可。

4. 进阶版：8人团队

进阶版直播团队需要配置2名主播、1名编导、1名助理、1名运营、1名选品、1名场控、1名客服。相对于高阶版直播团队来说，进阶版团队新增了场控岗和客服岗。

这两个岗位的人员相当于分担了助理的部分工作。直播团队通过更详细的直播分工，确保直播营销的有序进行。场控和客服的职责如下。

▶ 场控

直播前，进行相关的软硬件的调试；直播中，负责中控台所有相关的后台操作，包括直播推送、发布公告、上架商品等。进行直播数据监测，检测数据包括实时在线人数峰值、商品点击率等。出现异常情况时，场控人员需要及时反馈给运营人员。

在直播开始后，场控人员可以帮助运营人员传递临时信息给主播或助理。此外，场控人员需要关注主播在每个环节的讲述时长，必要时，需要提醒主播注意直播节奏，从而让整个直播过程保持稳定的节奏。

▶ 客服

开播前，确认商品、样品及道具是否准备好。直播过程中，在直播间回答关于商品的相关咨询。直播后，负责沟通物流、处理用户的售后问题等。

▶ 进阶版团队运营策略

➤ 优化直播内容

每款商品的推荐时间可以缩减为5分钟左右，一场时长为6小时的直播，主播可以推荐 30 款商品。

➤ **制定业绩目标**

可以根据过往成绩制定业绩目标。先制定月度业绩目标，再规划年度目标，最后再把月度目标分解为每天的业绩目标。团队可在每场直播结束后迅速复盘，查找不足之处，逐渐优化直播中的话术和互动策略。

➤ **进一步优化运营和选品工作**

运营人员需要通过维护不同平台的自媒体账号，增强主播和直播间的影响力，同时需要做好直播间引流和粉丝运营工作，增加直播间的人气和用户对直播间的黏性。选品人员需要根据用户的需求选择用户认可的高品质商品，并尽可能地为用户争取更多的优惠，以赢得用户对直播间的信任。

5. 旗舰版：11 人以上团队

为了追求更好的直播营销效果，直播团队可以将其团队升级为旗舰版，形成明确的组织架构和职能分工。

旗舰版直播团队一般至少配置 2 名主播、1 名编导、2 名助理、2 名运营、2 名选品、1 名场控、1 名客服，团队的职能分工不变。

相对于进阶版直播团队来说，旗舰版直播团队没有新增岗位，只是增加了个别岗位的人数：增加了 1 名助理、1 名运营和 1 名选品。如果说前面的团队升级是为了做好直播内容，那么，旗舰版团队的升级则是为了做好营销。这里的"营销"有两层意义：一方面是指直播间的带货成绩；另一方面则是直播账号或主播本身的品牌价值。

▶ 旗舰版团队运营策略

➤ 充分了解直播平台的运营规则、活动规则、用户推送规则，关联自媒体平台的用户运营策略，以及直播行业的发展趋势、消费趋势、竞品动态等信息，从而通过专业化的运营，有策略地增强直播账号和主播的影响力。

➤ 选品团队可以进一步挖掘用户需求，根据用户需求去选择更多合适的商品。

➤ 团队可以实现2套"1主播+1助理"的直播配置，可以适当增加每周的直播场次，也可以定期增设2名主播和2名助理共同出镜的大规模直播营销活动。

最后，在岗位安排上，直播团队可以按照现实的业务需求，继续对某些工作进行人员补充。例如，直播团队可以招募图文设计、文案策划、视频剪辑、数据分析等专业人员，从而进一步优化运营环节的工作。

在人数上，直播团队也没有上限。以罗永浩等头部主播团队为例，他们的团队在全国范围内共有500多人，团队成员除了负责直播间的工作外，还承担了招商、选品、策划、运营、数据分析等环节的工作。

总之，不管在哪一种情况下，构建直播团队，都要遵循"因事设岗，按岗招人，调适匹配"的原则，只有这样，团队的人才梯队与直播事业的发展才是相匹配的。

10.6 案例分析：不断迭代，在寒冬中展翅高飞的"太平鸟"

从2020年春节开始，服装品牌太平鸟部分线下门店陆续进入歇业状态。同一时段，服装企业破产、全面关店的消息陆续传出，服装行业迎来凛冽的寒冬。

摆在太平鸟面前的问题很明显，线下渠道面临门店暂闭、客源减少、库存积压的严峻考验。这时，线上渠道成为唯一有可能带来希望的突破口。于是，公司迅速动员旗下品牌，开始了密集的线上直播营销。在春节前后的数周内，太平鸟各品牌及门店累计直播 100 多场，收看人次超过 270 万。

事实证明，太平鸟的判断是对的。相关数据显示，2020 年，在一些同类老牌服装企业没有扛过去的情况下，太平鸟却保持了盈利。其旗下主力品牌太平鸟女装逆势生长，全渠道销售额突破 50 亿元大关，创下品牌成立以来的最佳成绩，比 2019 年还增长了 28%。太平鸟是如何做到逆风翻盘的呢？答案就藏在迭代里。

1. 产品迭代

太平鸟早期其实是专门做中年商务男装的。现在的太平鸟已然成功转型为一个时尚服装品牌，旗下品牌以女装为先导，男装、女装、童装三方面共同发展。太平鸟女装以前的职场休闲风也转变为时尚潮流风格，目标用户主要是 20 ~ 30 岁的女性。

太平鸟成功转型的背后是它紧跟市场的敏锐度、每一次的悉心投入与精心策划。

公司有一个庞大的设计研发团队，通过大量的研发与快速的产品迭代，太平鸟可以紧跟潮流，不断推陈出新。其策略大致是：跟踪用户喜欢的—加大生产用户喜欢的—用户更加喜欢—流量更大。

通过线上运营，太平鸟发现了年轻消费者对 JK 服、洛丽塔和古风

服装的喜爱，于是，公司将大笔经费投入这类服装的研发。由于一档热播网剧带火了旗袍，太平鸟立刻开发出适合日常穿着的改良款旗袍。结果，这些服装帮助太平鸟迅速破圈，并挖掘出"千禧一代"的年轻新用户。2021年4月，尝到甜头的太平鸟开始为抖音提供特定款衣服，其国风新衣只在抖音平台出售。

2. 短视频内容迭代

太平鸟的短视频也经历了摸索和迭代。

它的第一条抖音短视频为腰带系法，这条短视频获得了4万个点赞。可能是受到了鼓舞，太平鸟接下来又发了几条类似的短视频，分别是丝巾的系法、风衣腰带的系法等，但点赞量都没有超过5 000个。后来，太平鸟又发布了一些新闻发布会片段、模特穿着展示等短视频，这些短视频的共同点是缺少"抖音范"。

总在一个思路里打转，显然行不通。太平鸟开始摸索其他新潮的形式，发现年轻人对变装、穿搭、探店等形式青睐有加，太平鸟便彻底改变了最初入驻抖音短视频时以腰带系法、新闻发布及穿着展示为主的短视频形式。

通过成功策划"时髦博物馆""海的女儿""在逃公主"等短视频，太平鸟通过话题包装的形式让产品得到了更多角度的展示。

3. 大胆跨界，营销迭代

太平鸟的时尚触觉非常敏锐，曾经大胆与其他品牌，如凤凰自行车、大白兔奶糖、可口可乐、饿了么等进行联名跨界。太平鸟也一直在尝试引入新元素、牵手网红等进行跨界营销。

2016 年，太平鸟在品牌成立 20 周年之际，通过一场别开生面的走秀代替了传统的订货会形式，在社交媒体面前得到了大量曝光。同时，通过"鸟人音乐节"等，太平鸟将服装秀场与音乐节结合，进行碰撞尝试，当时还邀请了众多潮流明星站台，同样得到了很好的宣传效果。

在接下来的几年时间里，太平鸟通过牵手潮流明星、网红的方式，渐渐在年轻消费群体中进行了品牌渗透，曾先后与几名头部达人和一些明星进行合作。2019 年，太平鸟邀请某女明星进行带货直播，西装套装很快就售罄。2020 年 5 月 14 日，太平鸟旗下品牌乐町以睡衣礼盒打入某头部主播直播间，结果 1 万套礼盒在 30 秒内就售罄。2 个小时后，太平鸟旗下男装产品又在某男明星的直播首秀中亮相，其中的主播上身款在数小时内卖出 1.8 万件。

4. 供应链迭代

效率奇高的直播带货背后必定要有高效的供应链支撑。

对服装品牌来说，在线下几个月才会陆续售完的衣服，在直播间可能在几分钟甚至几十秒钟之内就可以售罄。这样一来，在直播结束后的数天内，品牌方往往得交付数万乃至数十万件商品，这对供应链是一个巨大的考验。

为此，太平鸟一改传统的大批量定制方法，改用小批量、多批次的方式进行商品生产。销量不好的款式面料可以及时用于其他产品，爆款商品则能够实现迅速追加生产。在一款品牌联名上衣成为直播间爆款后，太平鸟沿用这样的策略，成功在两周内完成了十几万件商品的交付。

这样的供应策略不仅适用于服装业，也很适合当前很多新零售领域。

当然，由于直播能促成迅速成交的特点，产品积压等问题基本不再成为困扰，很多商家甚至还能通过用户的需求量来确定生产量。

太平鸟通过抖音开辟了线上营销的一片广袤土地；通过创意短视频、跨界营销等获得大量流量和关注，乃至突破圈层形成热点话题，带动了品牌的宣传；通过灵活高效的供应策略承接住了随流量而来的大批订单。其整套做法对其他渴望寻求突破和自我迭代的品牌应该有很好的启发。